111 GRÜNDE, ISLAND ZU LIEBEN

MARCO ASBACH

111 GRÜNDE, ISLAND ZU LIEBEN

EINE LIEBESERKLÄRUNG
AN DAS SCHÖNSTE LAND
DER WELT

SCHWARZKOPF & SCHWARZKOPF

INHALT

Weil sich in Island der Eingang zum Mittelpunkt der Erde befindet – Weil man in Island ins Innere eines Vulkans hinabsteigen kann – Weil in Island Flüsse in Lavafeldern versickern – Weil es in Island ein Miniatur-Island gibt – Weil in Island John Lennon auf besondere Art verewigt wurde – Weil man unter Wasser den größten Durchblick hat – Weil eine Hautmaske beim Schwimmbadbesuch inbegriffen ist – Weil man in Island seine Kräfte auf besondere Art messen kann – Weil man nach ein wenig Anstrengung drei Wünsche frei hat – Weil in Þingvellir eines der ältesten Parlamente tagte – Weil man in Island dem Kontinentaldrift zusehen kann – Weil bei Krýsuvík das größte natürliche Dampfloch der Erde zu finden ist – Weil man in Reykjavík im Nordmeer baden kann – Weil man in Island dem Penis eine besondere Aufmerksamkeit schenkt – Weil man in Island einen Gletscher von innen sehen kann

Weil es in den Westfjorden das einsamste Hotel Europas gibt – Weil in Island Bauern zu Künstlern werden – Weil sich beim Dynjandisvogur sechs Wasserfälle stapeln – Weil man sich in Hólmavík die Beine eines anderen anziehen kann – Weil Menschen mit Höhenangst in Island besonders gefordert sind

Weil man in Island auf einem goldenen Kreis fahren kann – Weil man in Island hinter einen Wasserfall gehen kann – Weil sich in Island der Vater aller Geysire befindet – Weil in Island die Gletscher im Meer enden – Weil die Amerikaner in Island ein Flugzeug vergessen haben – Weil in Island Schätze hinter Wasserfällen versteckt sind – Weil es in Island schwarze

Sandstrände gibt – Weil der windigste Ort Europas in Island liegt – Weil man in Island eine Insel in wenigen Stunden evakuieren kann – Weil es in Island einen der bekanntesten Wanderpfade gibt – Weil man in Island Gletscher besteigen kann – Weil die Isländer für ihre Natur mit dem Leben einstehen – Weil die meisten Brücken Islands einspurig sind – Weil man in Island durch eine Feuerschlucht spazieren kann – Weil isländische Vulkane den Flugverkehr lahmlegen

Weil im Lagarfljót ein Seeungeheuer sein Unwesen treibt – Weil man in Island so einsam sein kann – Weil in Island der Zwiegesang ein Denkmal erhält

Weil man in Island in einem Café beim Melken zusehen kann – Weil man in Island über den Polarkreis schreiten kann – Weil es in Island den energiereichsten Wasserfall Europas gibt – Weil die Mücken in Island nicht stechen – Weil man in Island der Lava beim Abkühlen zusehen kann – Weil in Island nicht jeder Krater echt ist – Weil man in Island dunkle Burgen besuchen kann – Weil man in Island die Mondlandung üben kann – Weil in Island Waschtrommeln zu Backöfen werden

Weil man auf einer Straße einmal um die Insel fahren kann – Weil es in Island besondere Verkehrsschilder gibt – Weil man sein Auto kostenlos waschen kann – Weil man in Island nur 15 Minuten auf anderes Wetter warten muss – Weil man auch mit dem eigenen Auto nach Island kommen kann – Weil in Island im Sommer Schulen zu Hotels werden – Weil es in Island im Sommer nicht dunkel wird – Weil man in Island den Nordlichtern beim Leuchten zusehen kann – Weil man in Island auch ohne Bargeld auskommt – Weil auf Island viele Deutsche ihre Heimat gefunden haben – Weil man Grönland in einer Tagestour besuchen kann – Weil in Island fast alle Sehenswürdigkeiten kostenlos sind – Weil in Island

Alkohol nur in speziellen Geschäften erhältlich ist – Weil in Island Flüsse mit dem Auto durchquert werden – Weil in Island warmes Wasser besonders riecht – Weil Island ein Paradies für Fotografen ist – Weil man in Island bei Vulkanausbrüchen live dabei sein kann

Weil in Island Vögel keine Angst vor dem Menschen haben – Weil in Island Eisbären zu Besuch kommen – Weil es auch in Island botanische Gärten gibt – Weil es in Island Rentiere gibt – Weil man nur aufstehen muss, wenn man sich im Wald verirrt hat – Weil man in Island Wale beobachten kann – Weil die Pferde in Island einen fünften Gang haben

Weil in Island Komiker zum Bürgermeister werden können – Weil das Telefonbuch von Reykjavík nach Vornamen sortiert ist – Weil es in Island 13 Weihnachtsmänner gibt – Weil in Island das ganze Jahr Weihnachten ist – Weil in Island der Computer der Zahlenwahrsager ist – Weil in Island Steine ins Museum gehören – Weil sich in Island nur 850 Menschen eine Kirche teilen müssen – Weil Island die Kulisse für viele Kinofilme ist – Weil in Island Hygiene beim Schwimmbadbesuch besonders wichtig ist – Weil es in Island keine Taschentücher gibt – Weil man in Island in Wohnungen keine Schuhe trägt – Weil man in Island mit dem Auto spazieren fährt – Weil ein Isländer vor Kolumbus Amerika entdeckt hat – Weil es überall in Island heiße Töpfe gibt – Weil in Island Geländewagen zum Alltag gehören – Weil Islands Schafe im Sommer sich selbst überlassen sind – Weil die stärksten Männer der Welt aus Island kommen – Weil die Isländer wissen, wie man Party macht – Weil man in Island mit Steinen Musik machen kann – Weil in Island Getränkeautomaten im Nirgendwo stehen – Weil die Isländer ihren eigenen Pullover haben – Weil in Island pro Kopf die meisten Rekorde aufgestellt werden – Weil in Reykjavík Hunde wieder erlaubt sind – Weil die Erdwärme in Island Bananen wachsen lässt – Weil die Bürgersteige in Reykjavík beheizt sind – Weil die Isländer beim Campen ihr Zelt im Anhänger *dabeihaben – Weil jeder Isländer musikalisch begabt ist – Weil in Island Straßen um Elfenburgen gebaut werden – Weil der Christopher Street Day in Island ein Familienfest ist – Weil eines der besten Musikfestivals in Island stattfindet – Weil in Island jeder mit jedem verwandt ist – Weil der European Song Contest ein inoffizieller Feiertag ist*

Weil es in Island den besten Hotdog gibt – Weil in Island der schwarze Tod getrunken wird – Weil es die besten Pfannkuchen mitten im Hochland gibt – Weil es in Island ein besonderes Milchprodukt gibt – Weil in Island die Kartoffeln karamellisiert werden – Weil man in Island vergeblich nach einem McDonald's sucht – Weil in Island die Geschmackssinne besonders gefordert sind – Weil Island einfach zum Verlieben ist

Ich danke meiner geliebten Frau Astrid und meinem wunderbaren Sohn Leon, die mich auf meinen Reisen mit viel Geduld begleiten.

GEBANNT VOM ZAUBER DES NORDENS

Vorwort

Island. Schon als Kind beeindruckten mich Dokumentationen und Berichte über Island. Die entfesselte Natur mit ihrer unbarmherzigen Gewalt. Die endlosen Landschaften. Die fremd klingenden und in der Schreibweise ungewöhnlichen Ortsnamen wie Reykjavík, Vík í Mýrdal oder Kirkjubæjarklaustur. All dies weckte in mir Fernweh und die Lust auf Abenteuer. Doch lange Zeit schien die Insel für mich unerreichbar. Mir war nicht bewusst, dass es möglich war, dort einen mehr oder weniger »normalen« Urlaub zu verbringen. In einem Land, welches gefühlt fernab jeder Zivilisation liegt. Welches ein Teil der arktischen Welt des Nordens ist.

2007 fiel mir dann der Film *Heima* (deutsch: *Daheim*) der isländischen Band Sigur Rós in die Hände. Eine Dokumentation, aufgenommen während einer Tour der Band 2006. Unangekündigte Gigs, teils abgehalten in kleinem, intimem Kreis, teils als großes Konzert mit vielen Besuchern. An Orten in Island, die eine besondere Magie haben. Und diese Magie erfasste auch mich erneut. Ich bekam die Musik und die Bilder nicht mehr aus meinem Kopf, und in mir wuchs das Verlangen, all diese Orte selbst zu besuchen, um sie mit meinen eigenen Augen zu sehen.

2008 war es schließlich so weit. Zusammen mit meiner Frau und meinem damals sechsjährigen Sohn trat ich eine Rundreise durch Island an. Und schon bei den ersten Schritten auf dieser Insel spürte ich selbst diese Magie und Anziehungskraft. Noch nie habe ich auf einer Reise so emotionale Momente beim Anblick landschaftlicher Kulissen erlebt. Noch nie habe ich mich von Anbeginn so verbunden gefühlt. Mit der Natur, mit den Menschen, mit dem Essen, mit den Unterkünften und mit der Art, wie die Leute ihr Leben in dieser

Umgebung bestritten. Ich fühlte mich, wie es der Titel der Dokumentation von Sigur Rós ausdrückt: Ich fühlte mich »daheim«.

Seit diesem Jahr bereiste ich Island noch viele Male, und meine Leidenschaft für das Land wurde immer intensiver. Aus der Leidenschaft wurde eine Passion. Ich besuchte die entlegensten Ecken und Regionen Islands, die fernab der üblichen Touristenrouten liegen. Ich folgte den Spuren der großen Sagas und reiste zu den Orten vergangener und gegenwärtiger Vulkanausbrüche. Die Eindrücke und Erfahrungen meiner Reisen hielt ich auf Tausenden Fotografien und Hunderten Stunden Filmmaterial fest. Meine Bilder, meine Filme und meine Erfahrungen teile ich in meinem Blog *Zauber des Nordens*. Sie lassen mich auch in Deutschland immer wieder an meinen Sehnsuchtsort im Norden denken und die Zeit bis zum nächsten Besuch überbrücken. Auch dieses Buch ist ein Ergebnis meiner Liebe zu Island. Einer Liebe, die auf weit mehr als 111 Gründen ruht. Diese sollen exemplarisch sein und vermitteln hoffentlich einen kleinen Eindruck dessen, was Island für mich ausmacht. Und weil Bilder oft mehr sagen als tausend Worte, sind unter www.zauber-des-nordens.de/111-gruende Fotos zum Buch abrufbar.

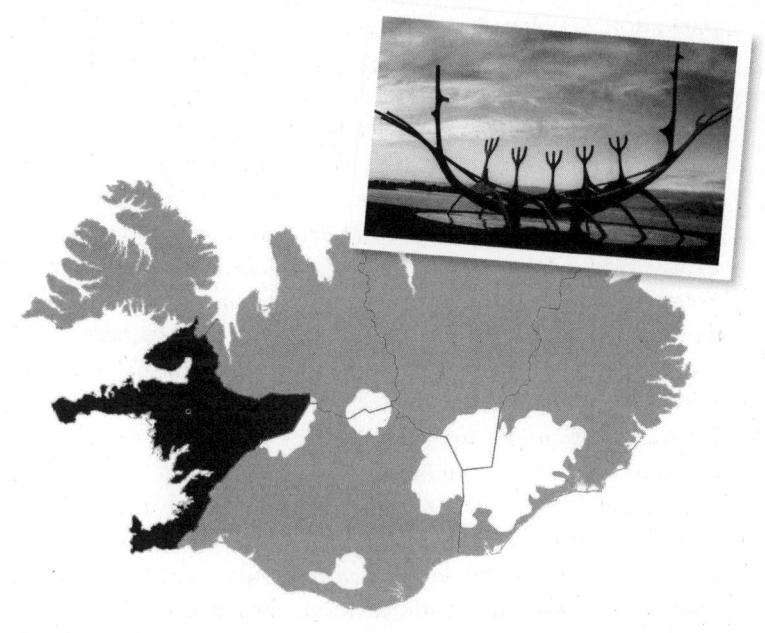

1. KAPITEL

DER WESTEN ISLANDS

Weil sich in Island der Eingang
zum Mittelpunkt der Erde befindet

Wer kennt sie nicht? Die Geschichte der mehrmals verfilmten *Reise zum Mittelpunkt der Erde*. 1873 erschien der Roman von Jules Verne erstmals in Deutschland. Aber woran sich nur wenige erinnern, ist, dass in diesem Roman der Eingang zum Mittelpunkt der Erde in Island liegt. Genauer gesagt auf dem Berg und Vulkan Snæfellsjökull, der im Westen den Abschluss der Halbinsel Snæfellsnes bildet. Der Name des Berges bedeutet übersetzt so viel wie »Schneeberggletscher«, da der Berg von dem gleichnamigen Gletscher bedeckt wird, der wie ein Sahnehäubchen auf dem Berggipfel ruht. Mit einer Höhe von 1.446 Metern ist er bei guter Sicht von der rund 120 Kilometer entfernten Stadt Reykjavík zu sehen und dominiert die Landschaftskulisse der Halbinsel seit vielen Jahrtausenden.

Jules Vernes Roman erzählt die Geschichte eines in Hamburg lebenden Professors. Dieser findet in einem Schriftstück des fiktiven Alchemisten Arne Saknussemm einen Hinweis auf den Eingang zum Mittelpunkt der Erde und beschließt, diese Reise ebenfalls anzutreten. Der Erzähler der Geschichte ist Axel, der Assistent des Professors; gemeinsam machen sie sich auf den Weg nach Island. Dort angekommen, nehmen sie sich den Eiderentenjäger Hans Bjelke als Führer und besteigen den Snæfellsjökull. Sie wandern hinab in den Krater des Berges und finden dort den Eingang zum Mittelpunkt der Erde. Sie dringen immer tiefer in die Erde ein und erleben eine Vielzahl von Abenteuern mit schon ausgestorbenen Tieren an faszinierenden Orten der Unterwelt. Zurück an die Oberfläche gelangen die Abenteurer schließlich bei einem Vulkanausbruch des Vulkans Stromboli in Italien.

Dass Jules Verne auf die Idee gekommen ist, gerade auf dem Snæfellsjökull den Eingang zum Mittelpunkt der Erde zu vermuten, ist nicht verwunderlich. Steil ragen die Gletscherflanken des Berges empor, und oft wird der Gipfel von Wolken verdeckt, die mystisch um ihn herum kreisen, als würden sie ein Geheimnis verbergen wollen. Der Snæfellsjökull wird auch als König der isländischen Berge bezeichnet.

Wer die Mystik dieses Ortes hautnah erleben will, kann dies auf geführten Touren tun. Angeboten werden Fahrten mit Pistenraupen oder Schneemobilen, die bis zum Gipfel führen und bei klarem Wetter atemberaubende Aussichten auf die Halbinsel und den umliegenden Nationalpark eröffnen. Buchen kann man solch eine Tour zum Beispiel im Snjófell Guesthouse in Arnarstapi. Alleine sollte man Wanderungen auf den Gipfel nicht wagen, da die Gletscherspalten und schnell wechselnden Wetterlagen äußerst gefährlich sind.

Eine etwas weniger abenteuerliche Variante ist die Querung der Halbinsel über die Straße F570. F steht für »fjall«, übersetzt »Berg«. Diese Bergstraße führt bis auf eine Höhe von 800 Metern und bringt einen recht nahe an den Gipfel heran. Allerdings kann es bis in den Sommer hinein vorkommen, dass diese Straße nicht oder nur mit Allradfahrzeugen befahren werden kann. Schneefelder, die die Straße blockieren, haben so manchen wagemutigen Touristen in Bedrängnis gebracht. Die Straße F570 zweigt unweit von Arnarstapi von der Hauptstraße 574 ab und mündet nahe Ólafsvík wieder darauf. Die Straße 574 führt längs der Küste einmal um den Snæfellsjökull herum.

Längs der Straße 574, ungefähr zehn Kilometer hinter Arnarstapi kann man dem Mittelpunkt der Erde sogar noch näher kommen. Dort befindet sich die Vatnshellir, was deutsch übersetzt so viel wie »Wasserhöhle« bedeutet. Das 200 Meter lange und 32 Meter tiefe Höhlensystem liegt inmitten eines Lavafeldes, gebildet von Ablagerungen, die der erkaltete Lavastrom eines Tausende Jahre zurückliegenden Vulkanausbruchs des damals noch aktiven Snæfellsjökull hinterließ. In jahrelanger und mühevoller Arbeit wurde das Höhlensystem erschlossen und im Jahre 2010 der Öffentlichkeit zugänglich gemacht. Im oberen Teil der Höhle, der das ganze Jahr über frei zugänglich ist, können zahlreiche bunte Gesteine bewundert werden, unter anderem Lava-Stalaktiten. In den unteren Teil gelangt man nur während der Öffnungszeiten der Höhle und in Begleitung von Führern.

Dieser Teil der Höhle gliedert sich in mehrere Abschnitte. Der Eingang erfolgt über ein kleines Häuschen aus Edelstahl, das an eine Telefonzelle erinnert. Über der Tür steht »Undirheimar«, das isländische Wort für Unterwelt. Hinter dieser Tür betritt man eine acht Meter tiefe Wendeltreppe und gelangt so in den mittleren Teil der Höhle, der eine Länge von 100 Metern aufweist. Man muss diesen Teil der Höhle durchqueren, um die nächste Wendeltreppe zu erreichen, die weitere zwölf Meter in die Tiefe führt. Hier schließlich, in etwa 32 Meter Tiefe, kann man weitere 70 Meter Höhlensystem erkunden. Angesichts der Lava-Stalagmiten und der im Licht der Taschenlampen aufleuchtenden Felsfärbungen in Rot, Grün und Gelb wähnt man sich nahe der Hölle. Wie und wo man diese Tour buchen kann, erfährt man auf der Seite des Tourbetreibers Cave Vatnshellir (www.vatnshellir.is).

2. GRUND

Weil man in Island ins Innere eines Vulkans hinabsteigen kann

Vulkanismus ist in Island allgegenwärtig. Seien es aktive vulkanische Aktivitäten oder die Spuren vergangener Vulkanausbrüche. Unweit der Hauptstadt Reykjavík finden sich auf der Halbinsel

Reykjanes viele Orte vergangener oder aktiver vulkanischer Aktivität. 2012 wurde davon ein weiterer für den Tourismus erschlossen.

Auf Reykjanes gibt es einen Ausläufer des Vulkansystems Brennisteinsfjöll, welches sich circa 20 Kilometer vor Reykjavík auf der Hochebene Hellisheiði befindet. Teil dieses Systems sind die Þríhnúkagígar, die aus zwei Vulkankratern und einem Hyaloklastitkegel bestehen. Einer der Krater hat den Namen Þríhnúkagígur und ist weltweit wohl der einzige Krater, dessen Dyke begehbar ist, obwohl er zu einem aktiven Vulkansystem gehört. Ein Dyke ist ein Gesteinsgang, der sich durch vulkanische Aktivität gebildet hat und durch den einst Magma zur Erdoberfläche vorgedrungen ist. So auch im Krater des Þríhnúkagígur. Hier hat der Ausbruchskanal des Magmas einen Gesteinsgang gebildet, der sich nach Rückzug des Magmas nicht mit anderem Material verfüllt hat. Der Isländer Árni Stefánsson ist 1974 erstmalig in diesen Gesteinsgang vorgedrungen. 1991 wurde er wissenschaftlich erforscht und vermessen. Im Rahmen einer wissenschaftlichen Expedition wurde 2010 eine Gondel angebracht, die die Forscher in das Innere des Kraters beförderte, ohne dass ein mühevoller Ab- und Aufstieg erforderlich war.

2012 kamen die Isländer dann auf die Idee, auch Touristen diese Abfahrt in den Vulkankrater zu ermöglichen. Erst mal nur als Attraktion für einen Sommer gedacht, kam die Tour so gut an, dass sie sich zu einem dauerhaften Touristenangebot entwickelt hat. Wer sie mitmachen möchte, muss allerdings Zeit und Geld mitbringen. Oder, wenn die Zeit knapp ist, noch mehr Geld. Die Regeltour dauert fünf bis sechs Stunden und kostet um die 250 Euro pro Person (Stand 2014). Wer weniger Zeit hat, kann sich mit einem Hubschrauber zum Krater fliegen lassen, dann dauert die Tour knapp drei Stunden, wird aber um einige Euro teurer. Aber das Erlebnis ist einmalig.

Per Bus startet die Tour in Reykjavík, entweder am Busterminal oder durch individuelle Abholung am Hotel. Nach etwa 30 Minuten Busfahrt erreicht man eine Berghütte, in der einen die Bergführer erwarten. Alternativ kann man auch mit dem eigenen Auto zur Berghütte fahren. Von der Hütte aus geht es in einem 45-minütigen Fußmarsch zum Krater, also ist festes Schuhwerk und regenfeste Kleidung angesagt. Beides ist überhaupt erforderlich, da es im Krater sehr feucht und rutschig werden kann. Am Krater angekommen, gibt es eine Sicherheitseinweisung, und dann ist es endlich so weit. In kleinen Gruppen von fünf bis sechs Personen darf die Gondel betreten werden, die einen in sechs Minuten 120 Meter tief in den Krater hinabfährt. Die Wände des Kraters sind beleuchtet und schillern in den prächtigsten Farben, dominiert von feuerroten Tönen, aber auch gelben und grünen Farbnuancen.

Unten angekommen, befindet man sich in einer 48 mal 60 Meter großen Höhle, in der man sich knapp 30 Minuten aufhalten darf. In dieser Zeit ist es erlaubt, so viele Fotos zu machen, wie man möchte. Allerdings ist es nicht gestattet, Steine aufzusammeln und mitzunehmen. Die schillernden Farben, die Größe der Höhle und die Schmauchspuren, die die Hitze des Vulkanausbruches hinterlassen hat, versetzen einen in Staunen und Bewunderung. Im Fluge sind die 30 Minuten vergangen, und es geht in der Gondel wieder aufwärts, wo einen heiße Getränke und Lammsuppe erwarten, die einem die feuchte Kälte der Höhle aus den Knochen treiben. Anschließend geht es in einem Fußmarsch wieder zur Hütte und von dort aus im Bus oder im eigenen Auto zurück nach Reykjavík. Mehr Informationen erhält man direkt auf der Webseite des Anbieters, auf der man auch die Buchung vornehmen kann: www.insidethevolcano.com.

Weil in Island Flüsse in Lavafeldern versickern

100 Kilometer nördlich von Reykjavík findet an der Straße 518 hinter dem kleinen Ort Reykholt ein besonderes Naturschauspiel statt. Der aus dem Schmelzwasser des Gletschers Langjökull gebildete Fluss Hvítá versickert auf seinem Weg teilweise in einem porösen Lavafeld, dem Hallmundarhraun. Nach ungefähr einem Kilometer tritt das versickerte Wasser über eine Länge von mehr als 700 Metern wieder aus dem Lavafeld aus und bildet einen der schönsten Wasserfälle Islands beziehungsweise gleich eine ganze Wasserfalllandschaft: die Hraunfossar. Das Wasser ist durch die Lava extrem gefiltert und so klar, dass die Lichtbrechung das Wasser türkis bis himmelblau leuchten lässt. In Kombination mit dem schäumenden Weiß des aufgewirbelten Wassers der zahlreichen Fälle und dem Grün des mit kleinen Birkenbäumchen überwachsenen Lavafeldes bildet sich eine landschaftliche Kulisse, die einen Stunden in den Bann zieht. Besonders bei Sonnenschein leuchten die Farben extrem und Fotografien dieses Spektakels scheinen bei späterer Betrachtung, als wären sie mit einem Bildbearbeitungsprogramm retuschiert worden.

Etwa 200 Meter flussaufwärts bildet der nicht versickerte Teil des Flusses Hvítá einen weiteren Wasserfall, den Barnafoss (»Kinderwasserfall«). Zu diesem Wasserfall wird eine traurige Geschichte erzählt: Zwei Kinder sollen hier beim Queren des Flusses über eine natürliche Felsbrücke gestürzt und ertrunken sein. Die Mutter habe die Felsbrücke daraufhin zerstören lassen, damit so etwas nie wieder passiere. Eine Hinweistafel am Barnafoss erinnert an diese Erzählung. Heute kann die kleine Schlucht mit dem fallenden Wasser mittels einer Brücke überquert werden. Von dieser können sowohl die Hraunfossar als auch der Barnafoss überblickt werden. Imposant ist beim Barnafoss eine natürliche Wasserdüse, die durch die Verengung in Kombination mit einem starken Gefälle entstanden ist. Das Wasser schießt mit hoher Geschwindigkeit schäumend durch diesen Teil der Hvítá.

Die Hvítá (Borgarfjörður) ist einer der bedeutendsten Lachsflüsse in Island und insgesamt 117 Kilometer lang. Sie entspringt dem Langjökull und mündet in den Fjord Borgarfjörður. Sie ist nicht mit der Hvítá (Ölfusá) zu verwechseln, die um einiges weiter östlich ebenfalls dem Langjökull entspringt und auf ihrem Weg nach Süden zum Beispiel den Wasserfall Gullfoss bildet.

Erreicht werden können die Hraunfossar und der Barnafoss über die Straße 50 in Richtung Reykholt/Húsafell, dann längs der Hvítá über die Straße 523 und dann Richtung Húsafell auf die Straße 518, von der eine Abzweigung zum Hraunfossar/Barnafoss ausgeschildert ist. Auf dem Weg dorthin lohnt sich ein Abstecher zu den heißen Quellen von Deildartunguhver und in den kleinen Ort Reykholt. Die heißen Quellen von Deildartunguhver findet man circa 18 Kilometer nach der Abzweigung der Straße 50 von der Ringstraße. Nach rechts geht eine kleine Straße den Berg hinunter zu einem Parkplatz bei Gewächshäusern und einem an ein Schwimmbad erinnernden Gebäude. Der aufsteigende Dampf der heißen Quellen verrät einem sofort, dass man richtig ist. Schon vom Parkplatz aus können die heißen Quellen gesehen und gehört werden.

Am Fuße eines kleinen Hügels sprudelt an mehreren Stellen bis zu 100 Grad heißes Wasser aus dem Boden, teils in geysirartigen Fontänen, die bis zu drei Meter hoch sein können. Warnschilder weisen den Besucher darauf hin, dass es sich um heißes Wasser handelt und Vorsicht geboten ist. Mit einem Ausstoß von bis zu 200 Litern pro Sekunde befindet sich hier die wasserreichste heiße Quelle Islands. Über zwei Pipelines wird das Wasser bis in die Städte Borgarnes und Akranes gepumpt und versorgt die Bewohner dort mit fließend heißem Wasser und Wärme für die Heizungen. Das erklärt auch das an ein Schwimmbad erinnernde Gebäude. Dieses ist nichts anderes als eine Pumpstation, um genügend Druck für den Transport in der Pipeline aufzubauen.

Neben den beiden Städten wird auch die umliegende Region mit heißem Wasser versorgt, zum Beispiel die an der Quelle befindlichen Gewächshäuser, in denen Tomaten und anderes Gemüse angebaut wird. Hier lohnt es, ein paar isländische Kronen Bargeld dabeizuhaben, denn die dort geernteten Tomaten können an einem kleinen Selbstbedienungsstand erworben werden. Fertig abgepackt warten köstliche Tomaten darauf, gekauft und verzehrt zu werden. Das Geld wirft man einfach in eine kleine Box.

Von Deildartunguhver nach Hraunfossar fahrend, kommt man automatisch an Reykholt vorbei. Der Ort ist mit seiner auffällig modernen Kirche unübersehbar. In Richtung Hraunfossar biegt man nach links auf einen Parkplatz ab. Spätestens hier wird man dann gewahr, dass es neben dem modernen Kirchengebäude noch eine alte für Island typische Holzkirche gibt. Diese befindet sich direkt hinter dem Gebäudekomplex der neuen Kirche und ist in Grau mit weißem Dach und Fenstern gehalten.

Einer der bedeutendsten Dichter und Politiker des Mittelalters, Snorri Sturluson, lebte von 1206 bis zu seinem Tode 1241 in Reykholt. Er gilt als Autor der *Snorra-Edda*, einem Lehrbuch für Skalden. In Reykholt baute er sich nahe seinem Haus ein kleines Bad, das sich noch heute auf dem Gelände befindet und eines der letzten erhaltenen Bauwerke sowie ältester Hot Pot Islands ist. Snorri war mit dem Norweger Skule Bårdsson befreundet, der wiederum in einen Aufstand gegen den norwegischen König verwickelt war und 1240 in Bergen getötet wurde. Snorri fürchtete um sein Leben und ließ um sein Haus in Reykholt eine Befestigung und einen unterirdischen Tunnel bauen. Letztendlich hat ihm das nichts geholfen, denn er wurde 1241 von seinem früheren Schwiegersohn ermordet.

Weil es in Island ein Miniatur-Island gibt

Islands Natur bietet eine Vielzahl unterschiedlichster geologischer Formationen und Landschaften. Gletscher, Steilklippen, Küsten, Wasserfälle, Höhlen, Lavafelder, Sand- und Geröllwüsten und vieles mehr.

Eine Region Islands sticht dadurch hervor, dass dort auf kleinem Raum fast alle für Island typischen Landschaftsbilder zu finden sind. Aus diesem Grund wird diese Region, die Halbinsel Snæfellsnes, auch als »Miniatur-Island« bezeichnet. Dominiert wird die Halbinsel von einem zentralen Bergmassiv, welches mit dem Vulkan Snæfellsjökull endet (siehe Grund 1: »Weil sich in Island der Eingang zum Mittelpunkt der Erde befindet«). Dieser von einer Eiskappe bedeckte, knapp 1.500 Meter hohe Berg ist fast von allen Orten der Halbinsel und bei gutem Wetter sogar von Reykjavík aus zu sehen. Um von Reykjavík aus zur Halbinsel Snæfellsnes zu gelangen, fährt man auf die Ringstraße in Richtung Akureyri und zweigt am Ortsende bei Borgarnes auf die Straße 54 in Richtung Stykkishólmur ab.

Die Straße 54 führt einen einmal südlich und einmal nördlich der Halbinsel entlang und verbindet den Norden und Süden östlich des Snæfellsjökull. Es gibt noch zwei weitere Straßen, die den Norden und Süden Snæfellsnes über das zentrale Bergmassiv verbinden. Zum einen die Straße 56, welche im Süden kurz vor einer N1-Tankstelle in Richtung Stykkishólmur abzweigt, und zum anderen die nur von Allrad-Fahrzeugen befahrbare Straße F570, die einen bis auf eine Höhe von 800 Metern in die Nähe des Gipfels des Snæfellsjökull führt. Letztere sollten sich Fahrer eines allradgetriebenen Fahrzeugs nicht entgehen lassen, da sie eine unwirkliche, durch Vulkanausbrüche geprägte und vegetationslose Hochebene erwartet, die unverwechselbare Ausblicke auf den Gletscher und die Küsten von Snæfellsnes zulässt. Aber Achtung: Auch im Sommer können Schneefelder diese Piste unpassierbar machen. Wir haben leider schon oft wagemutige Touristen erlebt, die trotz Allrad in einem Schneefeld mit dem Unterboden aufgesetzt sind und sich alleine nicht mehr befreien konnten. Also bitte die Hinweisschilder beachten.

Wer Snæfellsnes ernsthaft erkunden möchte, sollte sich mindestens zwei Übernachtungen gönnen, damit er neben dem An- und Abreisetag einen vollen Tag auf der Halbinsel verbringen kann. Wer gerne wandert, sollte sich noch länger auf Snæfellsnes aufhalten, da es eine Vielzahl beschilderter Wanderwege gibt, die einen ganz nah an die Ursprünglichkeit dieses Teils von Island bringen. Den westlichsten Teil der Halbinsel bildet ein rund 170 Quadratkilometer großer Nationalpark, auf dessen Gebiet auch die Eiskappe des Snæfellsjökull liegt. Gegründet wurde der Park im Jahre 2001 zum Erhalt dieses Landesteils, welcher Heimat vieler geschützter und bedrohter Seevögel, aber auch besonderer Vegetationsformen ist.

Unter gleicher Verwaltung wie der Nationalpark stehen auch zwei Naturschutzgebiete auf der Halbinsel. Einmal das Gebiet des Búðahraun, eines im Süden der Halbinsel gelegenen Lavafeldes, und das Gebiet entlang der von schroffen Basalt- und Lavasteilklippen geprägten Küstenlinie zwischen den Orten Arnarstapi und Hellnar. Informationen zum Nationalpark, den Naturschutzgebieten und Wandermöglichkeiten erhält man am besten direkt auf der Seite des Nationalparks, auf der es auch eine Broschüre in deutscher Sprache zum Download gibt: www.ust.is/snaefellsjokull-national-park/.

Für eine Tagestour bietet sich ein Trip durch den Nationalpark und die Naturschutzgebiete an. Durch den Nationalpark und entlang der Naturschutzgebiete führt die Straße 574, welche wiederum von der Straße 54 abzweigt. Start für diese Tour kann das Hotel Búðir sein (www.budir.is). Dieses Hotel liegt einsam inmitten des

Naturschutzgebietes Búðahraun im Süden von Snæfellsnes und ist von der Straße 574 beschildert erreichbar.

In Sichtweite des Hotels liegt die Búðakirkja, eine kleine Holzkirche mit angrenzendem Friedhof, welche ursprünglich 1703 errichtet wurde. Die aus schwarz lasiertem Holz gebaute Kirche mit weißen Türen und Fensterrahmen ist ein sehr beliebtes Fotomotiv und ein Ort von meditativer Kraft. Von dort schaut man in Richtung Norden auf eine von Moos und Gräsern bewachsene Landschaft und die Steilhänge des zentralen Bergmassivs, welche wiederum von einem langen, schmalen Wasserfall und einer pittoresken, vegetationslosen Bergkuppe geschmückt werden. In Richtung Westen blickt man über das Lavafeld Búðahraun und sieht in der Ferne den Gipfel des Snæfellsjökull. Und in Richtung Süden hat man Aussicht auf von hohem Gras bewachsene Sanddünen und den Faxaflói, einer zwischen Reykjanes und Snæfellsnes gelegenen Bucht des Nordmeers.

Fernab jeder Ansiedlung hört man nur den Wind, wie er durch die Gräser weht, und die Stimmen der zahlreichen See- und Landvögel, die diesen Teil der Insel bewohnen. Durch die Dünen und das Lavafeld führen markierte Wanderwege, die einen unter anderem zur Búðahellir, einer Höhle im Lavafeld, führen.

Der Straße 574 in Richtung Westen folgend, kommt man nach wenigen Kilometern zum Ort Arnarstapi, einem Fischerort mit kleinem Hafen. Hier befindet man sich in dem zweiten Naturschutzgebiet im Süden von Snæfellsnes. Am Hafen gibt es Parkmöglichkeiten, und von dort lässt sich eine Wanderung bis zum circa drei Kilometer weiter westlich gelegenen Ort Hellnar starten. Der markierte Wanderweg führt an schwarzen, stark erodierten Steilklippen entlang, an denen sich bei heftigem Wind die Wellen tosend brechen. Die Steilküste wird aus Basaltgestein gebildet, welches durch zahlreiche Vulkanausbrüche in ferner Vergangenheit zutage getreten ist. Das Meer hat die Klippen im Laufe der Zeit ausgehöhlt und stark erodiert, sodass zahlreiche Höhlen und skurril anzusehende Felsformationen entstanden sind. An einer Stelle hat sich eine Naturbrücke gebildet, die von schwindelfreien Menschen überquert werden kann.

In Arnarstapi leben nur wenige Menschen das ganze Jahr über, allerdings sind hier im Sommer viele Isländer und Touristen anzutreffen. Viele Isländer haben rund um Arnarstapi Sommerhäuser, in denen sie die Wochenenden oder Ferien verbringen. Der kleine Hafen hat einen natürlichen Schutzwall aus Basaltsäulen und bietet Anlegemöglichkeiten für kleinere Motorboote. Oberhalb des Hafens befindet sich gegenüber dem Parkplatz eine kleine Aussichtsplattform. Von dieser hat man in Richtung Meer einen Blick über den Hafen und die Küste. In die andere Richtung schaut man auf eines der meist fotografierten Häuser Islands. Ein kleines, weißes Einfamilienhaus mit rotem Dach steht inmitten einer grünen Wiese. Dahinter ragt ein seltsamer, an eine Pyramide erinnernder Berg auf, dessen steile Flanken aus glattem feinen Geröll gebildet werden. Sie werden unterbrochen von schroffen, kantigen Felsauswüchsen und sind nach oben frei von jedweder Vegetation. Der Berg trägt den Namen Stapafell (deutsch: »der verstopfte Berg«) und ist vulkanischen Ursprungs. An seiner Spitze, in 526 Meter Höhe, befindet sich ein Gipfelkreuz, welches zu Zeiten der Wikinger ein Zeichen für heilige Kräfte war. Der Berg gilt auch als Wohnort von Elfen. Schaut man vom Hafen in Richtung des Hauses, dann hat man das Haus im Vordergrund, dahinter den Stapafell und nochmals weiter im Hintergrund die Eiskappe des Snæfellsjökull. Das macht das Haus zu einem unverwechselbaren Fotomotiv.

In Hellnar gibt es ein über den Ort hinaus bekanntes Café, das Café Fjöruhúsið, das zu Kaffee, Kaltgetränken und diversen kleinen Gerichten einlädt. Bei gutem Wetter kann man auch auf einer Außenterrasse sitzen. Das Café ist in den Sommermonaten gut besucht und bietet aufgrund seiner geringen Größe nur wenige Sitzplätze. Also ist bei hungrigen Gemütern Geduld angesagt.

Folgt man der Straße 574 weiter in Richtung Westen, macht sie nach Arnarstapi eine Rechtskurve und führt dann schnurgerade auf eine auffällige Felsformation zu. Zwei Felsnadeln, eine 75 Meter, die andere 61 Meter hoch, ragen direkt an der Küste in den Himmel und sind von Weitem zu sehen. Der Name dieser Felsformation lautet Lóndrangar, sie wird aus zwei alten Ausbruchskanälen gebildet, in denen Magma erstarrte. Das weichere Gestein um die Ausbruchskanäle herum wurde im Laufe der Jahrtausende abgetragen, und zurück blieben diese markanten Felsnadeln. Hat man Lóndrangar passiert, folgt nach wenigen Kilometern Malarrif, eine Steilküste mit einem weißen Leuchtturm mit orangeroter Spitze, die ebenfalls einen kurzen Besuch wert ist. Nochmals einige Kilometer weiter befindet sich der Djúpalónssandur, ein aus schwarzem Sand und Kies gebildeter Strand, der von schroffen und skurrilen Felsformationen umgeben ist. Hier finden sich zwei Besonderheiten, zu denen es in Grund 8: »Weil man in Island seine Kräfte auf besondere Art messen kann« mehr zu lesen gibt. Zwischen Lóndrangar und Djúpalónssandur befindet sich direkt an der Straße 574 ein kleiner Parkplatz, an dem man schnell vorbeifährt, ohne mitzubekommen, dass man von dort eine besondere Sehenswürdigkeit besichtigen kann: die Vatnshellir (siehe Grund 1: »Weil sich in Island der Eingang zum Mittelpunkt der Erde befindet«).

Hat man den westlichen Teil der Halbinsel fast durchquert, gibt es einige Kilometer vor dem Ort Hellissandur nach links einen Abzweig auf die Straße 579, die mitten durch ein Lavafeld führt und an der Steilküste von Öndverðarnes endet. Dort befindet sich ein kleiner orangefarbener Leuchtturm. Entlang der Straße 579 kommt man an der Skarðsvík vorbei. Diese Bucht beherbergt einen idyllischen, aus Muschelkalk gebildeten Sandstrand, welcher ihr auch den Namen gibt.

Im Norden von Snæfellsnes angekommen, hat einen die Zivilisation wieder. Der kleine Ort Hellissandur verfügt über eine Tankstelle und über das höchste Bauwerk Islands beziehungsweise sogar

Westeuropas. Dabei handelt es sich um einen im Jahre 1959 er-richteten 412 Meter hohen Sendemast, der bis in die 1990er-Jahre vom US-Militär zur Funknavigation genutzt wurde. Heute ist dort unter anderem ein Ausbildungszentrum der isländischen Rettungs-organisation ICE-SAR untergebracht. Kurz nach Hellissandur geht von der 574 in Richtung des Snæfellsjökull die Straße 5738 ab, an deren Ende auf einer kleinen Anhöhe die Ingjaldshólskirkja, die älteste Steinkirche Islands, steht. Sie wurde 1903 erbaut. Von der Anhöhe aus kann man auf die beiden Orte Hellissandur und Rif blicken, die nur wenige Kilometer auseinander liegen. Auch die Ingjaldshólskirkja ist mit der im Hintergrund befindlichen Eiskap-pe des Snæfellsjökull ein beliebtes Fotomotiv. Nach Rif kommt die Stadt Ólafsvík, die mit ihren kleinen bunten Häusern ein sehr nor-disches Flair ausstrahlt. Das Hotel Ólafsvík bietet am Ende dieses Trips eine gute Möglichkeit zum Übernachten.

Mehr sollte man sich an einem Tag auch nicht zumuten, da die Fahrt von Búðir bis hierhin mit all den Sehenswürdigkeiten und Wanderungen einen Tag gut füllt. Im Norden von Snæfellsnes gibt es noch zwei Orte, die einen Besuch wert sind, Grunðarfjörður und Stykkishólmur. Sie liegen allerdings knapp 25 beziehungsweise 65 Kilometer von Ólafsvík entfernt. Stykkishólmur ist auch Ausgangs-punkt der Fähre, die zu den Westfjorden führt.

5. GRUND

Weil in Island John Lennon
auf besondere Art verewigt wurde

Vor den Toren Reykjavíks befindet sich auf der in der Bucht des Kollafjörðurs gelegenen kleinen Insel Viðey ein besonderes Denkmal. Es wurde zu Ehren John Lennons errichtet, der mit der Band The Beatles in den 1960er-Jahren bekannt wurde und später als Solomusiker Songs produzierte, die weltweit Anklang fanden. Sein Leben wurde 1980 jäh durch ein Attentat beendet. Neben seiner musikalischen Karriere engagierte sich John Lennon auch als Friedensaktivist und prägte mit einem Song die Friedensbewegungen an vielen Orten. Mit *Imagine*, einem visionären Lied über eine Welt ohne Religionen, Nationalismus und Privateigentum, bewegte er die Gemüter vieler Jugendlicher der 1970er-Jahre.

Seine Frau Yoko Ono, selbst Friedensaktivistin, setzte nach Lennons Tod das gemeinsame Engagement fort und schuf 2007 die Installation *Imagine Peace Tower* (auf Isländisch: *Friðarsúlan*). Der Titel ist eine Hommage an John Lennons Hit. Am 9. Oktober 2007, John Lennons 67. Geburtstag, stellte Yoko Ono das Denkmal der Weltöffentlichkeit vor. Seitdem erstrahlt jedes Jahr vom 9. Oktober bis zum 8. Dezember, dem Jahrestag der Ermordung John Lennons, eine riesige Lichtsäule auf der Insel und fordert zu Weisheit und Freude auf. Sie soll daran erinnern, dass Liebe und Frieden alle Menschen verbindet. Die Worte »imagine peace« sind in 24 verschiedenen Sprachen auf einer kleinen Plakette auf dem Sockel der Installation eingraviert, auf Deutsch sind es die Worte »Stell dir vor, es ist Frieden«.

Die Lichtinstallation ist sehr beeindruckend, sie variiert in den Farben und der Intensität, je nachdem welches Wetter herrscht, ob die Nacht klar oder bewölkt ist, ob es gerade regnet oder schneit. Die Lichtstrahlen können bis zu 4.000 Meter in den Himmel ragen. Die Energie dafür wird über geothermale Quellen gewonnen. Zusätzlich zu der oben genannten Zeit ist der *Imagine Peace Tower* inzwischen auch zu anderen Zeiten aktiv: vom Winteranfang am 21. Dezember bis Silvester und in der ersten Woche des Frühlings (21.–27. März). Zu Ehren von Yoko Ono leuchtet die Installation auch am 18. Februar, an ihrem eigenen Geburtstag. Es verkehren Busse und Fähren, die einen zur Insel bringen. Mit dem Bus kommt man vom zentralen Busbahnhof Hlemmur zur Anlegestelle. Die Abfahrten der Fähre erfolgen vom Skarfabakki Pier. Über Abfahrtszeiten und Preise informiert man sich am besten auf der Seite des Tourenanbieters Elding www.elding.is oder auf der Webseite des *Imagine Peace Towers* www.imaginepeace.com.

6. GRUND

Weil man unter Wasser den größten Durchblick hat

Wasser ist auf Island allgegenwärtig, denn mit durchschnittlich knapp 150 Niederschlagstagen im Jahr hat das Land genügend Nachschub, um die zahlreichen Flüsse und Seen mit Wasser, aber auch die Gletscher mit Schnee und Eis zu füllen. Das Wasser der meisten Flüsse ist so natürlich und unbelastet, dass es reine Geldverschwendung ist, sich Wasser in Flaschen zu kaufen. Man füllt einfach direkt aus den Flüssen nach. Diese Reinheit und Klarheit des Wassers führt an manchen Stellen zu ganz besonderen Phänomenen. So wird zum Beispiel in durch Lava filtriertem und geklärtem Wasser das Licht derart gebrochen, dass nur die blauen und türkisen Lichtanteile zu sehen sind und Flüsse oder Seen in einem leuchtenden Türkis-Blau erscheinen wie am Hraunfossar.

Aber das extrem geklärte Wasser kann auch zum Paradies für Taucher werden, wenn nämlich so wenig Schwebstoffe im Wasser sind, dass extreme Sichtweiten unter Wasser erzielt werden. Eines dieser Gewässer, von denen es auf der Erde nur wenige gibt, findet man in Island, genauer gesagt im Gebiet des Þingvellir. Zwischen den auseinanderdriftenden Kontinentalplatten hat sich eine Spalte gebildet, die zum Teil mit Schmelzwasser des 50 Kilometer entfernten Gletschers Langjökull gefüllt ist. Das Wasser braucht bis zu 100 Jahre, um durch das poröse Lavagestein zu sickern, und wird dabei so extrem geklärt, dass in dem Wasser, das sich dann in der Spalte befindet, Sichtweiten von bis zu 100 Metern möglich sind. Neben der extremen Sichtweite ist aber auch der Ort an sich ein Spektakel, da man in einem Gewässer taucht, das zwischen Europa und Amerika liegt. Die Spalte wird von den Isländern als Silfra bezeichnet, was auf Deutsch übersetzt so viel wie »silberne Frau« bedeutet. Die Silfra-Spalte hat eine Fläche von einem Quadratkilometer bei einer Länge von 300 Metern und einer Tiefe von bis zu 63 Metern. Sie endet im angrenzenden See Þingvallavatn. Das Wasser hat eine konstante Temperatur von zwei bis vier Grad. Es ist nicht ungefährlich, zwischen den beiden Kontinentalplatten zu tauchen, da immer wieder Stücke aus den Platten brechen können und man in der engen Spalte nicht viel Platz zum Ausweichen hat.

Wer das Abenteuer wagen möchte, muss sich einen lokalen Guide organisieren, da die Spalte Teil des Þingvellir-Nationalparks ist und strengen Auflagen unterliegt. Ein Anbieter, auf dessen Homepage weitere detaillierte Informationen zum Tauchgang zu finden sind, ist zum Beispiel Dive.is (www.dive.is).

Eine andere Kuriosität hat dieser Ort an der Oberfläche zu bieten, mehr dazu im Grund 49: »Weil es in Island besondere Verkehrsschilder gibt«.

Weil eine Hautmaske beim Schwimmbadbesuch inbegriffen ist

Es gibt ein Schwimmbad in Island, an dem kein Tourist vorbeikommt. Das Besondere an diesem Schwimmbad ist, dass man nicht in extra eingeleitetem Wasser oder, wie mancher vermutet, natürlichem Gewässer schwimmt. Nein, man schwimmt im »Abwasser« eines geothermalen Kraftwerkes. Das Prinzip dieses Geothermalkraftwerkes ist, dass aus einer Tiefe von 2.000 Metern durch die Restwärme von Magma auf circa 240 Grad erwärmtes Wasser zur Oberfläche gepumpt wird. Dort werden daraus Strom und Fernwärme erzeugt, und das »Abwasser« wird auf eine Temperatur zwischen 37 und 42 Grad heruntergekühlt in das Lavafeld Illahraun (deutsch: »Lava des Schreckens«) abgeleitet, wo sich im Laufe der Zeit ein großer See bildete. In dem sehr mineralhaltigen Wasser befinden sich zahlreiche Arten von Kieselalgen, die dem Wasser die typische tiefblau-milchige Färbung gegeben haben. Alleine dies macht diesen Ort zu einem besonderen Erlebnis, da die blau-weiße Färbung des Sees im Kontrast zu den schwarz-roten Farbtönen des Lavafeldes steht, welches wiederum von grünem Moos und orangefarbenen Flechten bewachsen ist. Eine geradezu unwirkliche Kulisse, daher kursieren immer wieder Bilder des Schwimmbads im Internet.

Badefreudig, wie die Isländer sind, hat irgendwann einer von ihnen entdeckt, dass man in diesem badewannenwarmen Wasser wunderbar schwimmen kann. Und dann kam ein anderer auf die findige Idee, daraus ein Thermalbad zu machen. Diese Idee wurde auch noch dadurch gefördert, dass das Wasser mit seinen darin gelösten Salzen und Kieselalgen eine heilende Wirkung bei Schuppenflechte und anderen Hautkrankheiten hat. Daher wurde zwischenzeitlich unweit des Schwimmbades eine Klinik zur Behandlung von

Hautkrankheiten errichtet. Durch den ständigen Zulauf von »Frischwasser« erneuert sich das Wasser rund alle 40 Stunden. Die Isländer nennen dieses Bad »Bláa Lónið«, auf Deutsch »Blaue Lagune«.

Mittlerweile gibt es auch eine aus den Salzen und Algen produzierte Kosmetikserie mit dem gleichen Namen, die im Bad selbst, aber auch in allen Touristenshops und Supermärkten Islands erhältlich ist. Im Schwimmbad selbst findet man an diversen Stellen die Möglichkeit, sich das Sediment aus Salzen und Algen auf Gesicht und Dekolleté zu cremen, um die heilende Wirkung zu spüren. Die Kosmetikserie hat ihren Preis, wie der Schwimmbadbesuch, der mit einem Eintrittspreis jenseits der 40 Euro pro Person ordentlich zu Buche schlägt. Und das trotz der Konkurrenz, die sich auf der Insel gebildet hat. Unweit des Mývatn, kurz nach Reykahlíð in Richtung Egilsstaðir wurde ein weiteres Thermalbad nach demselben Prinzip eröffnet, das Jarðböðin við Mývatn. Hier wird in etwas kleinerem Maßstab Ähnliches zur Hälfte des Preises der Blauen Lagune geboten (www.jardbodin.is).

Die Blaue Lagune liegt auf der Reykjanes-Halbinsel zwischen Reykjavík und Keflavík. Von der Verbindungsstraße zum Flughafen führt ein beschilderter Abzweig dorthin. Informationen zur Blauen Lagune und der Kosmetikserie findet man auf der Webseite des Bades (www.bluelagoon.com).

8. GRUND

Weil man in Island seine Kräfte auf besondere Art messen kann

Vor der Küste im Westen von Snæfellsnes sind in den letzten Jahrhunderten eine Vielzahl Schiffe gesunken. Die Gegend wird auch gerne als Schiffsfriedhof bezeichnet. Seit dem 17. Jahrhundert haben um die 750 Menschen ihr Leben bei Havarien vor der Küste verloren. An einem Küstenabschnitt sind noch heute Reste des am 13. März 1948 verunglückten Trawlers Epine zu finden. Dabei verloren 14 Menschen ihr Leben, fünf konnten von den isländischen Rettungsteams vor dem Tode bewahrt werden. Die rostigen Trümmer des Trawlers liegen am Strand und sollen zur Erinnerung an das Unglück bewahrt werden. So ist es untersagt, Teile mitzunehmen oder deren Lage am Strand zu verändern. Der Strand heißt Djúpalónssandur, was sich aus dem Wort Djúpulón ableitet, auf Deutsch »tiefe Lagune«. Diesen Namen trägt er wegen einer kleinen Süßwasserlagune, die sich unweit des Strandes befindet. Der Strand selbst wird aus schwarzen, rundgewaschenen Kieselsteinen gebildet, die auch als »Perlen der Djúpulón« (isländisch »Djúpalónsperlur«) bezeichnet werden. Dieser Strandabschnitt wird von skurrilen Lavaformationen umgeben, die wie groteske Plastiken aussehen und der Szenerie eine bedrohliche Note geben. Eine Formation bildet einen natürlichen Lavabogen, in dessen Mitte ein Loch ist, durch das man vom Strand aus auf den Snæfellsjökull blicken kann. Die Isländer nennen diese Formation Gatklettur.

Zum Strand gelangt man von einem beschilderten Abzweig der Straße 574. Nach knapp zwei Kilometern kommt man an einen Parkplatz mit Toilettenhäuschen. Von diesem Parkplatz aus führen markierte Wege hinunter an den Djúpalónssandur. Man sollte sich aber vom Wasser fernhalten, denn der Sog der Brandung ist an dieser Stelle besonders stark, und leider sind hier schon öfter Menschen verunglückt, die die Gefahr unterschätzt haben.

Aber was hat dieser interessante Ort nun mit Kräftemessen zu tun? Nun, wenn man vom Parkplatz kommend den Strand erreicht, fallen einem sofort vier Steine unterschiedlicher Größe auf. Dabei handelt es sich um sogenannte Hebesteine (isländisch Aflraunasteinar). Diese dienten den Fischern zum Kräftemessen und gaben Auskunft darüber, wie stark ein Fischer war. Der kleinste Stein hat ein Gewicht von 23 Kilogramm und wird als »Nichtsnutz« bezeichnet (isländisch »Amlóði«). Wie der Name schon sagt: Wer nur diesen Stein heben kann, ist nutzlos und in der Fischerei nicht zu gebrauchen. Der zweite Stein trägt den Namen »Hálfdrættingur«, was übersetzt Schwächling bedeutet. Dieser Stein hat ein Gewicht von 54 Kilogramm, und wer seinen Fuß auf ein Fischerboot setzen wollte, musste mindestens ihn heben können. Der dritte Stein mit 100 Kilogramm Gewicht trägt den Namen »Hálfsterkur«, der Halbstarke, und der vierte Stein mit 154 Kilogramm den Namen »Fullsterkur«, der Vollstarke. Heute müssen Fischer diese Probe nicht mehr machen, jedoch findet das Steineheben nach wie vor Anwendung bei den sehr beliebten Wettbewerben zur Krönung des stärksten Mannes Islands. Und natürlich bei den vor allem männlichen Touristen, die nicht widerstehen können, ihre Kräfte am Djúpalónssandur unter Beweis zu stellen.

9. GRUND

Weil man nach ein wenig Anstrengung drei Wünsche frei hat

Im Norden von Snæfellsnes liegt die Stadt Stykkishólmur, eine kleine idyllische Hafenstadt mit nordischem Flair. Sie ist Ausgangspunkt der Fähre Baldur, die Snæfellsnes mit den Westfjorden verbindet. Die günstige Lage führte im 16. Jahrhundert dazu, dass deutsche Kaufleute aus Oldenburg und Bremen hier einen Handelsplatz eröffneten. Die vor der Küste liegenden Schären und eine aus Basaltsäulen bestehenden Insel mit dem Namen Súgandisey waren eine ideale natürliche Barriere und ermöglichten den Bau eines Hafens. Einer dieser Schären, Stykkið, verdankt Stykkishólmur seinen Namen. Stykkið ist heutzutage Teil der Hafenmauer, und die Insel Súgandisey ist durch einen Damm mit dem Festland verbunden. Über den Damm führt eine Straße zu den Parkplätzen und zum Fähranleger im Hafen.

Die Insel Súgandisey besteht aus Basaltsäulen und hat steile Flanken, die über eine Treppe bezwungen werden können. Oben angekommen, hat man einen unvergleichlichen Blick auf den Breiðafjörður und über die Stadt und den Hafen. Ein kleiner Leuchtturm rundet die Kulisse ab. Stykkishólmur erfreut sich bei Touristen immer größerer Beliebtheit. Die vielen kleinen, farbenfrohen Häuser mit bunten Dächern, die teils auf mit dem Festland verbundenen Schären wild durcheinander gebaut sind, sorgen für ein typisch nordisches Flair. Auf ein Gebäude muss ich gesondert eingehen, nämlich die Kirche von Stykkishólmur, die Stykkishólmskirkja. Diese wurde 1990 fertiggestellt und besticht durch eine moderne, ja futuristische Form, die im Gegensatz zu den farbenfrohen Häusern steht. Sie beherbergt eine wundervoll klingende Orgel, die 2012 vom deutschen Orgelbauer Klais aus Bonn in Betrieb genommen wurde.

Stykkishólmur verfügt über ein Hotel, eine Tankstelle, einen Supermarkt und diverse Cafés und Restaurants, sodass es sich hier eine Zeit verweilen lässt. Von hier können Touren auf die Halbinsel gestartet werden, zum Beispiel zum Bjarnarhöfn, wo man sich in die Herstellung eines der gewöhnungsbedürftigsten Lebensmittel Islands einweisen lassen kann – mehr dazu in Grund 110: »Weil in Island die Geschmackssinne besonders gefordert sind«.

Eine Tour sollte sich ein Besucher von Stykkishólmur nicht entgehen lassen: Circa vier Kilometer vor der Stadt befindet sich ein 73 Meter hoher Hügel, der Helgafell, was deutsch übersetzt »Heiliger Berg« bedeutet. Man erreicht ihn über die Straße 5772, die in Richtung Stykkishólmur von der Straße 58 nach rechts abzweigt. Die Straße endet an einem Parkplatz unterhalb des Hügels, von dem aus man zur Helgafellskirkja gehen kann. Von dieser Kirche führt durch ein Holzgatter ein Weg hinauf zum Hügel. Mit dem Weg hat es eine besondere Bewandtnis. Er startet beim Grab von Guðrún Ósvífursdóttir, der Erbauerin der Kirche am Helgafell. Wer den Weg das erste Mal begeht, darf sich nicht umdrehen und nicht reden. Dafür hat er oben angekommen drei Wünsche frei. Diese Wünsche erfüllen sich, wenn man es dann auch noch schafft, mit niemandem darüber zu sprechen. Jeder Wanderer, der den steilen Anstieg gemeistert und den Gipfel des Helgafell erreicht hat, wird durch eine wunderbare Aussicht über Stykkishólmur, die Schären und die einzigartige Landschaft dieses Landesteiles belohnt. Eine Windrose auf einem massiven Stein hilft einem bei der Orientierung.

10. GRUND

Weil in Þingvellir eines der ältesten Parlamente tagte

An einem Ort auf Island kommt man als Tourist auf keinen Fall vorbei. Und das aus vielerlei Hinsicht. Dieser Ort hat so viel zu bieten, dass er gleich für mehrere Gründe, Island zu lieben, sorgt. So ist er Etappenziel einer sehr beliebten Touristenroute, dem Golden Circle, aber auch die natürliche Grenze zwischen Amerika und Europa, die einen Graben gebildet hat, der für Taucher ein besonderes Paradies darstellt. Die Rede ist von Þingvellir, was auf Deutsch übersetzt so viel wie »Volksversammlungsebene« bedeutet.

Die Isländer sind besonders stolz auf diesen Ort. Nicht weil er die Nahtstelle zwischen zwei Kontinenten offenbart oder bereits seit 1930 als Nationalpark geschützt wird. Und auch nicht, weil er 2004 von der UNESCO zum Weltkulturerbe erklärt wurde. Nein, sie sind deshalb stolz auf Þingvellir, weil hier eines der ältesten Parlamente nach der Antike tagte. Schon 930 nach Christus trafen sich hier einmal im Jahr alle Goden und deren Gefolgschaften für zwei Wochen, um Rechtsstreitigkeiten beizulegen und Gesetze zu beschließen. Ausgewählt wurde dieser Ort, da er gut erreichbar war, genügend Platz für die Menschen und Pferde bot, von einem Fluss mit Frischwasser versorgt wurde und weil es eine natürlich gegebene gute Akustik gab, sodass die jeweiligen Sprecher gut zu hören waren. Das Plateau, von dem herunter gesprochen wurde, nennt sich »Lögberg«, der Gesetzesberg. Hier erinnert heute eine Gedenktafel an die Anfänge des Alþingis.

Überlieferungen zufolge war diese Zusammenkunft auch gleichzeitig ein großes Volksfest, auf dem sich Familien trafen und auch die eine oder andere Ehe beschlossen wurde. Noch heute nennt sich das isländische Parlament Alþingi, tagt aber nicht mehr in Þingvellir, sondern in der Hauptstadt Reykjavík. Allerdings hat Þingvellir noch im 20. Jahrhundert seine Kulisse und historische Bedeutung zur Verfügung gestellt. Am 17. Juni 1944 wurde hier die Demokratische Republik Island ausgerufen. An diesem Tag feiert Island nun seinen Nationalfeiertag.

11. GRUND

Weil man in Island dem Kontinentaldrift zusehen kann

Island gehört, politisch gesehen, zu Europa. Island ist aber nicht Mitglied in der Europäischen Union, sondern gehört zum Europäischen Wirtschaftsraum und hält sich damit alle Freiheiten offen, die es im Laufe der Jahre errungen hat. Die wichtigste ist sicher die 200-Meilen-Zone rund um die Insel, in der ausschließlich Isländer fischen dürfen. Somit beansprucht Island die sehr fischreichen Regionen im Nordmeer exklusiv für sich selbst. Geografisch gesehen gehört Island sowohl zu Europa als auch zu Amerika, denn es liegt genau auf der Nahtstelle dieser beiden Kontinentalplatten, die jedes Jahr mit der Geschwindigkeit eines wachsenden Fingernagels – rund zwei Zentimeter – auseinanderdriften. Wollte Christoph Kolumbus heute nach Amerika reisen, müsste er insgesamt zwölf Meter weiter segeln als 1492, um die Küste Amerikas zu erreichen.

Diese Nahtstelle zwischen den beiden Kontinenten ist an zwei Orten in Island besonders interessant. Der erste Ort ist das Þingvellir. Hier haben die auseinanderdriftenden Kontinentalplatten eine deutliche Bruchkante hinterlassen, durch die man einen ausgiebigen Spaziergang machen kann. Zudem hat sich ein dadurch entstandener Graben mit Wasser gefüllt, der für Taucher auf der ganzen Welt ein besonderes Tauchgebiet darstellt.

Der zweite Ort liegt auf der Reykjanes-Halbinsel und wird Miðlína genannt. Diesen Ort findet man an der Straße 425, etwa 15 Kilometer hinter Keflavík. Auch hier ist durch die Verschiebung der Kontinentalplatten ein Graben entstanden, dessen beide Seiten durch eine Brücke verbunden sind. Auf der Mitte der Brücke befindet sich ein Schild, das die Kontinentalgrenze zwischen Amerika und Europa markiert. Es ist ein Muss für Touristen, sich hier fotografieren zu lassen, steht man doch mit einem Bein in Amerika und mit dem anderen in Europa.

Weil bei Krýsuvík das größte natürliche Dampfloch der Erde zu finden ist

Die Spuren aktiver oder vergangener vulkanischer Aktivität sind überall in Island zu finden. Vulkanismus ist der Formgeber für die Landschaften überall auf der Insel, und an manchen Stellen ganz besonders. Der unterhalb Islands befindliche Hot Spot drängt das Magma bis kurz unter die Erdkruste, sodass Island über eine der größten Fußbodenheizungen der Welt verfügt. Und an manchen Stellen dringt die Hitze bis zur Erdoberfläche. In Vulkanen und Hochtemperaturgebieten, die unwirklicher nicht sein können. Der Boden dieser Hochtemperaturgebiete ist meist sandfarben bis ins Gelborange oder Orangerot hinein.

An vielen Stellen dampft, zischt und brodelt es im Boden, und die Gebiete sind übersät mit Fumarolen und Solfataren. Fumarolen sind Dampfaustrittsstellen vulkanischen Ursprungs, aus denen Wasserdampf und auch Gase austreten. Solfataren sind ähnlich, aber hier überwiegt der Anteil an vulkanischen Gasen, insbesondere Schwefelwasserstoff, der mit dem Sauerstoff der Luft reagiert und Schwefel und Schwefeldioxid bildet, welches wiederum zu Schwefelsäure wird. Die Austrittsstellen sind daher am Rand mit purem gelben Schwefel versehen, und die durch die Schwefelsäure angegriffenen Felsen oft weißlich bis gräulich. Teilweise ist das in der Säure gelöste Gestein mit Wasser zu einem grauen, zähen bis dünnflüssigen Schlamm vermengt, der in kleinen oder größeren Schlammtöpfen vor sich hin blubbert und durch die aufsteigenden Gase Blasen wirft. Diese vegetationslosen Gebiete mit ihrer Farbenpracht, den aufsteigenden Dampfsäulen und der blubbernden, zischenden und sprudelnden Geräuschkulisse sind an vielen Orten Islands anzutreffen.

Eines dieser Hochtemperaturgebiete liegt nur eine Autostunde von Reykjavík entfernt auf der Halbinsel Reykjanes. Um es zu erreichen, muss man Reykjavík in Richtung des Flughafens Keflavík verlassen. Am Ortsende von Hafnarfjörður zweigt dann nach links die Straße 42 ab, die einen vorbei am Kleifarvatn zum Hochtemperaturgebiet Seltún führt. Letzteres gehört zum Vulkansystem Krýsuvík, welches sich auf der Grabenbruchzone des mittelatlantischen Rückens, also der Nahtstelle zwischen Amerika und Europa, befindet. Hier findet man in Tiefen von knapp 1.000 Metern bereits Temperaturen um die 200 Grad. Bis 1999 wurde hier aus einer Tiefenbohrung Energie für die Stadt Hafnarfjörður gewonnen. 1999 explodierte das Bohrloch, seitdem wurde die Nutzung geothermaler Energie an diesem Ort eingestellt.

Das Hochtemperaturgebiet Seltún ist gut erschlossen; auf Holzstegen kann man sicher durch das Gebiet wandern und den Fumarolen und Solfataren ganz nahe kommen. Dabei führt einen der Weg auf den Berg Sveifluháls hinauf und zu einer großen Dampfaustrittsstelle, die weltweit die größte ihrer Art darstellt. Wenn die Sicht nicht durch den aufsteigenden Dampf behindert ist, hat man von dort oben einen umfassenden Ausblick auf den See Kleifarvatn und einen kleinen an ein Maar erinnernden See, den Grænavatn, der in einem leuchtenden Türkisblau einen deutlichen Farbakzent setzt. Kieselgur sorgt für die auffällige Färbung.

Der größere See Kleifarvatn drohte nach einem Erdbeben im Jahr 2000 zu versickern, da sich wahrscheinlich Spalten geöffnet haben, durch die das Wasser austreten konnte. Dabei verlor der See rund ein Fünftel seines Wassers, und durch den gesunkenen Wasserspiegel kamen in Ufernähe einige heiße Quellen zutage. Glücklicherweise hat der See aber zwischenzeitlich wieder an Höhe gewonnen und droht nicht mehr im Erdboden zu verschwinden. Übrigens vermutet man im Kleifarvatn ein Seeungeheuer, allerdings gibt es hierzu noch keinen Video-»Beweis« wie vom Seeungeheuer im Lagarfljót.

Weil man in Reykjavík im Nordmeer baden kann

Die Isländer pflegen eine ausgeprägte Badekultur und sind dabei sehr einfallsreich. So blieb es ihnen auch nicht lange verborgen, dass eine bestimmte Stelle im Nordmeer die perfekte Gelegenheit für ein Bad bietet. In Nauthólsvík wird geothermales Wasser, das zuvor zur Beheizung der Häuser in Reykjavík genutzt wurde, ins Meer geleitet und erwärmt diesen Bereich auf ganzjährige 15 bis 19 Grad. Normal sind im Nordmeer eher badeunfreundliche Temperaturen von –2 bis maximal 17 Grad, je nach Jahreszeit. Im Jahr 2000 wurde aus der Stelle ein richtiges Strandbad, in dem man feinsten Sand aus Marokko aufschüttete und mit Steinwällen eine kleine Lagune schuf, um das wärmere Wasser besser vom kalten Wasser des Nordmeers zu trennen. 2001 wurde das Strandbad komplett fertiggestellt und zusätzlich noch ein großer Hot Pot angelegt. Die Anlage bietet mittlerweile alles, was man sich für einen Strandaufenthalt wünscht. Es gibt einen Kiosk, Umkleidekabinen, Toiletten und Flächen für Beachvolleyball. Und so hat sich das Strandbad Nauthólsvík zu einem Familienbad entwickelt, das mittlerweile über eine halbe Million Besucher im Jahr verzeichnet.

Wer das Bad besuchen möchte, muss sich in Reykjavík an dem Warmwasserspeicher Perlan orientieren, der von vielen Stellen in Reykjavík aus zu sehen ist. An der Perlan angekommen, muss man sich Richtung der Universität und dem Inlandsflughafen von Reykjavík halten. Links am Flughafen vorbei geht es in Richtung Meer, wo das Strandbad Nauthólsvík dann nicht mehr zu übersehen ist. Eine Karte zur genauen Lage und weitere Informationen erhält man auf der Webseite des Schwimmbades: www.nautholsvik.is.

Weil man in Island dem Penis eine besondere Aufmerksamkeit schenkt

Museen sind in Island sehr beliebt. Ich habe noch nie zuvor so viele kleine und privat betriebene Museen gesehen wie in Island. Von zeitgenössischer Kunst über historische Ausstellungen bis hin zu sehr ausgefallenen Themen. Eines dieser Museen hat weltweite Aufmerksamkeit bekommen, ist es doch so ziemlich das einzige seiner Art: 1997 verwirklichte der Isländer Sigurður Hjartarson eine ihm schon lange im Kopf herumschwebende Idee und eröffnete in Reykjavík ein phallologisches Museum. Oder kurz gesagt: ein Penis-Museum.

Was eher zufällig begann, wurde für ihn eine Passion, die er mit viel Engagement und Durchhaltevermögen umsetzte. Sein erstes Penis-Exponat war ein Ochsenziemer, eine Schlagwaffe, die aus einem getrockneten Bullenpenis hergestellt wird. Er begeisterte sich so für das Thema, dass Verwandte und Bekannte anfingen, ihm Penisse zu schenken. Da sich seine Sammlung erweiterte, kam er letztlich auf die Idee, sie in einer Ausstellung der Öffentlichkeit zugänglich zu machen, und gründete 1997 das Penis-Museum. Von der Stadt Reykjavík gab es zu dieser Zeit keine Unterstützung, und so konnte er sich nach seiner Pensionierung die Miete in Reykjavík nicht mehr leisten und zog 2004 mit seinem Museum nach Húsavík, einem kleinen Fischerort im Norden Islands, der bei Touristen aufgrund der Walbeobachtungsfahrten, die von hier aus starten, sehr beliebt ist. 2012 übernahm sein Sohn das Museum und zog wieder zurück nach Reykjavík, wo sich das Museum heute auf der Haupteinkaufsstraße, der Laugavegur, befindet.

In über 40 Jahren hat Hjartarson Penisse von über 200 Säugetierarten in seine Ausstellung aufnehmen können. Diese sind meist in

Glasbehältern aufbewahrt, die mit Formalin gefüllt sind, um den Verwesungsprozess zu stoppen. Neben den Penissen gibt es aber noch über 300 andere Exponate zu sehen, die im Kontext zum Thema Phallus stehen, wie zum Beispiel ein Penis-Telefon und andere Skurrilitäten.

Der besondere Stolz des Museums ist ein menschlicher Penis, der seit 2011 Teil der Ausstellung ist. Dabei handelt es sich um das beste Stück des Isländers Páll Arasons, der schon Jahre zuvor dem Museum seinen Penis im Falle seines Todes vermacht hatte. Die Geschichte ist so skurril, dass darüber sogar ein Film mit dem Titel *The Final Member* gedreht wurde. Der Film handelt von dem »Wettrennen« Pálls mit dem Amerikaner Tom Mitchell, der ebenfalls seinen Penis dem Museum spenden wollte. Mitchell wäre sogar bereit gewesen, sich noch zu Lebzeiten von seinem Penis zu trennen. Páll gewann den Wettstreit schließlich durch seinen Tod im Alter von 95 Jahren und ging als erster menschlicher Spender in die Geschichte des Phallus-Museums ein. Mittlerweile haben sich noch weitere Spender angemeldet, deren Bekundungen eingerahmt im Museum hängen. Unter anderem hat sich auch der amerikanische Schauspieler Jonah Falcon als Spender zur Verfügung gestellt, verfügt er doch über einen Penis mit einer Länge von 34 Zentimetern. Aber sehenswert ist auch der Penis eines Elfen, der, wie Elfen nun mal sind, unsichtbar in einem Glas aufbewahrt wird. Über das Penismuseum wurde sogar ein Lied geschrieben. Es ist von Wolfgang Müller und hat den Titel *Das Pe-Pe-Penismuseum von Reykjavík*. Mehr Informationen können auf der Webseite des Museums unter www.phallus.is abgerufen werden.

Weil man in Island einen
Gletscher von innen sehen kann

In Island findet man sechs große Gletscher. Der größte mit dem Namen Vatnajökull, auf Deutsch »Wassergletscher«, hat eine Ausdehnung von einer Fläche, die doppelt so groß wie das Saarland ist. Er dominiert den Süden Islands. Der westliche Teil des Hochlandes wird durch einen Gletscher mit dem Namen Langjökull dominiert. Langjökull bedeutet übersetzt nichts anderes als »langer Gletscher«, was seiner länglichen Form geschuldet ist. Mit einer Fläche von 925 Quadratkilometern ist er der zweitgrößte Gletscher Islands, aber wie alle Gletscher von der Klimaerwärmung bedroht. Insbesondere in den letzten Jahren hat er viel an Substanz verloren. Der Langjökull ist bei den Isländern ein beliebtes Ziel, sie fahren mit Superjeeps auf ihm herum. Aber auch mit Schneemobilen sind die Isländer dort gerne unterwegs, ein Erlebnis, das auch Touristen als Freizeitaktivität angeboten wird. Wer es sich leisten kann, bucht einen Helikopter und landet mal eben auf dem Gletscher, um dort ein paar Fotos zu schießen. Angeboten wird das zum Beispiel von Norðurflug (www.nordurflug.is).

Seit Anfang Juni 2015 ist der Langjökull weltweit der erste Gletscher, den man von innen begehen kann. Im Jahr 2010 hatten Baldvin Einarsson und Hallgrímur Örn Arngrímsson die visionäre Idee, Besuchern die Möglichkeit zu geben, auch in das Innere des Gletschers vorzudringen. Dort ist das unter hohem Druck stehende Eis oft kristallklar und von leuchtendem Blau. Zusammen mit Ingenieuren und dem Geophysiker und Präsidentschaftskandidaten Ari Trausti Guðmundsson begann die jahrelange Planung und Modellierung des Vorhabens. Und im Mai 2014 konnte das Projekt gestartet werden. Mit Spezialgerät wurden Tunnel und Höhlen in den Gletscher getrieben und aufwendige Licht- und Elektroinstallationen angebracht. Nach einem Jahr Bauzeit war es dann so weit, und am 1. Juni 2015 wurde das umgesetzte Tunnel- und Höhlensystem der Öffentlichkeit zugänglich gemacht.

Mit einem speziellen Lastkraftwagen, der zu einem Bus umgebaut wurde, wird man bis zum Eingang gefahren. Von dort geht es dann in den Gletscher, und man kann auf einer Länge von bis zu 500 Metern 30 Meter tief unter das Eis vordringen. Das Eis ist mit Lichtinstallationen in Szene gesetzt, und man hat sogar die Möglichkeit, die Höhlen für Hochzeiten oder andere Veranstaltungen zu buchen. Aber wie so oft ist das kein preiswertes Vergnügen. Die einfache Tour, die in Húsafell startet, kostet für einen Erwachsenen deutlich über 100 Euro. Buchen kann man die Tour direkt auf den Seiten des Anbieters unter www.intotheglacier.is.

2. KAPITEL

DIE WESTFJORDE

Weil es in den Westfjorden
das einsamste Hotel Europas gibt

Wie ich bereits im Vorwort schrieb, begann meine Liebe zu Island 2007, als ich den Film *Heima* der isländischen Band Sigur Rós zu sehen bekam. Ich war gleich in den Bann der Musik und der landschaftlichen Kulissen gezogen. Zwei Orte sind mir dabei besonders aufgefallen. Das Flugzeugwrack im Sólheimasandur (siehe Grund 25: »Weil die Amerikaner in Island ein Flugzeug vergessen haben«) und Djúpavík.

Djúpavík ist ein einsamer Ort am entlegenen Fjord Reykjarfjörður in den Westfjorden. Er liegt 300 Kilometer von der Hauptstadt Reykjavík entfernt und ist nur über eine teils abenteuerliche Schotterpiste längs der Küstenlinie des nordöstlichen Teils der Westfjorde erreichbar. Djúpavík bedeutet deutsch übersetzt »tiefe Bucht«, die Wasser dieser Bucht im Reykjarfjörður sind besonders tief. Genau dieser Umstand macht die Bucht zum idealen Platz für das Landen großer Schiffe, sodass sich dort im Jahre 1917, in einer als »erstes Heringsabenteuer« bezeichneten Zeit, Menschen ansiedelten, um Hering zu verarbeiten. Das Heringsabenteuer wurde durch die Weltwirtschaftskrise im Jahre 1919 abrupt beendet. Erst 1934 wurde der Fischfang an dieser Stelle wiederbelebt und eine große Heringsfabrik erbaut. Das Hauptgebäude war seinerzeit das weltweit erste und größte Gebäude, welches komplett aus Beton gefertigt wurde. Dabei wurde zur Herstellung des Betons auch Salzwasser verwendet, was heute dazu führt, dass die im Beton liegenden Eisenarmierungen verrotten und der Beton Salzkristalle »schwitzt«.

In Djúpavík wurde im großen industriellen Stil der im Nordmeer gefangene Hering zu diversen Fischprodukten verarbeitet. Von

Salzfisch bis hin zu Fischöl wurde der Hering bis zur letzten Gräte komplett genutzt. Dies führte dazu, dass sich in diesem entlegenen Teil des Fjordes viele Arbeiter und Arbeiterinnen aufhielten. Die Arbeiter wohnten in einem Dampfschiff, welches dauerhaft vor Ort anlegte und dessen Wrack noch heute zu sehen ist. Die Arbeiterinnen lebten in einem Wohnhaus, das heute zu einem Hotel ausgebaut ist. Ab Mitte der 1940er-Jahre nahmen die Heringsschwärme einen anderen Weg und der Heringsfang wurde weniger. Anfang der 1950er-Jahre musste die Heringsfabrik schließlich aufgegeben werden, um dann viele Jahre verlassen der Witterung der Natur überlassen zu sein.

Erst Mitte der 1980er-Jahre entschlossen sich Ásbjörn Þorgilsson und seine Frau Eva Sigurbjörnsdottir dazu, dem Ort wieder Leben einzuhauchen. Im ehemaligen Wohnhaus der Arbeiterinnen betreiben sie nun ein Hotel, das den gleichen Namen wie der Ort trägt: Hotel Djúpavík. Sie kümmern sich leidenschaftlich um den Erhalt dieses Abschnittes isländischer Geschichte und renovieren Stück für Stück die alten Gebäude. Im Hauptgebäude der Heringsfabrik haben sie eine dauerhafte Ausstellung etabliert, die über die Geschichte des Ortes aufklärt. Zudem gibt es immer wieder temporäre Ausstellungen, Konzerte und andere Events. Die Verlassenheit dieses Ortes, gepaart mit der einzigartigen landschaftlichen Kulisse, macht den besonderen Reiz von Djúpavík aus. Bei einer Tour durch die Westfjorde sollte der Ort auf jeden Fall mit aufgesucht werden. Die Gebäude liegen unterhalb eines steil aufragenden Bergkamms, über dessen Plateau ein Wasserfall malerisch den Hang herunterfällt und den Ort mit frischem Wasser versorgt. Eine Übernachtung im Hotel oder mindestens ein Abendessen in Form von hervorragendem Salzfisch mit Kartoffeln und Gemüse sind ein Muss in Djúpavík.

Weil in Island Bauern zu Künstlern werden

Der Ort Selárdalur war mir bereits aus *Heima* bekannt. Dort haben Sigur Rós den Song *Heysátan* aufgenommen. Eine unwirkliche Kulisse, die meine Neugierde sofort geweckt hat. Gebildet wird sie durch die Gebäude und Skulpturen von Samúel Jónsson, einem Bauern und selbst ernannten Künstler, der von 1884 bis 1969 lebte. Der Ort liegt sehr abgeschieden am Arnarfjörður (deutsch: »Adlerfjord«) in den Westfjorden. Erreicht wird dieser über die Straße 619, die wiederum im Ort Bíldudalur von der Straße 63 abzweigt. Die Straße 63 erreicht man von der Hauptroute, der Straße 60, die nach Ísafjörður führt. Die Straße 619 ist eine steinige, zum Teil in sehr schlechtem Zustand befindliche Piste, die nicht mit einem normalen Pkw befahren werden sollte. Von Bíldudalur braucht man für die 25 Kilometer lange Piste ungefähr 45 Minuten, wenn man nicht immer wieder anhält, um die vielen Motive auf Foto und Film festzuhalten. Entlang der Piste finden sich nämlich – für die Westfjorde typisch – einige verlassene Höfe, helle Sandstrände und schroffe Berghänge, die so malerisch sind, dass sie einen immer wieder zum Halten »zwingen«.

Das Tal von Selárdalur ist heute unbewohnt. Der letzte Bewohner verstarb 2010. Samúel Jónsson lebte hier auf dem Hof Brautarholt und hinterließ einen besonderen Nachlass: Er erstellte unter anderem Plastiken, die an naive Kunst und zum Beispiel an den Löwenbrunnen der Alhambra erinnern. Er begann Mitte der 1950er-Jahre im Alter von über 70 Jahren mit seiner kreativen Phase. Sein Œuvre umfasst zahlreiche Gemälde, Plastiken und zwei Gebäude nebst einer kleinen Kirche. Zu der Kirche ist folgende Geschichte überliefert: Samúel hatte einen Altar für die in der Nähe befindliche offizielle Kirche gefertigt. Er wollte diesen Altar der Kirche schenken. Dort wurde das Angebot aber abgelehnt, da der eigene Altar noch unversehrt war. Um seinen Altar dennoch ordnungsgemäß unterzubringen, baute Samúel einfach seine eigene Kirche.

Nach seinem Tod im Jahr 1969 waren die Gebäude und Kunstwerke sich selbst überlassen und der extremen Witterung dieser Region ausgesetzt. Die Nachbarschaft schwand, und die Arbeiten von Samúel gerieten in Vergessenheit. 1998 gründete sich schließlich ein Verein, der sich mit Hilfe des Landeigentümers und des Landwirtschaftsministeriums um die Restaurierung von Samúels Erbe kümmerte. Die Plastiken, das dazugehörige Haus und die ebenfalls von ihm gebaute Kirche wurden ab 2004 von freiwilligen Helfern unter der Leitung des deutschen Bildhauers Gerhard König restauriert. Ein Haus konnte leider nicht gerettet werden. Nur die von Holzbalken gestützte Front des Gebäudes steht noch. Der Rest musste wegen Einsturzgefahr abgebaut werden. Nur wenige Touristen besuchen die Westfjorde, und noch viel weniger kommen nach Selárdalur, sodass Einsamkeit hier fast garantiert wird.

Eine für mich als Städter ungewohnte Ruhe umgibt diesen Ort. Unterbrochen wird sie nur vom Wind, vom fernen Kreischen der Kría oder dem ebenso fernen Gebell eines Hundes. Dank dieser meditativen Aura kann man hier den gewöhnlichen Alltag hinter sich lassen. Aber trotz der Abgeschiedenheit findet man vor Ort ein sehr gepflegtes Toilettenhäuschen mit Waschplatz, auch das ist ein Grund, Island zu lieben.

Wenn man von Selárdalur zurückkehrt, lohnt sich ein Besuch des Ortes Bíldudalur, eines kleinen Fischerortes in den Westfjorden. Auf der Hauptstraße gibt es ein Fast-Food-Restaurant mit dem Namen Vegamot, das hervorragende Speisen anbietet.

Weil sich beim Dynjandisvogur
sechs Wasserfälle stapeln

Zu einem Besuch der Westfjorde gehört ein Besuch eines der spektakulärsten Wasserfälle Islands. Okay, zugegebenermaßen gibt es davon einige. Durch die Westfjorde kann man im Uhrzeigersinn oder entgegen dem Uhrzeigersinn fahren. Im Uhrzeigersinn bedeutet, mit der kleinen Autofähre Baldur von dem sehenswerten Fischerort Stykkishólmur in einer dreistündigen Fahrt nach Brjánslækur überzusetzen. Von dort fährt man, je nachdem wie viele Sehenswürdigkeiten oder kleine Ortschaften man besuchen möchte, mehr oder weniger direkt Richtung Ísafjörður. Danach arbeitet man sich gemütlich durch die vielen wunderschönen Fjorde wieder Richtung Süden. Man kann die Route aber auch andersherum befahren und am Ende auf die Fähre verzichten. Ich habe beides ausprobiert und kann nicht sagen, was besser ist. Beides hat seinen Reiz. Aber ich würde mich eher für die Fahrt mit der Autofähre entscheiden, da eine Fährfahrt immer ein besonderer Moment der Ruhe ist. Man kann sogar noch einen sechsstündigen Zwischenstopp auf der kleinen Insel Flatey einlegen.

Die Fähre verkehrt zwischen der Stadt Stykkishólmur auf Snæfellsnes und dem Ort Brjánslækur in den Westfjorden. Wobei Ort übertrieben ist, denn Brjánslækur besteht aus der Fähranlegestelle, einem kleinen Verkaufshäuschen für Fährtickets, einer Kirche und einem alten Schulgebäude. In den Sommermonaten fährt die Fähre zweimal am Tag. Es empfiehlt sich, vorher auf der Webseite Tickets zu bestellen, da die Fähre nicht besonders groß ist und nur eine begrenzte Anzahl Fahrzeuge mitnehmen kann. Die Webseite ist unter www.seatours.is/FerryBaldur erreichbar und steht auch in deutscher Sprache zur Verfügung.

In Brjánslækur angekommen, bietet sich eine Übernachtung im etwa sechs Kilometer entfernten Hotel Flókalundur an, das auch über eine einfache, aber hervorragende Küche verfügt. Nach einem ausgiebigen Frühstück kann es dann am nächsten Morgen auf einen Trip durch die Westfjorde gehen. Von hier aus lassen sich einige Ziele anfahren, wie zum Beispiel die Steilklippen von Látrabjarg oder der idyllische Strand Rauðasandur.

Wenn man der Straße 60 in Richtung Ísafjörður folgt, kommt man nach einiger Zeit in die Hochebene Dynjandisheiði, die man unverwechselbar daran erkennt, dass sich die Farbe der Piste in ein Lavarot verändert. Viele kleine Seen begleiten einen auf dem Weg durch die Hochebene. Durch die Dynjandisheiði fließt der Fluss Dynjandisá, der auf der Hochebene nett anzusehen, aber wenig spektakulär ist. Doch wenn man dem Straßenverlauf weiter folgt, führt der Weg auf einer kurvigen Strecke steil bergab und eröffnet eine andere Perspektive auf den Fluss. Über eine Kante in 100 Meter Höhe fällt er steil bergab, wobei sich das Wasser über eine Steilwand und nach unten hin auffächernd zu einem wunderbar anzusehenden Wasserfall ausbildet. Von der Straße 60 führt nun nach insgesamt 30 Kilometern ein kurzer Abzweig zu einem Parkplatz unterhalb des Wasserfalls, auf dem man auch mit Wohnmobil oder Zelt campen darf. Von dort aus hat man eine wunderbare Aussicht auf die gesamte Pracht des Naturschauspiels, denn im weiteren Verlauf fällt der Fluss noch in fünf weiteren Wasserfällen kaskadierend nach unten. Ein markierter, teils sehr steiler und mit vielen Stufen versehener Wanderweg führt vom Parkplatz vorbei an den vier kleineren Fällen, um dann unterhalb des fünften und größten zu enden. Der große Wasserfall wird als Dynjandi oder Fjallfoss (deutsch: »Bergwasserfall«) bezeichnet. Die anderen Wasserfälle heißen Hundafoss, Göngufoss, Háifoss, Úðafoss, und Bæjarfoss.

Weil man sich in Hólmavík die Beine
eines anderen anziehen kann

Ein weiteres Museum der besonderen Art befindet sich im Ort Hólmavík in den Westfjorden, das Museum of Icelandic Sorcery & Witchcraft. Es ist täglich von 9 bis 18 Uhr geöffnet (vom 15. Juni bis 14. September sogar bis 21 Uhr). Selbst in den Wintermonaten zwischen dem 15. September und 1. Juni kann es besucht werden, allerdings muss man dann erst mal an der Türe klingeln, um Einlass zu bekommen, beziehungsweise telefonisch mit dem Kurator des Museums Kontakt aufnehmen. Während im europäischen Festland Hexerei eher von Frauen betrieben wurde, war es in Island durchaus üblich, dass auch Männer sich damit beschäftigten. Sigurður Atlason ist Kurator des Museums, das sich um die Erhaltung und Ausstellung von Relikten rund um Magie und Hexerei aus der Vergangenheit Islands kümmert, und ist mit Leidenschaft seiner Aufgabe verfallen. Eröffnet wurde das Museum im Jahr 2000. Dass es genau hier eröffnet wurde, begründet sich darin, dass die Region Strandir bei Hólmavík schon immer berüchtigt war, wenn es um Hexerei oder Magie ging.

In der Ausstellung sind eine Reihe von kunstvollen Artefakten zu sehen, wie runenverzierte Holzstücke, Tierschädel sowie diverse isländische Zauberstäbe. Aber das schockierendste und bemerkenswerteste Objekt sind die sogenannten »Necropants« aus dem 17. Jahrhundert. Dabei handelt es sich um eine »Hose« aus Menschenhaut, die einer männlichen Leiche ab der Taille abwärts abgezogen wurde. Sie wurde von Magiern in einem Zauber verwendet, der für Reichtum sorgen sollte. Dem Träger der Totenhose wurde endloser Geldfluss versprochen, zu diesem Zweck wurde eine Münze in den Hodensack gelegt. Neben der eher gruseligen Ausstellung hält das Museum in den Sommermonaten vom 15. Juni bis 14. September unter dem Motto »Try the Taste of our Fjord – Museum & Mussels« ein spezielles kulinarisches Angebot bereit. Dann gibt es täglich zwischen 11 und 21 Uhr köstliche Gerichte. Wie der Name verrät, mit einem Schwerpunkt auf Muscheln, die in der Region gefangen wurden.

20. GRUND

Weil Menschen mit Höhenangst in Island besonders gefordert sind

Für Naturfotografen gibt es in den Westfjorden einen ganz besonderen Ort. Denn dort kommt man einer Vogelart besonders dicht ans Federkleid. Der Papageitaucher, in Island Lundi genannt, brütet besonders gerne an Klippen und legt seine Bruthöhlen bevorzugt unter Grasnarben an, die sich an der Klippenkante befinden. Und genau solche Klippen finden sich im südwestlichen Teil der Westfjorde. Látrabjarg heißt die Steilküste und ist nur über eine der längsten Sackgassen der Westfjorde erreichbar. Die Straße 612 endet nach knapp 50 Kilometern an einem Parkplatz unterhalb der Steilklippen. Direkt am Parkplatz gelegen ist ein kleiner Leuchtturm und eine Wetterstation. Diese Stelle wird auch das Kap Bjargtangar genannt und ist der zweitwestlichste Punkt Europas. Nur die Azoren liegen noch weiter westlich. Aber geologisch beziehungsweise tektonisch gesehen ist man in Látrabjarg bereits in Amerika, denn dieser Teil Islands liegt bereits auf der amerikanischen Kontinentalplatte.

Vom Parkplatz aus führt ein schmaler Weg die steile Klippenkante entlang. Wie ein riesiges schräg stehendes Plateau ragt die mit Gras bewachsene Ebene nach oben, um dann auf der dem Meer zugewandten Seite steil und felsig nach unten abzufallen. An der höchsten Stelle befindet man sich 434 Meter über dem Meeresspiegel. Damit sind die Klippen von Látrabjarg die höchsten in Europa. Absperrungen wird man dennoch vergeblich suchen. In regelmäßigen Abständen sind kleine Warnschilder angebracht, an besonders gefährlichen Stellen befinden sich kleine Seile in Kniehöhe, um den Besucher von der Klippenkante fernzuhalten. Menschen mit Höhenangst werden hier besonders gefordert, und so haben sich im Laufe der Jahre längs der Klippe zwei Pfade gebildet. Einer recht nahe der Klippe und ein zweiter, der mehrere Meter von der Klippe entfernt liegt und von jenen genutzt wird, denen beim Anblick in die Tiefe längs der abfallenden Klippen schwindelig wird.

Tatsächlich ist äußerste Vorsicht geboten. Ein falscher Schritt, und die Grenze zwischen Leben und Tod ist überschritten. Die Kante der Klippen ist trügerisch und kann brechen, zumal sie von den Bruthöhlen der Papageitaucher durchzogen ist. Für Fotografen stellt zudem die Ablenkung durch die vielen Fotomotive eine Gefahr dar, lassen die Papageitaucher einen doch bis auf wenige Zentimeter an sich heran, und der Blick durch den Sucher lässt einen vergessen, dass der Boden neben einem mehrere Hundert Meter tief zum Meer abfällt. So sind leider immer mal wieder tödliche Unfälle zu beklagen, zuletzt 2010, als ein deutscher Tourist über die Klippen stürzte und dabei sein Leben verlor. Seitdem wird mit Sprühfarbe eine Linie auf das Gras gezeichnet, um dem Besucher optisch zu vermitteln, ab wo es gefährlich wird. Kopfschüttelnd kann ich aber immer wieder beobachten, wie wenig das viele Besucher interessiert. Sie glauben, sie hätten alle Situationen im Griff.

Mit Respekt vor der Absturzgefahr ist der Besuch von Látrabjarg aber ein Muss in den Westfjorden. Die unvergleichliche Aussicht, die bei guten Bedingungen sogar bis zu dem fast 100 Kilometer entfernten Snæfellsjökull reicht, die fast handzahmen Papageitaucher und die vielen anderen Seevögel, die mit schrillem Geschrei in den Klippen brüten, wird man so schnell nicht wieder vergessen.

3. KAPITEL

DER SÜDEN
ISLANDS

Weil man in Island auf einem goldenen Kreis fahren kann

Es ist eine der beliebtesten Ausflugsfahrten in Island, die bei keinem Reiseveranstalter fehlt: der sogenannte »Golden Circle« oder auf Isländisch »Gullni hringurinn«. Dahinter verbirgt sich eine Rundfahrt zu den in der Nähe der Hauptstadt Reykjavík gelegenen zahlreichen Sehenswürdigkeiten, die in einer Tagestour erreicht werden können. Beliebt ist diese Tour unter anderem auch bei Fluggästen auf Interkontinentalflügen oder Kreuzfahrten, die in Island einen Zwischenstopp machen und während ihres kurzen Aufenthalts möglichst viel sehen wollen. Der Golden Circle hat einiges zu bieten. In der Regel werden auf dieser Tour das Þingvellir, das Geothermalgebiet Haukadalur mit der Springquelle Strokkur, der Gullfoss und der Vulkankrater Kerið angefahren. Einige Anbieter variieren diese Tour und bieten auch den Besuch des Bischofssitzes Skálholt oder einen Besuch der Gewächshäuser Hveragerðis an. Die meist acht bis zehn Stunden dauernde Tour startet am frühen Morgen in Reykjavík. Treffpunkt ist in der Regel der Busterminal, in Teilen werden aber auch die Hotels abgefahren, um die Gäste einzusammeln.

Erste Station ist das Þingvellir (siehe Grund 10: »Weil in Þingvellir eines der ältesten Parlamente tagte«), ein großer Grabenbruch zwischen der europäischen und amerikanischen Kontinentalplatte mit reizvoller Landschaft und einem großen See, dem Þingvallavatn. Nach einem Spaziergang entlang des Grabenbruchs geht es weiter zum Geothermalgebiet Haukadalur. Dieses bietet den Besuchern eine besondere Attraktion, für die Island weltweit bekannt ist: die Springquelle Strokkur. Fälschlicherweise wird diese oft als Geysir bezeichnet, warum diese Bezeichnung nicht ganz korrekt ist, erkläre ich in Grund 23: »Weil sich in Island der Vater aller Geysire befindet«. Nachdem man ein paarmal zugesehen hat, wie die Fontäne aus der Springquelle hervorschießt, fährt einen der Bus zum Gullfoss, dem »goldenen Wasserfall«, der eine besondere Geschichte hat (siehe Grund 32: »Weil die Isländer für ihre Natur mit dem Leben einstehen«). Spätestens hier packt einen der Hunger, und man hat Gelegenheit, im am Parkplatz gelegenen Café einen Imbiss zu sich zu nehmen. Dies ist im Prinzip an allen Stationen möglich, aber hier gibt es eine besonders leckere Lammsuppe, die man sich nicht entgehen lassen sollte.

Ab dieser Station variieren die Touren je nach Anbieter. Die einen fahren schnurstracks zurück nach Reykjavík, andere machen noch einen Abstecher zum Vulkankrater Kerið. Dieser ist, ähnlich einem Maar in der Eifel, ein mit Wasser gefüllter Vulkankrater. Manche Anbieter fahren noch nach Skálholt, dem Wohnsitz des protestantischen Weihbischofs mit einer sehr beeindruckenden Kirche. Und wieder andere fahren zum Ort Hveragerði, an dem mehrere von geothermaler Energie beheizte Gewächshäuser zu finden sind, in denen von Tomaten über Bananen bis hin zu prächtigen Blumen alles angebaut wird. Früher war der Garten Eden in Hveragerði ein sehr beliebtes Etappenziel. Dabei handelte es sich um einen Gärtnereibetrieb mit von Geothermalenergie versorgten Gewächshäusern und einem großen Touristenshop mit Café. Leider ist dieser Betrieb einem Feuer zum Opfer gefallen. Da die Besitzer nicht versichert waren, konnte der Garten Eden nicht neu aufgebaut werden. So ist Hveragerði bei vielen Reiseanbietern aus der Route des Golden Circle herausgefallen. Aber auch ohne Garten Eden ist Hveragerði einen Besuch wert.

Die Tourbusse der einschlägigen Busunternehmen sind in der Sommerzeit ständig an diesen Orten anzutreffen. Die steigenden Touristenzahlen der vergangenen Jahre mit immer neuen Besucherrekorden führen zeitweise zu heftigem Andrang zum Beispiel beim natürlichen Plateau des Wasserfalls Gullfoss oder der Springquelle Strokkur. Als Individualreisender empfiehlt es sich, diese Orte frühmorgens oder am späten Nachmittag aufzusuchen, um den Rushhours zu entgehen. Aber ich will nicht übertreiben. Auch wenn es sich schon mal an den Sehenswürdigkeiten knubbelt, mit der Enge und Menschenmenge an deutschen Sehenswürdigkeiten, zum Beispiel der Domplatte in Köln, ist das bei Weitem nicht vergleichbar.

Wer den Golden Circle fahren möchte, wendet sich am besten an seinen Reiseveranstalter oder schaut im Hotelfoyer an den dort zahlreich ausgestellten Aufstellern nach, wo diverse Anbieter ihre Flyer und Broschüren ausgelegt haben. Und wer diese Tour auf eigene Faust machen möchte, kann in Reykjavík einen Mietwagenleihen. Um auf die Tour zu gelangen, empfehle ich, Reykjavík in Richtung Akureyri zu verlassen (über die Ringstraße 1). Kurz nach Mosfellsbær zweigt die Straße 36 in Richtung Þingvellir ab. Nach ungefähr 30 Kilometern auf der Straße 36 sieht man rechter Hand den See Þingvallavatn. Die Straße 36 führt längs des Sees in Richtung Norden zur Almannagjá (»Allmänner-Schlucht«). Dort lohnt sich ein ausgiebiger Spaziergang, der einen zwischen die Kontinentalplatten Amerikas und Europas führt. Parken kann man auf Parkplätzen entlang der Straße 361. Diese zweigt von der Straße 36 an einer Kreuzung ab, auf der es links zur Kaldidalur (Straße 550) und rechts auf die Straße 361 geht. Geradeaus führt die Straße 36 weiter, auf der sich nach wenigen Metern links ein Touristenzentrum mit Informationstafeln, Shop und Café befindet.

Zweites Etappenziel ist das Haukadalur. Von Þingvellir kommend erreicht man das Haukadalur durch Weiterfahrt auf der Straße 36. Ungefähr auf Höhe der Mitte des Þingvallavatn zweigt nach links die vor wenigen Jahren neu gebaute Straße 365 in Richtung Laugarvatn ab. In Laugarvatn fährt man auf die Straße 37, die wiederum nach einigen Kilometern auf die Straße 35 führt. Von Laugarvatn ist das Haukadalur als »Geysir« bereits ausgeschildert. Wenn man der Straße 35 weiter folgt, kommt man nach wenigen

Kilometern automatisch zum nächsten Etappenziel, dem Gullfoss. Dort lohnt sich, wie geschrieben, ein Aufenthalt im Café, um die hervorragende Lammsuppe zu genießen.

Das nächste Ziel Skálholt erreicht man einige Kilometer zurück auf der Straße 35 in Richtung Haukadalur. Man folgt der Abzweigung auf die Straße 30 in Richtung Flúðir und dieser bis zum Abzweig zur Straße 358 in Richtung Reykholt. In Reykholt selbst befindet man sich wieder auf der Straße 35. Auf dieser geht es nach circa zwölf Kilometern nach links auf die Straße 31 in Richtung Laugarás ab. Kurz nachdem man abgebogen ist, sieht man auf der rechten Seite die Kirche Skálholt, zu der eine kleine Straße abzweigt. Nach Skálholt steht der Vulkankrater Kerið als Etappenziel an. Um zu diesem zu gelangen, fährt man wieder zurück auf die Straße 35 und folgt dieser nach links. Nach ungefähr 30 Kilometern kommt auf der linken Seite der Vulkankratersee Kerið (ist ausgeschildert).

Nach dieser Etappe muss man sich entscheiden, ob man sich noch die Zeit nehmen will, Hveragerði als nächstes Etappenziel anzusteuern, oder ob man zurück nach Reykjavík fährt. Für den Abstecher nach Hveragerði sollte man mit einem Zeitaufwand von etwa zwei Stunden rechnen. Für die Rückfahrt nach Reykjavík muss eine Stunde eingeplant werden.

22. GRUND

Weil man in Island hinter einen Wasserfall gehen kann

Wasserfälle gehören zum Landschaftsbild Islands wie das Eis der Gletscher, die mit Moos überwachsenen Lavafelder oder die tief hängenden Wolken über den Bergen. Große, mächtige Wasserfälle oder kleine, zarte, die bei Sturm wieder den Hang hinaufgeweht werden. Doch einige der Wasserfälle sind ganz besonders, so auch der Seljalandsfoss. Von Reykjavík kommend befindet er sich 20 Kilometer hinter dem Ort Hvolsvöllur unweit der Ringstraße 1, von der er schon aus einigen Kilometern Entfernung zu sehen ist. Man muss nach Überquerung der Überschwemmungsebene des Gletscherflusses Markarfljót nach links auf die Straße 249 in Richtung Þórsmörk abbiegen. Nach wenigen Metern kommt auf der rechten Seite ein kleiner Parkplatz. Von dort kann der kurze Spaziergang zum Seljalandsfoss gestartet werden. Das Wasser des Flusses Seljalandsá stürzt über einen Vorsprung 66 Meter tief in ein kleines, durch den stetigen Wassereinfall entstandenes Naturbecken. Der Vorsprung wird gebildet aus einem steilen Berghang, der sich begrünt von Gras und Moos mehrere Hundert Meter längs des Fußes eines dahinter liegenden, noch gewaltigeren Bergmassivs hinzieht. Dieses Bergmassiv ist nichts anderes als der Vulkan Eyjafjallajökull, der 2010 mit seinem Ausbruch weltweit bekannt wurde.

Das Wasser fällt in einem großen und einem ein bis zwei Meter versetzten kleineren Strahl wie ein Brautschleier in die Tiefe. Dabei ist die Gischt des aufprallenden Wassers schneeweiß und die gesamte Szenerie für sich allein schon sehenswert. Doch der Seljalandsfoss hat eine Besonderheit, die auf Touristen wie ein Magnet wirkt. Dadurch, dass er über einen Vorsprung in die Tiefe fällt, können Besucher auch hinter den Wasserfall treten. Allerdings sollte man sich dazu so anziehen, als wollte man im Regen spazieren gehen, denn je nach Windverhältnissen wird die Gischt des Wasserfalls unter den Vorsprung gedrückt und man ist schnell klatschnass. Über festes Schuhwerk sollte man ebenfalls verfügen, denn die Steine und der Weg sind sehr rutschig.

Allerdings ist dies ein besonderes Erlebnis, insbesondere in den Abendstunden, wenn die Sonne durch den Wasserschleier scheint und sich die ganze Szenerie in den Farben des Sonnenuntergangs präsentiert. Es bietet sich an, dort eine Nacht zu bleiben. Einige Meter links des Wasserfalls befindet sich ein Campingplatz, der dies ermöglicht.

Die Dominanz des Seljalandsfoss lässt ein nur wenige Hundert Meter weiter befindliches Naturereignis im wahrsten Sinne des Wortes in den Schatten treten. Denn dort befindet sich in einer engen Schlucht ein weiterer Wasserfall, der Gljúfrabúi, was deutsch übersetzt so viel wie »Schluchtenbewohner« bedeutet. Dieser 40 Meter hohe Wasserfall ist etwas schwieriger zu erreichen und bedingt erst recht regenfeste Kleidung, da sich die Gischt in der engen Schlucht nur in eine Richtung ausbreiten kann. Zudem muss man teilweise durch den Fluss und über Steine klettern, sodass wasserfestes Schuhwerk auf jeden Fall erforderlich ist. Auch die Temperatur des Wassers darf nicht unterschätzt werden, da diese auch im Sommer im einstelligen Bereich liegen kann. Aber dafür wird man mit dem Gefühl purer Wildnis belohnt, das man meist für sich alleine genießen darf, da sich die Touristen nur wenige Meter weiter vor dem Seljalandsfoss scharen.

23. GRUND

Weil sich in Island der Vater aller Geysire befindet

Ein allseits bekanntes vulkanisches Naturschauspiel ist das der Springquellen. Damit ist das Phänomen beschrieben, dass aus einer Quelle in regel- oder unregelmäßigen zeitlichen Abständen eine Fontäne aus Wasser und Dampf herausgeschleudert wird. Der Name dieses Naturphänomens lautet Geysir und wird oft mit dem Geysir im Yellowstone-Nationalpark verbunden. Was aber die wenigsten wissen ist, dass der Namensgeber dieses Naturschauspiels in Island beheimatet ist. Sozusagen der Vater aller Geysire. Zu finden ist er im Geothermalgebiet Haukadalur, einem Bestandteil der beliebten Touristenroute Golden Circle.

Haukadalur liegt nördlich des Sees Laugarvatn am Fuße eines Rhyolithberges und hält verschiedene heiße Quellen bereit, darunter einige Springquellen, zu denen auch der Stóri Geysir, oder deutsch: Große Geysir, gehört. Springquellen werden in Island sonst als »Goshver« bezeichnet, sprich nur dieser eine hat den besonderen Eigennamen Geysir, der sich aus dem isländischen Wort »gjósa«, auf Deutsch »sprudeln« beziehungsweise »hervorschießen«, ableitet. Und so wurde der Große Geysir im Haukadalur Namensgeber für alle Geysire auf der Welt. Auf dem Gelände gibt es auch noch den Litli Geysir (deutsch: »der kleine Geysir«). Klein ist dabei wörtlich zu nehmen, da er einen Durchmesser von nur knapp 50 Zentimeter aufweist und die »Fontänen« auch nicht höher als einen halben Meter schießen.

Springquellen entstehen, wenn durch nahe an der Erdoberfläche befindliches Magma versickertes Grundwasser auf weit über 100 Grad erhitzt wird. Es bilden sich Dampfblasen, die einen Teil des unter Druck stehenden Wassers nach oben drängen. Durch den Druckabfall entsteht schlagartig noch mehr Wasserdampf, der dann die darüber stehende Wassersäule aus der Quelle drückt. Ist diese dann noch mit einem engen Eruptionskanal versehen, entsteht eine Springquelle. Der Große Geysir gilt als die höchste Springquelle der Welt, da hier Fontänenhöhen von bis zu 122 Metern gemessen wurden. Die Betonung liegt auf »wurden«, denn heute ist der Geysir nur sehr unregelmäßig aktiv, und die Höhe ist mit bis zu zehn Metern eher gering. Die Eruptionshäufigkeit und -stärke variierte im Laufe der Zeit ständig. Zwischen 1916 und 1935 ist sogar überhaupt keine Eruption beobachtet worden. Zwischenzeitlich wurde immer mal wieder versucht, dem Geysir künstlich auf die Sprünge zu helfen, indem Schmierseife in die Quelle gegeben wurde. Dies kann durch Reduktion der Oberflächenspannung eine Eruption begünstigen. Diese Praxis wurde Anfang der 1980er-Jahre aus Gründen des Naturschutzes verboten. Durch ein Erdbeben im Jahr 2000 wurde die Aktivität wieder geweckt und es konnten die bisher höchsten Fontänen gemessen werden. Doch nur kurze Zeit später zog der Geysir sich auf eine sehr unregelmäßige und sehr schwache Aktivität zurück.

Dass die Besucher trotzdem auf ihre Kosten kommen, liegt an einer weiteren auf dem Gelände befindlichen Springquelle, dem Strokkur. Strokkur bedeutet im Deutschen »Butterfass«. Der Name ist der Besonderheit geschuldet, dass sich das Wasser kurz vor der Eruption wie eine Blase aus der Quelle hebt und die Isländer an ein Butterfass denken lässt. Diese Springquelle ist sehr verlässlich und zeigt alle zehn bis 20 Minuten eine Eruption, die bis zu einer Höhe von 35 Metern ausfallen kann. In den Sommermonaten scharen sich tagsüber etliche Besucher um den Strokkur, bewaffnet mit Kameras und Stativen, um die Eruption auf Bild festzuhalten. Dabei narrt der Strokkur oft den gespannten Betrachter. Das Wasser der Quelle wabert und blubbert, und man hört die Auslöser der Kameras, obwohl sich der Strokkur dann doch wieder beruhigt. Doch Geduld lohnt sich, denn auf einmal hebt sich das Wasser der Quelle wie eine Blase empor. Diese schillert in kräftigen Blau- und Türkistönen und bricht nach wenigen Momenten auf, um eine Fontäne aus Wasser und Dampf emporzuschleudern – begleitet von den »Aahhs« und »Oohhs« der umherstehenden Touristen und dem Klicken der Auslöser etlicher Kameras. Ein lustiges Spektakel, bei dem man auch keine Angst vor dem emporschießenden Wasser haben muss, wenn man sich außerhalb der abgesperrten Fläche befindet. Das ausgestoßene Wasser kühlt schnell ab, und es besteht keine Gefahr, sich an den herunterfallenden Tropfen zu verbrühen. Dennoch sollte man auf den Wind achten, da starker Wind das Wasser unter Umständen auch weit außerhalb der abgesperrten Zone wehen kann. Dann können schon mal heißere Tropfen dabei sein. Aufpassen sollte man auch auf sein Equipment. Ich habe schon den einen oder anderen Fotografen in Panik davonrennen sehen, wenn sich die vom Wind getriebene Gischt plötzlich in die Richtung des eigenen Standplatzes bewegt hat.

Auf dem etwa 500 mal 100 Meter großen Gelände befinden sich noch weitere Quellen, wie zum Beispiel die Thermalquelle Blesi, die einen besonders hohen Kieselguranteil aufweist und daher in einem kräftigen Blau schimmert. Das Gebiet ist gut erschlossen; die Wege sind markiert und zum Teil mit Holzbohlen versehen, damit man nicht Gefahr läuft einzubrechen, da der Boden zum Teil mit Hohlräumen versehen ist. Warnschilder weisen hier darauf hin, dass es sich um heißes Wasser handelt, was leider viele Besucher nicht glauben wollen, sodass es immer wieder zu Verbrühungen kommt, wenn der eine oder die andere mit der Hand selbst testen musste, ob das auf den Schildern stimmt.

Gegenüber dem Geothermalgebiet befinden sich ein Hotel und ein großer Souvenirshop mit angeschlossenem Café. Eine Tankstelle ist ebenfalls vorhanden, so ziemlich die letzte, bevor die Straße 35 dann einige Kilometer nach dem Gullfoss weiter in die F35, die sogenannte Kjölur, übergeht. Diese Piste führt einen quer durch Island in den Norden.

24. GRUND

Weil in Island die Gletscher im Meer enden

Insbesondere die landschaftlichen Kulissen im Süden Islands sind geprägt von der Dominanz gewaltiger Gletscher. Der größte Gletscher Islands und vom Volumen her auch der größte Europas ist der Vatnajökull, der ein Gebiet doppelt so groß wie das Saarland bedeckt. Über mehrere Fahrstunden begleiten einen die unzähligen Ausläufer dieses riesigen Gletschers, die an manchen Stellen einzigartige Naturschauspiele bieten. Eines davon sind Gletscherseen, die sich am Ende der Ausläufer bilden und in denen häufig gekalbte Eisberge schwimmen.

Einer dieser Gletscherseen kommt der Küstenlinie so nahe, dass es eine Verbindung mit dem Meer gibt, über die durch Ebbe und Flut ein Teil der gekalbten Eisberge ins Nordmeer gespült wird. Der Name dieses Gletschersees lautet Jökulsárlón, was deutsch übersetzt »Gletscherflusslagune« bedeutet. Zu finden ist der Jökulsárlón direkt an der Ringstraße am Fuße des Ausläufers Breiðamerkurjökull zwischen Skaftafell und Höfn. Die Größe des Gletschersees hat in den letzten Jahrzehnten durch die Gletscherschmelze rapide zugenommen. In den 1970er-Jahren hatte er eine Größe von rund acht Quadratkilometern, heute ist er mehr als doppelt so groß und bedeckt eine Fläche von etwa 18 Quadratkilometern. An seiner breitesten Stelle ist er fünf Kilometer breit, und mit einer Tiefe von 248 Metern ist er eines der tiefsten Gewässer in Island. Die gekalbten Eisberge haben eine Höhe von bis zu 15 Metern über Wasser. Welche gewaltigen Eismassen dann noch unter Wasser sind, erahnt man, wenn man weiß, dass sich nur rund ein Achtel des Volumens des Eises oberhalb des Wasserspiegels befindet. Das gekalbte Eis im See ist über 1.000 Jahre alt und verweilt bis zu vier Jahre im See, bis es so klein geschmolzen ist, dass es durch den kurzen Fluss ins offene Meer hinausgetragen wird.

Jenseits des eigentlichen Sees, direkt an den Stränden des Meeres und nahe der Mündung des kurzes Flusses, der den Gletschersee mit dem Meer verbindet, ist ein weiteres Naturschauspiel zu bewundern. Von vielen Touristen übersehen, werden dort die ins offene Meer herausgetriebenen Eisstücke durch die Gezeiten an den schwarzen Basalt- und Lavastrand gespült. Das strahlende Blau des Eises im Kontrast zum schwarzen Strand ergibt eine skurrile Kulisse, die man oft ganz alleine genießen darf, da sich selten ein Tourist hierhin begibt. Das Eis ist natürlich nicht blau, aber da es unter hohem Druck gestanden hat und damit keine Lufteinschlüsse enthält, ist es so klar, dass sich – ähnlich wie bei der Entstehung des

Himmelblaus – das Licht darin derart bricht, dass vorwiegend die blauen und türkisen Lichtanteile vom Eis reflektiert werden. Oft sind die Eisbrocken aber von schwarzen Schichten unterbrochen. Dies ist die Vulkanasche lang vergangener Vulkanausbrüche auf Island.

Für Touristen besteht die Möglichkeit, den See von einer Fahrt mit einem Amphibienfahrzeug aus zu betrachten. Die ursprünglich vom amerikanischen Militär stammenden Amphibienfahrzeuge fahren täglich mehrmals auf den See hinaus. Begleitet werden sie stets durch ein motorisiertes Schlauchboot mit Rettungsschwimmer, da ein über Bord gehender Tourist schnell gerettet werden muss. Die Wassertemperatur um den Gefrierpunkt lässt einem Menschen nur kurze Zeit zum Überleben. Es empfiehlt sich, bei Ankunft oder noch besser vorab im Internet Karten zu reservieren, da eine spontane Mitfahrt in den Sommermonaten bei dem starken Andrang so gut wie unmöglich ist. Die Kartenreservierung und -buchung vor Ort erfolgt in einem kleinen Café mit Shop.

25. GRUND

Weil die Amerikaner in Island ein Flugzeug vergessen haben

In Reiseführern nicht erwähnt, aber auf vielen Fotografien aus Island immer mal wieder zu finden, schlummert inmitten des Nichts des Sólheimasandur ein Fotomotiv der besonderen Art: das Flugzeugwrack im Sólheimasandur. Ich selbst bin durch den Sigur-Rós-Film *Heima* auf den Ort aufmerksam geworden. Im Internet kursieren verschiedene Anekdoten darüber, wie es dazu kam, dass dort ein Flugzeugwrack liegt, eine davon geht wie folgt:

1973 musste eine Douglas C117-D der US Navy auf dem Weg nach Europa wegen Vereisung notlanden und ging wenige Hundert Meter hinter der Küstenlinie im Sólheimasandur nieder, verletzt wurde niemand. Aus nicht nachvollziehbaren Gründen verzichtete die US Navy darauf, das Flugzeugwrack zu bergen. Es wurden lediglich die Triebwerke samt Flügel demontiert; der Rumpf blieb als Strandgut zurück. Nun sind die Strände in Island in der Regel in Privatbesitz. Das Flugzeugwrack lag genau zwischen zwei benachbarten Grundstücken, und man war uneins, wem es nun gehöre. Dieser Disput führte dazu, dass das Wrack auch von den Isländern nicht geborgen wurde.

Der Sólheimasandur ist ein im Süden Islands zwischen Skógar und Vík liegender Sander, der durch etliche Gletscherläufe des Mýrdalsjökull im Laufe der Jahrtausende gebildet wurde. Ein riesiges Areal ist nur mit schwarzbraunem Sand und Kies bedeckt und erstreckt sich zwischen dem Gletscher und der Küste. Und genau inmitten dieser unwirklich wirkenden Kulisse liegt das Wrack, 300 Meter von der Küstenlinie entfernt. Kein Wunder, dass sich dieses Motiv bei Fotografen als Geheimtipp herumsprach. Bei meinem ersten Besuch dieses nicht ganz so einfach zu findenden Fotomotivs hatten wir sehr bescheidene Wetterbedingungen. Sturm und Regen, gepaart mit eingeschränkten Sichtverhältnissen, gaben der Szenerie allerdings einen besonderen Ausdruck. Bei unserem zweiten Besuch hatten wir bessere Bedingungen, und das Wrack bot, wie es so inmitten der Steinwüste und vor den am Horizont aufsteigenden Ausläufern des Plateaugletschers Mýrdalsjökull dalag, die Möglichkeit einmaliger Aufnahmen. Gesteigert wurde das Erlebnis noch dadurch, dass es nicht so einfach war, das Flugzeugwrack zu finden.

An der Ringstraße, gegenüber dem Abzweig zur Straße F222, befindet sich ein Gatter in den auf Island typischen Schutzzäunen, die die freilaufenden Schafe und Pferde davon abhalten sollen, bestimmte Gebiete zu betreten. Dieses Gatter muss man durchfahren, darauf achtend, es direkt hinter sich wieder zu schließen. Nun befindet man sich auf Privatbesitz und ist geduldeter Gast. Dementsprechend ist sich auf diesem Gebiet auch zu verhalten. Man folgt den Reifenspuren circa zwei Kilometer. Je nach Wetterlage können sie besser oder schlechter zu sehen sein. Bei sehr schlechter Sicht sollte man auf die Fahrt zum Wrack verzichten, denn dann verlieren sich die Reifenspuren, und es sieht nach allen Richtungen gleich aus. Bald kann man rechter Hand das Wrack sehen, und nach Durchquerung eines kleinen Flusses ist es nach wenigen Hundert Metern erreicht. Auch wenn Reifenspuren darauf hindeuten, dass es andere Autofahrer getan haben: Es ist davon abzusehen, mit dem Auto einfach im Sander umherzufahren. Ich habe diesen Ort zuletzt 2012 besucht, mittlerweile soll die Strecke durch regelmäßige Markierungen vorgegeben sein, wohl auch, um zu verhindern, dass man einfach quer über den Sander fährt. Trotzdem ist dies nicht mit einem normalen Pkw möglich, ein Allrad-Antrieb ist erforderlich.

Ich will hoffen, dass das Wrack noch lange erhalten bleibt, obwohl die Einschüsse von Schrotflinten und die Sammelleidenschaft einiger Besucher es immer wieder ein Stückchen kleiner werden lassen.

26. GRUND

Weil in Island Schätze hinter Wasserfällen versteckt sind

Von Reykjavík über die Ringstraße kommend, liegt 50 Kilometer hinter Hvolsvöllur und 30 Kilometer hinter dem Wasserfall Seljalandsfoss der Ort Skógar. In Sichtweite der Ringstraße finden sich dort ein paar Häuser, eine Schule, die in den Sommermonaten zu einem Hotel umgewidmet ist, ein Museum mit Freilichtgelände und ein bemerkenswerter Wasserfall, der Skógafoss.

Dieser Wasserfall mit einer Breite von 25 Metern fällt von einem 60 Meter höher gelegenen Plateau wie ein weißer Vorhang in die Tiefe. Seinen Ursprung hat er im Fluss Skógá, der wiederum seine Quelle in unmittelbarer Nähe des nördlich des Wasserfalls gelegenen Eyjafjallajökull hat. Am Ende der Eiszeit hob sich das von der Last des Eises befreite Land an und bildete die für den Süden Islands typischen Steilhänge, an denen zahlreiche Flüsse dann von Wasserfällen unterbrochen wurden. Besuchern des Skógafoss sei regenfeste Kleidung empfohlen, denn die Gischt des aus 60 Metern Höhe fallenden Wassers ist so fein, dass in kürzester Zeit jede Kleidung durchnässt ist. Vorausgesetzt, man wagt sich nahe an den Wasserfall heran. Besonders beeindruckend ist es, wenn sich bei Sonnenschein ein Regenbogen in der Gischt ausbildet und in schillernden Farben leuchtet. Sehr umstritten ist eine mittlerweile neben dem Wasserfall errichtete Treppe, die den Aufstieg auf das höher gelegene Plateau erleichtern soll. Früher war dies nur über einen Trampelpfad möglich, der bei schlechtem Wetter schlüpfrig und gefährlich war. Die Treppe erleichtert den Aufstieg, jedoch ist sie nicht ganz so hübsch anzusehen. Auf dem Weg nach oben sollte man die Augen offen halten, denn an einer Stelle gibt es einen natürlichen Vorsprung, dessen Kontur wie das Gesicht eines Menschen aussieht.

Der Name Skógar bedeutet deutsch übersetzt so viel wie »Wälder«. Dies lässt den Rückschluss zu, dass es hier einst Wälder gab, bevor die Wikinger die Gegend besiedelten, und die Wälder dem Bau von Häusern und Schiffen zum Opfer fielen. Von einem der ersten Siedler, Þrasi Þórólfsson, wird erzählt, dass er sein Gold in einer Höhle hinter dem Wasserfall versteckte. Lange nach seinem Tod erschien er im Traum einer schwangeren Frau und wies sie an, ihren Sohn nach ihm zu benennen und den Jungen nur mit Schafs- und Pferdemilch zu ernähren, bis er zwölf Jahre alt war. Dann könne er die Kiste voller Gold aus dem Wasserfall heben. Doch als es so weit war, bekam der Junge nur den Griff der Kiste zu fassen. Die Kiste selbst verschwand für immer hinter dem Wasserfall. Der Griff diente lange Zeit als Türgriff der kleinen Kirche von Skógar und liegt heute als Ausstellungsstück im Heimatmuseum von Skógar.

Das Heimatmuseum Byggðasafnið í Skógum oder auch Skógasafn liegt 300 Meter vom Wasserfall entfernt und ist ganzjährig geöffnet. Neben vielen historischen Exponaten zeigt in einer Dauerausstellung auch das Verkehrs- und Technikmuseum in einem 2002 errichteten Neubau viele interessante Objekte. Ein großes Freigelände mit historischen Gebäuden, die alle für die Besucher zugänglich sind, geben einen Einblick in die frühere Lebensweise Islands. Der heutige Leiter des Museums ist Þórður Tómasson, der 1949 das Museum gründete. Er ist noch heute im stolzen Alter von weit über 80 Jahren oft vor Ort und gibt Besuchern ein Erlebnis der besonderen Art. In der kleinen Kirche auf dem Museumsgelände spielt er isländische Volkslieder auf dem Harmonium, auf Wunsch auch andere Lieder. Natürlich verfügt das Museum über einen Souvenirshop und ein Café mit dem üblichen isländischen Speisenangebot von Sandwiches, belegten Broten und der obligatorischen Tagessuppe.

27. GRUND

Weil es in Island schwarze Sandstrände gibt

Die in geologischen Zeitmaßstäben gesehen junge Insel liegt in einer für Vulkanismus exponierten Lage: zum einen auf der Nahtstelle zwischen der amerikanischen und der europäischen Kontinentalplatte, zum anderen auf einem sogenannten Hot Spot, einer aufsteigenden Magmablase aus dem Inneren unseres Erdkerns. Beide Umstände führen insbesondere im Verlauf der Nahtstelle zwischen den Kontinentalplatten zu heftigen vulkanischen Aktivitäten. Über 30 aktive Vulkane befinden sich auf Island, von denen einige bereits seit geraumer Zeit überfällig sind und von isländischen Vulkanologen genau beobachtet werden.

In den letzten 100 Jahren hat es knapp 40 Vulkanausbrüche in Island gegeben. Der letzte, der auch international Aufmerksamkeit erregte, war der Ausbruch des Eyjafjallajökull, eines Vulkans mit zungenbrecherischem Namen, der so manchen Nachrichtensprecher zur Verzweiflung brachte. Die Aschesäule dieses Ausbruchs legte den Flugverkehr Europas für einige Tage lahm. Viele der aktiven Vulkane befinden sich im Süden Islands, riesige Lavafelder, zum Teil mit Moos überwachsen, bedecken dort teilweise mehrere Quadratkilometer große Flächen. Etliche Ausbrüche unterhalb der Gletscher im Süden Islands schufen durch die Gletscherläufe riesige Sander, durch die sich Gletscherflüsse mäandernd ihren Weg ins Nordmeer suchen. Auch die Gletscher zeigen an manchen Stellen skurrile Erscheinungsformen, wenn die schwarze Asche vergangener Vulkanausbrüche darin zutage tritt.

Dieselbe Asche, die über Jahrtausende durch unzählige Ausbrüche produziert wurde, wurde vom Regen über die Flüsse ins Meer gespült. Und das Meer trug sie durch die Brandung wieder zurück ans Land, wodurch sich teils kilometerlange schwarze Sandstrände ausbildeten. Die meisten dieser Strände gibt es im Süden Islands. Zwischen den Orten Hvolsvöllur und Höfn trifft man immer wieder darauf. Besonders bekannt sind die schwarzen Sandstrände bei der Halbinsel Dyrhólaey und beim Ort Vík í Mýrdal. Wobei man Sand relativieren muss. Zum Teil ist es auch schwarzer Kiesel, der rundgeschliffen durch die stetige und meist kräftige Brandung die Küsten im Süden Islands prägt.

Es ist ein faszinierendes Erlebnis, wenn man das erste Mal an einem dieser Strände ist und den starken farblichen Kontrast zwischen weiß schäumender Brandung und schwarzem Sand beobachtet. Während die Wellen sich laut tosend brechen, ist das unbeschreibliche Geräusch der aufeinanderprallenden Kiesel zu hören. Man fühlt sich wie auf einem anderen Planeten.

Weil der windigste Ort Europas in Island liegt

Wer Island besucht, muss in Bezug auf das Wetter auf einige Dinge gefasst sein. Erstens muss er immer damit rechnen, dass es regnet oder je nach Jahreszeit schneit. Von leichtem, fast nebelartigem und alles durchdringendem Nieselregen über gefühlt nie endenden Dauerregen bis hin zu großtropfigem und laut auf das Autodach prasselndem Starkregen ist alles möglich. Zweitens muss er damit rechnen, dass es windet. Auch hier ist alles möglich. Von einer eher seltenen lauen Brise bis zu orkanartigem Sturm erwartet einen auf Island alles. Und die Kombination Regen und Wind ist des Touristen Horror, wenn er nicht an die geeignete wind- und wasserfeste Kleidung gedacht hat. Man sollte sich in Bezug auf Kleidung nicht mit den Isländern messen, denen das Wetter im Übrigen nicht viel auszumachen scheint. Bei kühlerem Wetter tragen sie einfach ihre Islandpullover, wohingegen man Touristen an ihren Outdoor-Jacken und -Hosen erkennen kann.

Windstille ist meiner Erfahrung nach eher ein seltenes Phänomen in Island. Wenn es dann aber tatsächlich mal windstill ist und man sich inmitten des vegetationslosen Hochlandes befindet, erfährt man etwas ganz Besonderes: absolute akustische Stille. Als ich dies das erste Mal erlebte, hat es mir fast schon Angst gemacht. Es war so still, dass ich meinen eigenen Pulsschlag hören konnte. Mir wurde bewusst, dass ich als Stadtmensch nie wirkliche Stille erfahre, da in der Stadt immer irgendwas zu hören ist. Aber wie gesagt ist diese absolute Stille auch in Island selten, da der Wind normalerweise ein steter Begleiter ist. Und wir reden hier nicht von Windböen, sondern von einem mit konstanter Geschwindigkeit wehenden Wind – als hätte jemand einen riesigen Lüfter aufgestellt.

Wer mit Wind Probleme hat, sollte sich überlegen, ob Island das richtige Urlaubsziel für ihn ist. Und man sollte die Stärke des Windes nicht unterschätzen. Wenn die isländischen Behörden vor »starkem Wind« warnen und raten, besser zu Hause zu bleiben, sollte man dieser Anweisung Folge leisten. Der Wind kann so stark werden, dass er Wohnmobile oder Lastkraftwagen von der Straße weht oder gar umkippt. Oder er trägt Steine und Sand mit sich, die wie Geschosse oder Schmirgelpapier wirken und schon so manchen Mietwagen arg in Mitleidenschaft gezogen haben. Zertrümmerte Seitenscheiben oder sandgestrahlte Karosserieteile sind meist nicht von den Versicherungen abgedeckt und müssen aus eigener Tasche bezahlt werden. Dass dem Wind in Island besondere Aufmerksamkeit gilt, zeigen auch die vielerorts angebrachten digitalen Warntafeln, die insbesondere für Passstraßen oder Straßen durch Hochebenen die wichtigsten aktuellen Informationen zum Wetter bereithalten. Neben der Temperatur wird darauf auch die Windgeschwindigkeit in Metern pro Sekunde angezeigt. Ist der Wert in Rot dargestellt, dann ist oberste Vorsicht angebracht, oder noch besser sollte man sich überlegen, ob man diese Strecke wirklich fahren muss.

Bei dem vielen Wind wundert es nicht, dass die windigste Stelle Europas ebenfalls in Island liegt. Genauer gesagt auf der zu den Vestmannaeyjar (deutsch: »Westmännerinseln«) gehörenden Insel Heimaey vor der Südküste Islands. An ihrem südwestlichsten Zipfel befindet sich der Aschekrater Stórhöfði, der mit einer Messstation ausgestattet ist. Deren Aufzeichnungen zufolge ist Stórhöfði der windigste Punkt Europas, gemessen an Häufigkeit und Windstärke (bis über 150 Stundenkilometer). Dieser Wind führt auch dazu, dass hier mit Höhen von über 20 Metern die höchsten Wellen vor der Küste Islands gemessen werden.

Im Übrigen sind die Vestmannaeyjar auch ein Beweis für die erhöhte Häufigkeit von Regen in Island, gibt es hier doch durchschnittlich 240 Niederschlagstage im Jahr. Weltweite Bekanntheit erlangte die aus 15 Inseln bestehende Inselgruppe aufgrund zweier spektakulärer Vulkanausbrüche. So gab es in den 1960er-Jahren einen Ausbruch im offenen Meer, bei dem eine neue Insel, die Insel Surtsey entstand. Diese steht noch heute unter strengem Naturschutz, denn die Wissenschaftler haben hier die Möglichkeit für Langzeitstudien und können auf dem jungfräulichen Stück Erde beobachten, wie sich Flora und Fauna quasi aus dem Nichts entwickeln. Den zweiten Ausbruch gab es 1973 auf Heimaey, doch dazu mehr im Grund 29: »Weil man in Island eine Insel in wenigen Stunden evakuieren kann«.

29. GRUND

Weil man in Island eine Insel
in wenigen Stunden evakuieren kann

Das erste Mal kam ich über die Medien mit Island in Kontakt. Das war 1973. Als sechsjähriger Junge war ich von Bildern gefesselt, die damals um die Welt gingen: Rot glühende Lava schoss in hohen Fontänen aus einer kilometerlangen Spalte in unmittelbarer Nähe von Häusern. Ein Ascheregen vergrub wie in Pompeji ganze Straßenzüge, andere Straßen wurden für immer von dem ausgetretenen Magma verschluckt. Die Bilder gehörten zu einem für die Isländer traumatischen Vulkanausbruch, der sich in unmittelbarer Nähe der Stadt Heimaey auf der gleichnamigen Insel ereignete.

Ohne Vorwarnung öffnete sich am 23. Januar 1973 wenige Hundert Meter vor der Stadt eine Spalte, aus der in hohen Fontänen dünnflüssiges Magma ausgespien wurde. Die Menge an ausgestoßenem Magma und Asche bildete innerhalb weniger Tage einen Vulkankegel von über 100 Metern Höhe. Die Isländer nannten diesen neuen Vulkan zunächst »Kirkjufell« (deutsch: »Kirchenberg«), da der Ausbruch nur knapp 200 Meter von einer Kirche entfernt startete. Die isländischen Behörden gaben dem Vulkan allerdings gegen den Willen der Bevölkerung den Namen »Eldfell«, auf Deutsch »Feuerberg«.

In der Nacht des Ausbruchs befanden sich durch einen glücklichen Zufall alle Schiffe der Fischereiflotte im Hafen. An den Tagen zuvor hatte es starke Stürme gegeben, und keines der Schiffe war auf See. Der Ausbruch war so heftig und erfolgte so nah an der Stadt, dass man direkt mit der Evakuierung der Insel begann. Bereits eine halbe Stunde nach dem Ausbruch machte sich das erste Schiff in Richtung Þorlákshöfn auf. Weitere Schiffe folgten, und so konnten in wenigen Stunden über 5.000 Menschen von der Insel evakuiert werden. Nur wenige Einwohner Heimaeys blieben zurück, um Wertgegenstände zu sichern oder andere Schutzmaßnahmen zu ergreifen.

Gerne wird in offiziellen Berichten über den Vulkanausbruch darauf hingewiesen, dass beim Ausbruch des Eldfell keine Todesopfer zu beklagen waren. Der Vollständigkeit halber muss man erwähnen, dass im Zuge des Ausbruchs ein junger isländischer Mann verstarb, der im Kellerraum einer Apotheke gefunden wurde. Der Tod war aufgrund einer Kohlenmonoxidvergiftung eingetreten. Durch den Ausbruch waren erhebliche Mengen dieses Gases freigesetzt worden, das sich aufgrund seiner höheren Dichte unter anderem in den Kellerräumen der Häuser gesammelt hatte.

Allerdings breitete sich das ausgetretene Magma auf der Insel aus und begrub neben der austretenden Asche viele Häuser unter sich. Doch die Einwohner Heimaeys wollten ihre Insel nicht aufgeben und initiierten eine in der Geschichte einzigartige Aktion. Drohte doch der Vulkan die Stadt und den Hafen für immer zu zerstören. In einem Gewaltakt verlegten die Einwohner ein Rohrsystem und begannen, das in die Stadt eingetretene Magma mit Unmengen von Wasser zu kühlen. Zum Glück verebbte nach und nach der Ausstoß neuen Magmas, und durch die konstante Kühlung konnten die Einwohner den Magmastrom zum Erliegen bringen. Knapp ein halbes Jahr später, im Juli 1973, war der Vulkanausbruch besiegt, und viele Einwohner kehrten auf ihre Insel zurück. Andere waren aber so traumatisiert, dass sie ihrer alten Heimat den Rücken kehrten und sich auf dem »Festland« eine neue Existenz aufbauten. Das Trauma, das der Ausbruch verursacht hat, ist noch heute in der Stadt zu spüren. Die von der Lava bedeckten Häuser und Straßenzüge sind auf Wegen oberhalb des Lavafeldes mit Hinweisschildern markiert, und zu jedem Haus gibt es eine Information, wer dort mal gelebt hat.

Durch den Vulkanausbruch wurde die Landfläche Heimaeys um 20 Prozent vergrößert und der Hafen durch eine natürliche Barriere besser geschützt als zuvor. Aber leider wurde ein Fünftel der Fläche der alten Stadt für immer unter Lava und Asche vergraben und es wurden dabei mehr als 400 Häuser zerstört. Noch heute, über 40 Jahre nach dem Ausbruch, muss man auf dem 215 Meter hohen Eldfell nur wenige Zentimeter in die lose Asche graben, um auf Temperaturen von bis zu 200 Grad zu stoßen. Ein Umstand, den sich die Isländer gerne zunutze machen, um Brot zu backen oder kleine Kuhlen zu graben und darin sitzend vom Gipfel des Eldfells auf das Nordmeer oder die Stadt Heimaey mit ihrem Hafen zu blicken. Im Rahmen des Projekts »Pompeji des Nordens« wurden auf Heimaey mehrere Häuser aus der Asche ausgegraben und sind nun in einer Ausstellung zu besichtigen. Mehr Informationen dazu findet man auf der Webseite www.pompeinordursins.is.

Heimaey ist die einzige der Westmännerinseln, die ganzjährig bewohnt ist. Mittlerweile leben wieder über 4.000 Menschen hier. Die Form der Insel erinnert ein wenig an Südamerika, nur liegt Heimaey mit etwas über 13 Quadratkilometern größenmäßig natürlich weit hinter dem südamerikanischen Kontinent. Die Insel ist an der längsten Stelle sechs Kilometer lang und an der breitesten Stelle drei Kilometer breit. Sie verfügt über einen kleinen Flughafen, der vom Flughafen Bakki von der gegenüberliegenden Küste oder vom Flughafen Reykjavík angeflogen wird. Der Anflug ist atemberaubend und fordert von den Piloten eine besondere fliegerische Leistung ab, da die Start- und Landebahn über eine Bergkuppe führt. Flüge vom Flughafen Reykjavík kann man unter www.eagleair.is buchen. Wem der Flug zu abenteuerlich ist, der kann auf die Fähre zurückgreifen. Seit einigen Jahren verkehrt diese nicht mehr von Þorlákshöfn, sondern direkt von der gegenüberliegenden Küste, von dem neu gebauten Hafen Landeyjahöfn. Dadurch hat sich die Überfahrt von mehreren Stunden auf etwas über 30 Minuten verkürzt. Es ist eine Autofähre, sodass man den Mietwagen oder das eigene Fahrzeug mitnehmen kann. Mehr Informationen zur Fährfahrt gibt es auf der Webseite der Reederei (www.eimskip.is/EN/iceland_domestic/herjolfur). Dort kann man auch online Tickets buchen. Dies ist insbesondere in den Sommermonaten empfehlenswert, da die Fähre oft ausgebucht ist. Ein weiterer Hinweis ist ebenfalls wichtig: Man muss immer damit rechnen, dass die Fährfahrt bei schlechter Wetterlage ausfallen kann.

Heimaey gehört zu den reichsten Städten Islands, was auf die Haupteinnahmequelle Fischfang zurückzuführen ist. Die fischreichen Gewässer vor Island bescheren den Fischern volle Netze, deren Fang sofort in den Fischfabriken Heimaeys verarbeitet wird. Der manchmal über der Stadt liegende Fischgeruch zeugt davon. Natürlich spielt auch der Tourismus eine Rolle, das gilt sowohl in Bezug auf innerländische Touristen, die mindestens zu einem Ereignis in Heerscharen auf der Insel aufschlagen (siehe Grund 89: »Weil die Isländer wissen, wie man Party macht«), als auch auf Touristen aus dem Ausland, die sich die vom Vulkanausbruch gebeutelte Insel ansehen wollen.

Heimaey hat aber mehr zu bieten als die Spuren vergangener Vulkanausbrüche. In den Sommermonaten sind die steilen Flanken und Kuppen der Berge mit saftig grünen Wiesen überwachsen. Zahlreiche Spazierwege führen einen vorbei an beeindruckenden Steilklippen, die aus Basaltsäulen gebildet werden. An einer Stelle haben diese die Form eines Elefantenkopfes, der seinen Rüssel ins Meer steckt. Das sieht man am besten vom Meer aus, daher empfiehlt sich eine Tour mit Schnellbooten, in der auch der Besuch einer natürlichen Höhle inbegriffen ist, in die man mit dem Boot hineinfahren kann. In der Höhle kann ein sagenhaftes Echo ausprobiert werden. Informationen zur Tour und Online-Tickets erhält man unter www.ribsafari.is. Im Süden Heimaeys befindet sich zudem ein weltweit bekannter Golfplatz, der so nah am Meer liegt, dass man aufpassen muss, dass einem der Golfball nicht im Wasser verloren geht.

30. GRUND

Weil es in Island einen der bekanntesten Wanderpfade gibt

In Island kann man an vielen Stellen ausgiebige Wanderungen unternehmen. Die Wege sind meist gut markiert. Dabei bestehen die Markierungen aus Holzpflöcken, die oben farbig sind. Die Farbe gibt darüber Auskunft, ob man auf dem richtigen Weg ist. Neben Tagestouren gibt es auch einige Trekking-Touren, bei denen man Übernachtungen in Hütten oder dem mitgebrachten Zelt einplanen muss, da sie über zwei bis mehrere Tage gehen. Ein über die Grenzen Islands hinaus bekannter Trekking-Pfad ist der Laugavegur, der einen entweder von Süden kommend durch die Þórsmörk nach Landmannalaugar führt oder umgekehrt von Landmannalaugar nach Skógar im Süden Islands. Laugavegur bedeutet deutsch übersetzt »der Weg der heißen Quellen«, und man ahnt, was einen erwartet. Die Route führt durch unwirkliche und einzigartige Landschaften. Vorbei an vegetationslosen und in schillernden Farben leuchtenden Bergen, durch geothermale Gebiete mit heißen Quellen und schwefeligen Schlammtöpfen. Vorbei an Wasserfällen, bemoosten Hügeln auf Ebenen aus schwarzer Vulkanasche. Durch Flüsse, Schluchten und Landschaftspanoramen wie aus Fantasy-Romanen.

Durchquert werden zwei Naturschutzgebiete, die Þórsmörk und das Fjallabak. Landmannalaugar liegt im Gebiet des Fjallabak und bedeutet deutsch übersetzt so viel wie »die warmen Quellen der Leute von Land«. Markant ist dieser Ort wegen rötlich-brauner Rhyolithberge, auf denen sich auch noch im Sommer das eine oder andere Schneefeld befindet. Vereinzelte grüne Moosflächen und graue oder bläuliche Kalkausfällungen setzen weitere Farbakzente. Namensgebend für Landmannalaugar ist eine heiße Quelle, die zu einem Naturbad einlädt. Sie befindet sich in Fußweite zu Hütte und Zeltplatz, ist aber in den Sommermonaten hoffnungslos überbevölkert. An der Hütte befinden sich zahlreiche Waschplätze und Duschen, um sich für die Wanderung frisch zu machen. In einem zu einem Shop umgebauten alten Bus kann man einfache Lebensmittel, Gaskartuschen und vielerlei andere Dinge kaufen. Die Þórsmörk liegt im Süden Islands und ist ein bewaldeter Bergrücken, der von drei Gletschern umgeben ist. Die besondere Lage schafft ein mildes Mikroklima, und so ist inmitten einer sonst lebensfeindlichen Umgebung ein Birkenwald gewachsen. Hier befinden sich in unmittelbarer Nähe drei Campingplätze, die sich auch bei den Isländern besonderer Beliebtheit erfreuen.

Die Tour dauert vier bis sechs Tage. Übernachten kann man in Hütten, die vom isländischen Wanderverein (Ferðafélag Íslands) betrieben werden. Bei den Hütten gibt es aber auch Zeltplätze, um im eigenen Zelt übernachten zu können. Wildes Zelten entlang der Route ist verboten, da die karge Vegetation sehr empfindlich ist und den zunehmenden Besucherzahlen nicht standhalten würde. Der Klassiker ist die Variante mit Start in Landmannalaugar. Die genaue Route mit Etappenzielen und GPS-Koordinaten kann auf der Webseite des isländischen Wandervereins nachgelesen werden (www.fi.is/de/home). Dort ist auch zu lesen, dass gewünschte Übernachtungen in den Hütten mindestens einen Monat vorher gebucht werden müssen. Spontan wird man dort keinen Schlafplatz finden.

Wer diesen einzigartigen Trekking-Pfad begehen möchte, sollte in guter Kondition sein. In den Hütten sollte man sich immer in die Listen ein- beziehungsweise austragen, damit die Hüttenwarte wissen, wer sich wo auf dem Weg befindet, um gegebenenfalls Hilfe anzufordern, wenn man nicht an einer gebuchten Hütte ankommt. Auch sollte man sich über die Wetterbedingungen informieren, denn schlechtes Wetter hat auf diesem Weg schon Opfer gefordert. So steht zwei Kilometer vor der Hütte Höskuldsskáli ein Gedenkstein, der an den Tod eines israelischen Wanderers erinnert, der dort erfroren ist. Aber wer alle Sicherheitshinweise beachtet, den erwartet ein unvergleichliches Erlebnis, das er nie wieder vergessen wird.

31. GRUND

Weil man in Island Gletscher besteigen kann

»Island, die Insel aus Feuer und Eis« ist eine der häufigsten Floskeln, die verwendet werden, um Island zu charakterisieren. Sicher sind Vulkanismus und Gletscher prägende Merkmale dieser Insel, vor allem in ihrem Süden. Denn hier befinden sich gleich zwei große Gletscher, der Mýrdalsjökull und der Vatnajökull. Neben dem Mýrdalsjökull befindet sich noch ein dritter, aber eher kleinerer Gletscher, der Eyjafjallajökull. Eines haben alle drei Gletscher gemeinsam: Unter ihrem Eispanzer befinden sich aktive Vulkane, die bei einem Ausbruch für verheerende Naturkatastrophen in Form von kilometerhohen Aschesäulen oder gewaltigen Gletscherläufen verantwortlich sind. Doch in diesem Grund geht es nicht um die Gefahr, die da unter dem Eis schlummert, sondern um die Faszination dieser gewaltigen Eiskappen.

Der Vatnajökull bedeckt rund ein Zehntel der Fläche Islands und ist doppelt so groß wie das Saarland. Seine Eismassen haben eine Dicke von bis zu einem Kilometer. Die Eiskappen drücken ihre Eismassen, angetrieben von der Schwerkraft in etlichen Gletscherzungen, durch Täler bis auf Meereshöhe, an einer Stelle sogar mit einer Verbindung zum offenen Meer. Es bleibt nicht aus, dass sich Menschen von dem Spektakel angezogen fühlen und dem Gletscher so nah wie möglich kommen wollen. Und diese Möglichkeit wird geboten. An vielen Stellen werden geführte Touren auf die Gletscher angeboten, teils sogar mit Schneemobilen, wie auf dem Snæfellsjökull. Die Möglichkeit zur Besteigung eines Gletschers zu Fuß hat man an einem Ausläufer des Vatnajökull, dem Skaftafellsjökull im Skaftafell-Nationalpark im Süden Islands. Dieser befindet sich direkt an der Ringstraße zwischen Kirkjubæjarklaustur und Höfn. Ungefähr drei Kilometer nach Überquerung der längsten Brücke Islands im Skeiðarársandur geht in Richtung Höfn links ein Abzweig zum Parkplatz des Nationalparks ab.

Der Skaftafell-Nationalpark ist Teil des Vatnajökull-Nationalparks und ein Schutzgebiet, das den Gletscher und das anliegende Umland erfasst. Wie in der Þórsmörk hat sich hier durch die Lage zwischen den Gletscherzungen ein mildes Mikroklima ausgebildet, welches eine größere mit Birken und Gräsern bewachsene Landschaft entstehen ließ. Vom Parkplatz aus lassen sich Wandertouren durch den Nationalpark starten, die einen durch den Birkenwald auf eine Hochebene bringen, von der aus man einen Blick auf den Vatnajökull und die Gletscherzunge Skaftafellsjökull hat. Die Tour führt einen auch an einem bekannten Wasserfall, dem Svartifoss, vorbei. Seinen Namen, der auf Deutsch »der schwarze Wasserfall« bedeutet, hat er von den schwarzen Basaltsäulen, die eine natürliche Klippe bilden, über die sich der Wasserfall 20 Meter in die Tiefe stürzt.

Wie in Island üblich, sind die Wanderwege mit kleinen farbigen Holzpfosten markiert und meist in einigen Stunden zu meistern. Stärken kann man sich vor oder nach den Touren in einem kleinen Café im Besucherzentrum am Parkplatz. Dort gibt es auch Informationen zum Gletscher und zum Nationalpark und einen Raum, in dem Dokumentationsfilme zum Vatnajökull gezeigt werden. Und wie ebenfalls in Island üblich: Da wo ein Café ist, ist auch ein Souvenirshop nicht weit. Am Parkplatz haben die Gletscherführer ihre Stände und werben für ihre Touren. Mitmachen kann jeder ab 14 Jahren. Das nötige Equipment wie Eispickel und Steigeisen ist im Preis inbegriffen. Wetterfeste Schuhe und Kleidung muss man selbst dabeihaben. Man darf nicht unterschätzen, dass die Temperaturen in unmittelbarer Nähe zum Eis deutlich niedriger sind. Die Dauer der Touren variiert, meist sind sie nach ein bis drei Stunden vorbei. Aber mit einem Führer bekommt man die sichere Gelegenheit, dem Gletscher mit seinen Spalten ganz nahe zu sein und die zum Teil schillernden Blautöne des reinen Eises zu bewundern. Alleine sollte man dies auf keinen Fall wagen. Viel zu gefährlich ist der Ritt auf dem Eis, der jäh durch einen Sturz in eine Gletscherspalte enden kann. Nähere Informationen zum Nationalpark lassen sich in deutscher Sprache unter english.ust.is/media/fraedsluefni/ UST_Skaftafell_tyska.pdf abrufen.

Eine weitere Möglichkeit zur Besteigung eines Gletschers besteht am Mýrdalsjökull. An seinem Ausläufer mit dem Namen Sólheimajökull zwischen Skógar und Vík werden ebenfalls geführte Touren angeboten, beziehungsweise kann man auch ein kleines Stückchen alleine auf den Gletscher gehen. Allerdings enthält das Schmelzwasser Schwefelwasserstoff, der die Region ein wenig nach faulen Eiern riechen lässt.

Weil die Isländer für ihre Natur mit dem Leben einstehen

Einer der bewundernswertesten Wasserfälle Islands ist der Gullfoss, auf Deutsch »goldener Wasserfall«. Er ist Teil des Golden Circle. Seinen Namen verdankt dieser Wasserfall dem Umstand, dass seine Gischt in der Abendsonne golden leuchtet. Gebildet wird der Gullfoss durch den Fluss Hvítá, der 40 Kilometer flussaufwärts aus dem Gletschersee Hvítárvatn entspringt. Dieser Gletschersee wird durch Schmelzwasser des im Hochland gelegenen Gletschers Langjökull gespeist. Im weiteren Flussverlauf unterhalb des Wasserfalls münden noch andere Flüsse in die Hvítá, sodass sich die Wassermenge des Flusses fast verdoppelt. Kurz vor der Stadt Selfoss vereinigt er sich mit dem Fluss Sog zum Ölfusá, der dann in einer weiten Mündungsöffnung hinter Selfoss in das Nordmeer fließt.

In den Sommermonaten, bei eintretender Schmelze, steigen die Wassermassen im Bereich des Wasserfalls auf bis zu 180 Kubikmeter pro Sekunde an. In den Wintermonaten fallen sie bis auf 50 Kubikmeter pro Sekunde ab. Der Wasserfall fällt in zwei rechtwinklig zueinander stehenden Stufen ab. Dabei hat die erste Stufe eine Höhe von elf Metern und die zweite eine Höhe von 21 Metern. Das Wasser fließt nach dem Wasserfall in einer 2,5 Kilometer langen und 70 Meter tiefen Schlucht ab. 1930 und 1948 gab es Gletscherläufe, die die Wassermassen auf bis zu 2.000 Kubikmeter ansteigen ließen. Dabei wurde die Schlucht komplett mit Wasser gefüllt, und die zweite Stufe des Gullfoss war nicht zu sehen, da sie sich unterm Wasserspiegel befand.

Nahe dem Wasserfall gibt es zwei Parkmöglichkeiten. Einen oberhalb des Wasserfalls und einen am Beginn der Schlucht gelegenen Parkplatz. Am Parkplatz oberhalb des Wasserfalls befindet sich ein großes Café mit Souvenirshop, das für seine leckere Lammsuppe bekannt ist. Über einen Holzsteg geht es von dort in Richtung des Wasserfalls, der sich ungefähr 200 Meter vom Café entfernt befindet. Der Parkplatz am Beginn der Schlucht ist näher am Wasserfall. Dort steht ein Denkmal, das an die Isländerin Sigríður Tómasdóttir erinnert.

Sigríður lebte von 1874 bis 1957 auf dem Hof Brattholt, nicht unweit des Gullfoss. 1920 hatte eine englische Gesellschaft das Gebiet um die Hvítá und den Wasserfall gepachtet, um den Fluss mittels eines Staudamms zur Gewinnung von Elektrizität zu stauen. Sigríður wehrte sich gegen dieses Vorhaben und drohte schließlich damit, sich in die Fluten der Hvítá zu stürzen. Letzten Endes konnte eine überfällige Pachtzahlung als Anlass genommen werden, den Pachtvertrag zu kündigen. Seitdem gilt Sigríður als Retterin des Wasserfalls, woran die Gedenktafel am Parkplatz erinnert. Heute ist der Wasserfall Eigentum des Staates und steht unter Naturschutz.

Wer den Gullfoss besucht, darf es sich nicht nehmen lassen, dem kleinen Pfad zu folgen, der hinunter auf ein natürliches Plateau führt, das sich zwischen der ersten und zweiten Stufe des Wasserfalls befindet. Dort kommt einem das Wasser, das über die erste Stufe fällt, so entgegen, dass man fast das Gefühl hat, jeden Moment von den Wassermassen überspült zu werden. Danken wir Sigríður, dass wir das heute noch sehen dürfen.

Weil die meisten Brücken Islands einspurig sind

In Island mit dem Auto unterwegs zu sein ist nicht vergleichbar mit dem Autofahren in Deutschland. Dieser Umstand ist primär der rauen Natur zu verdanken, die einen Straßenbau, wie wir ihn kennen, zu einem sehr teuren Unterfangen macht. Daher sind viele Straßen nicht asphaltiert und Brücken, sofern überhaupt vorhanden, der Einfachheit halber oft nur einspurig geführt. In der Regel hat derjenige Vorfahrt, der als Erster an der Brücke angekommen ist.

Sogar die längste Brücke Islands in einspurig ausgeführt. Die Skeiðarárbrú befindet sich im Skeiðarársandur, einem Sander, der durch zahlreiche Gletscherläufe der vergangenen Jahrtausende gebildet wurde. Er befindet sich im Süden Islands zwischen Kirkjubæjarklaustur und Höfn beziehungsweise zwischen dem Skaftafell-Nationalpark und der Südküste. Die fast ausnahmslos vegetationslose Ebene umfasst ein Gebiet von knapp 1.000 Quadratkilometern. Dabei nimmt sie 56 Kilometer der Küstenlinie in Anspruch. Vom Skeiðarárjökull, einem Ausläufer des Vatnajökull, beträgt der Abstand zur Küste bis zu 30 Kilometer.

Der Skeiðarársandur wird von drei Gletscherflüssen durchquert, die sich mäandernd ihren Weg ins Meer suchen und mit ihren Sedimentablagerungen im Laufe der Jahrtausende den Sander geschaffen haben: dem Núpsvötn, dem Gígjukvísl und der Skeiðará. Letztere war beim Bau der Ringstraße, die quer durch den Skeiðarársandur führt, das am schwierigsten zu überwindende Hindernis. Die zahlreichen Arme des Flusses nehmen eine große Fläche ein, und so musste eine sehr lange Brücke gebaut werden.

Die Brücke wurde 1974 fertiggestellt und 1996 Opfer eines Naturschauspiels, das dazu führt, dass Unmengen von Sedimenten im

Sander abgelagert werden. Dieses Naturschauspiel ist ein Gletscherlauf, der durch unterhalb des Gletschers ausbrechende Vulkane entsteht. Dabei wird der Gletscher von unten aufgeschmolzen, bis der Druck des entstandenen Schmelzwassers den Gletscher an einer Stelle aufbricht und sich in kurzer Zeit Unmengen an Wasser aus dem Gletscher ergießen. Dabei werden riesige Eisbrocken, die aus dem Gletscher herausbrechen, tonnenschwere Steine, Geröll und Sand mit den Wassermassen in den Sander und ins Meer getragen.

Genau solch ein Gletscherlauf fand 1996 statt und zerstörte dabei auf mehrere Kilometer die Ringstraße samt der 1974 fertiggestellten Brücke. Noch heute erinnern an einem Rastplatz kurz vor der Abfahrt zum Nationalpark Skaftafell die zerknickten Stahlträger der alten Brücke an dieses Ereignis. Seitdem gab es noch mehrere Gletscherläufe, aber zum Glück keinen mit diesem Ausmaß und dieser Kraft. Aber die Gefahr eines solchen Ereignisses ist hoch, und daher wurde die Brücke in einer besonderen Bauweise neu erbaut. Sehr massive und mit tiefen Fundamenten versehene Betonsockel tragen keine Asphaltdecke, sondern lediglich Stahlplatten, die die Fahrbahn bilden. Die Platten sind mit Noppen versehen und liegen nur lose auf, sodass es bei Überfahrt klingt, als würde ein Zug über Gleise fahren. Die Brücke ist mit über 900 Metern Länge die längste Brücke Islands und wurde, um Material zu sparen, nur einspurig geführt. Aber keine Angst, in regelmäßigen Abständen sind Buchten eingelassen, die es ermöglichen, dass auch zwei Fahrzeuge auf der Brücke aneinander vorbeifahren können.

Den Skeiðarársandur zu befahren ist insbesondere beim ersten Mal eine besondere Erfahrung. Mein erstes Mal fand auch noch bei schlechten Wetterbedingungen statt. Tief hängende schwarze Wolken, die jeden Moment einen starken Regenschauer versprachen, gepaart mit starkem Sturm, gaben der Szenerie eine besonders düstere Note. Links den Gletscher, vor mir eine schnurgerade Straße, die nie zu enden schien, am fernen Horizont der Blick auf weitere, teils schneebedeckte Berge, fuhr ich durch diese von dunklen, fast schwarzen Sedimenten gebildete Ebene und hatte mit dem Wissen um die Gletscherläufe ein mulmiges Gefühl im Bauch. Auch wenn ich wusste, dass zu dieser Zeit keine Gefahr eines Gletscherlaufes bestand. Und dann fährt man auf diese Brücke zu, die ebenfalls schier endlos vor einem liegt, und überquert unzählige Flussarme der Skeiðará. Dabei hat man das metallische Klackern der Platten in den Ohren und schaut gebannt geradeaus, um die Spur zu halten. Und wenn man dann über die Brücke gefahren ist und eine Linkskurve hinter sich gelassen hat, liegen vor einem die Gletscherzungen Skaftafellsjökull und Svínafellsjökull, in denen die Straße zu enden scheint. Ein unbeschreibliches Gefühl, das man immer wieder erleben will, und so war ich an diesem Tag nicht der einzige Tourist, der die Strecke mehrere Male hin- und herfuhr.

2015 sollen die Arbeiten an einer neuen Brücke beginnen, die ab 2016 die mittlerweile in die Jahre gekommene Brücke ablösen soll.

34. GRUND

Weil man in Island durch eine Feuerschlucht spazieren kann

Unterhalb des Gletschers Mýrdalsjökull liegt ein noch aktiver Vulkan mit dem Namen Katla. Der Name leitet sich aus dem isländischen Wort für Kessel (»ketill«) ab und ist auch ein oft verwendeter Frauenname. Die Katla gilt als einer der gefährlichsten Vulkane Islands, da bei einem Ausbruch Gletscherläufe enormen Ausmaßes erwartet werden, die insbesondere den an der Südküste gelegenen Ort Vík í Mýrdal gefährden würden. Zudem sind Ausbrüche unterhalb eines Gletschers oft sehr explosiv, wie der Ausbruch des Eyjafjallajökull im Jahr 2010 bewiesen hat. Teil des Katla-Vulkansystems ist eine 75 Kilometer lange Spalte, die sich vom Vulkan in nordöstlicher Richtung ausbreitet. An einer Stelle bildet diese Spalte eine ungefähr acht Kilometer lange Schlucht mit dem Namen Eldgjá, auf Deutsch »Feuerschlucht«. Sie befindet sich im südlichen Teil des Hochlandes zwischen Kirkjubæjarklaustur und Landmannalaugar. Wer die Schlucht erreichen möchte, benötigt ein allradgetriebenes Fahrzeug mit ausreichender Bodenfreiheit, da auf dem Weg zur Schlucht kleinere Flüsse zu furten sind.

Zwischen Vík und Kirkjubæjarklaustur geht aus Reykjavík kommend nach links die Straße F208 ab, über die man vom Süden nach Landmannalaugar fahren kann. Nach 50 Kilometern zweigt nach rechts die Straße F223 ab, die bis zur Feuerschlucht führt. Heute endet die F223 an einem Fluss, der früher noch gefurtet werden konnte. Am Ende der F223 befindet sich ein großer Parkplatz und ein Toilettenhäuschen. Der Fluss kann über eine kleine Fußgängerbrücke überquert werden. Markierte Wege führen durch die bis zu 600 Meter breite und bis 150 Meter tiefe Schlucht, in der sich auch der Wasserfall Ófærufoss befindet. Dieser verfügte früher über eine Naturbrücke, die aber Anfang der 1990er-Jahre eingestürzt ist.

Die Feuerschlucht selbst ist bei einem gewaltigen Vulkanausbruch im Jahre 934 entstanden. Dabei wurden gewaltige Massen Lava und Tephra ausgestoßen. Die Schlucht ist geprägt von steilen, mit schwarz-roter Schlacke bedeckten Hängen, die wiederum von Moos bewachsen sind. Noch heute lösen sich große Gesteinsbrocken und poltern die Hänge hinunter. Seit geraumer Zeit werden die heruntergefallenen Steine mit Tafeln versehen, auf denen das Datum des Falls eingraviert ist. Es verursacht ein etwas mulmiges Gefühl, an Steinen vorbeizugehen, die erst wenige Tage zuvor von den Hängen heruntergekommen sind. Bei meinem Aufenthalt 2011 waren die Wetterverhältnisse alles andere als gut. Tief hängende, das Tageslicht verdunkelnde graue Regenwolken gaben der Schlucht eine sehr bedrohliche Wirkung und Video- und Fotoaufnahmen waren eine echte Herausforderung. Aber gerade das macht den besonderen Reiz aus.

Weil isländische Vulkane den Flugverkehr lahmlegen

An dieses Ereignis erinnern sich sicher noch viele. Vor allem für die Nachrichtensprecher wurde es zu einer Herausforderung. Mussten sie doch den Ausbruch eines Vulkans kommentieren, dessen Name unaussprechlich schien. Am 14. April 2010 brach in den frühen Morgenstunden der Eyjafjallajökull, ein Vulkan unterhalb des gleichnamigen Gletschers im Süden Islands, aus und führte zu einer der größten Behinderungen des europäischen Flugverkehrs, seit der Mensch in Europa mit dem Flugzeug unterwegs ist.

Eyjafjallajökull, ausgesprochen »Ähjafjatlajökütl«, bedeutet auf Deutsch so viel wie »Inselberggletscher«. Der Name leitet sich aus felsigen Erhebungen ab, die in den Schwemmlandebenen vor dem Gletscher zu finden sind. Vor vielen Jahrtausenden waren dies auch Inseln, die dann durch das ausgetragene Material zahlreicher Gletscherläufe vom Meer getrennt wurden und nun wie Felsenberge aus dem Sander herausragen. Die Namen dieser Inselberge tragen alle die Endung »-ey«, wie zum Beispiel Petursey. Diese Endung steht im Isländischen für Insel. Allgemein wird für den Gletscher, das darunter liegende Bergmassiv und den Vulkan immer die Namensgebung Eyjafjallajökull verwendet. Genau genommen allerdings lautet der Name des unter dem Gletscher liegenden Bergmassiv Eyjafjöll.

Zu finden ist der Eyjafjallajökull an der Ringstraße zwischen Hvolsvöllur und Skógar. Der auf dem Bergmassiv ruhende Gletscher ist mit einer Fläche von rund 78 Quadratkilometern der sechstgrößte Gletscher der Insel. Der höchste Punkt befindet sich auf dem 1.651 Meter hohen Nunatak Guðnasteinn. Als Nunatak bezeichnet man in der Glaziologie einen aus einem Gletscher oder Eismassiv isoliert aufragenden Felsen oder Berg. Die Eismassen des Gletschers reichen hinunter bis auf eine Höhe von 1.000 Metern. Einzelne Ausläufer, wie zum Beispiel der Gígjökull, sogar noch tiefer bis auf eine Höhe von 100 bis 200 Metern. In unmittelbarer Nachbarschaft befinden sich noch zwei weitere Gletscher: der viertgrößte Gletscher Islands mit dem Namen Mýrdalsjökull und der eher kleine Gletscher Tindfjallajökull.

Einen unvergleichlichen Blick auf den Eyjafjallajökull hat man von der Insel Heimaey. Die am 14. April startende Eruption des Vulkans dauerte bis zum 9. Juli 2010 an und schleuderte solche Mengen an Asche in viele Kilometer Höhe, dass der Flugverkehr in Europa für mehrere Tage zum Erliegen kam. Aber was war da genau passiert? Begonnen hatte alles eigentlich schon am 20. März 2010. Auf einer Hochebene zwischen den beiden Gletschern Eyjafjallajökull und Mýrdalsjökull mit dem ebenfalls unaussprechlichen Namen Fimmvörðuháls öffnete sich eine Spalte, aus der auf einer Länge von 500 Metern dünnflüssige Lava in hohen Fontänen aus der Erde schoss. Die Notfallpläne wurden in Kraft gesetzt, und kurzfristig wurden um die 500 Menschen aus dieser Region evakuiert. Vulkanausbrüche unter, in und um Gletscher bergen immer die Gefahr von Gletscherläufen, wenn die plötzliche Hitze Teile des Gletschers aufschmilzt und sich das Wasser in Flutwellen in Richtung Meer ergießt. Daher wurde hier schnell gehandelt. Auch der lokale Flughafen von Reykjavík und der internationale von Keflavík wurden vorsorglich geschlossen.

Der Ausbruch erwies sich in der Folge aber als ein eher beschauliches Spektakel, sodass die Evakuierung und Schließung der Flughäfen kurzfristig wieder aufgehoben wurden. Die dünnflüssige Lava wurde mit pulsierenden Pumpen und Grollen der Erde aus der Spalte emporgespien und floss in bis zu 200 Meter hohen Lavafällen an den Flanken des Berges hinunter. Der Eyjafjallajökull wurde ein beliebtes Ziel von Vulkantouristen, die in sich in Heerscharen mittels isländischer Superjeeps oder Helikopter zur Ausbruchstelle bringen ließen, um die beste Fotografie oder Filmaufnahme zu machen.

Am 31. März öffnete sich am Fimmvörðuháls eine weitere 300 Meter lange Spalte, aus der ebenfalls Lava geschleudert wurde. Diese Aktivität hielt noch weitere Tage an, bis am 7. April der Ausbruch in der ersten Spalte versiegte. Am 12. April war für die Vulkanologen der Ausbruch vorbei, deuteten doch alle Anzeichen – wie Erdbebenhäufigkeit und Hebung der Erdoberfläche – auf ein Abklingen des Ausbruchs hin. Doch am Morgen des 14. April brach unterhalb des Gletschers in der Gipfelcaldera eine zwei Kilometer lange Spalte auf, aus der Lava austrat. Begleitet wurde dies von heftigen Explosionen, die durch den Wasserdampf des aufgeschmolzenen Gletschereises entstanden. Durch diese Explosionen wurden Dampf und Asche mehrere Tausend Meter in die Atmosphäre geschleudert. Es wurde eine sofortige Evakuierung der Region eingeleitet, und wieder einmal mussten die Menschen ihre Höfe und Tiere zurücklassen. Riesige Mengen Schmelzwasser suchten sich ihren Weg und liefen über den Ausläufer Gígjökull in den Fluss Krossá und von dort in den Markarfljót. Dessen Wasserstand stieg so stark an, dass die Ringstraße auf der Höhe des Seljalandsfoss überspült wurde. Um die Brücke, die an dieser Stelle über den Markarfljót führt, zu schützen, wurde der Damm an zwei Stellen eingerissen, damit die Wassermassen besser abfließen konnten. Bis zu diesem Tag war der Gígjökull ein beliebtes Ziel von Touristen, hatte sich doch unterhalb des Ausläufers ein Gletschersee gebildet, in den der Ausläufer sein Eis kalbte. Durch den Ausbruch wurde der Gletschersee völlig weggespült, und heute ist dort nur eine riesige Ebene aus Sand und Geröll zu finden.

Einen Ausbruch wie den des Eyjafjallajökull bezeichnet man als »phreatomagmatische Explosion«. Dabei wird durch das aufgeschmolzene und verdampfende Wasser die aufsteigende Lava rasch abgekühlt und explodiert in feinsten Staub. Dadurch entstehen auch elektrostatische Aufladungen, sodass die aufsteigende Aschesäule von Blitzen durchzogen ist. Die entstandene Aschewolke stieg bis zu einer Höhe von 8.000 Metern auf und dehnte sich in Richtung Osten bis nach Polen aus. Da das sehr feine Aschematerial die Triebwerke von Flugzeugen beschädigen kann, wurde der Flugverkehr in Europa erheblich behindert, teilweise durften mehrere Tage in Folge keine Flugzeuge starten.

Aber auch für die Isländer war der Ausbruch eine Herausforderung. Die schwerere Asche, die nicht so hoch in die Atmosphäre getrieben wurde, ging im unmittelbaren Umfeld des Vulkans nieder und sorgte für Bilder, die aus Weltuntergangsfilmen hätten stammen können. Sie verhüllte den Himmel so extrem, dass kein Sonnenlicht mehr durchdringen konnte und es am helllichten Tage stockdunkel war. Die ganze Region wurde von einer zentimeterdicken Ascheschicht bedeckt und schien für immer verloren. Die Menschen kämpften um ihre Höfe und vor allem die Tiere, die in dieser sehr fruchtbaren Region Islands gehalten werden.

Fotos von einem Hof gingen dabei um die ganze Welt. Der Hof Þorvaldseyri liegt an der Ringstraße direkt unterhalb des Eyjafjallajökull. Es gab beeindruckende Aufnahmen von dem Hof und dem dahinter aufsteigenden Bergmassiv mit der Gletscherkappe, aus der eine riesige Aschesäule in den Himmel steigt. Die Familie und ihr landwirtschaftlicher Betrieb wurden von dem Ausbruch schwer getroffen. Heute haben sie die Katastrophe überwunden und ein Eyjafjallajökull-Besucher-Zentrum direkt an der Ringstraße gegenüber von ihrem Hof errichtet. Dort kann man sich in einer dauerhaften Ausstellung anhand von Bildern, Filmen und Texten einen Eindruck von der damaligen Situation machen. Informationen dazu findet man auf der Webseite des Hofes unter www.thorvaldseyri.is.

Der Ausbruch dauerte in drei Eruptionswellen bis zum Juli 2010 an. Im Juli stieg nochmals eine reine Wasserdampfsäule bis zu einer Höhe von 9.000 Metern auf, seitdem ist die Aktivität soweit zurückgegangen, dass in der Region keine Alarmstufe mehr gilt. Dennoch steht der Vulkan, wie alle anderen in Island, unter intensiver Beobachtung. Der Umstand, dass während des Ausbruchs für einige Tage keine Flugzeuge in Europa starten durften, wurde sogar in einem Film aufgegriffen, der in Deutschland unter dem Titel *Eyjafjallajökull – Der unaussprechliche Vulkanfilm* in die Kinos kam. Er handelt von einem geschiedenen Ehepaar, das sich auf einer Reise nach Griechenland am Flughafen trifft. Sie wollen die Hochzeit ihrer Tochter besuchen, aber der Ausbruch lässt beide am Flughafen stranden, und so müssen sie sich mit dem Auto nach Griechenland aufmachen.

Die weltweite Aufmerksamkeit, die der Ausbruch des Eyjafjallajökull mit sich brachte, wurde von den Isländern geschickt aufgegriffen. Einerseits hatten sie natürlich Sorge, dass viele Touristen aus Angst vor Ausbrüchen nicht mehr nach Island reisen wollten. Andererseits war Island in aller Munde. Dies war die Geburtsstunde einer Marketingstrategie, die bis heute mit diversen und teilweise sehr unorthodoxen Kampagnen auf Island aufmerksam macht. »Inspired by Iceland« startete 2010 mit einem Werbespot, der mit der Musik der aus Island stammenden Sängerin Emilíana Torrini unterlegt wurde. Es folgten viele weitere Kampagnen, wie zum Beispiel eine, in der Isländer Touristen zu sich einluden, um mit ihnen besondere Orte zu besuchen oder typisch isländische Dinge zu tun. Entstanden sind daraus einzigartige, witzige und sehenswerte »Gute-Laune-Clips«, in denen die Isländer ihr Land sehr charmant repräsentieren (www.inspired.visiticeland.com).

4. KAPITEL

DER OSTEN
ISLANDS

Weil im Lagarfljót ein Seeungeheuer sein Unwesen treibt

Im Osten Islands wird durch die natürliche Stauung einiger zusammenfließender Flüsse wie zum Beispiel der Kelduá und der Jökulsá í Fljótsdal ein See mit dem Namen Lagarfljót gebildet. Mit einer Fläche von 53 Quadratkilometern erstreckt er sich auf einer Länge von 35 Kilometern und einer Breite von bis zu 2,5 Kilometer und ist damit eines der größeren Binnengewässer Islands. Bei der Stadt Egilsstaðir geht der See über in den gleichnamigen abfließenden Fluss Lagarfljót. An dieser Stelle quert die Ringstraße den Fluss über eine 300 Meter lange Brücke, die 1958 erbaut wurde. Bis zur Fertigstellung der Ringstraße war dies lange Zeit die längste Brücke in Island, die eine vorherige, bereits 1905 erbaute Brücke ablöste.

Der See und die Gegend rund um den See sind es wert, dort einige Tage zu verbringen, da sich hier eine Reihe von Sehenswürdigkeiten befindet. Eine davon ist das größte zusammenhängende Waldgebiet Islands, der Hallormsstaðaskógur, der sich 20 Kilometer südlich der Stadt Egilsstaðir über eine Fläche von 7,4 Quadratkilometern erstreckt. Ausgeschilderte Wanderwege laden dazu ein, diesen Wald zu Fuß zu erkunden.

Erreicht wird Hallormsstaðaskógur über die Straße 931, welche südlich von Egilsstaðir von der Ringstraße abzweigt. Folgt man dieser Straße weiter in den Süden, fährt man längs des Sees und erhält immer wieder sehenswerte Ausblicke. Am Ende des Sees geht die Straße 931 über eine Brücke nach rechts, um dann auf der anderen Seite des Lagarfljóts nach rechts wieder zurück nach Egilsstaðir zu führen. Nach links geht es an dieser Stelle auf die Straße 934, die einen Abstecher wert ist. Nach circa vier Kilometern befindet sich zur Linken ein Gebäudekomplex in einer für Island untypischen

Bauweise. Es handelt sich um Skriðuklaustur, ein heute als Zentrum für Kultur und Geschichte genutztes Gehöft, das nach dem Vorbild europäischer Gutshöfe erbaut wurde. Entworfen wurde das Gebäude von dem Deutschen Fritz Höger für seinen Freund, den Dichter Gunnar Gunnarsson, der dort einen großen landwirtschaftlichen Betrieb aufbauen wollte. Des Weiteren befindet sich dort die Ausgrabungsstelle eines zum Ende des 15. Jahrhunderts gegründeten Augustinerklosters, auf welches auch der Name des Ortes zurückzuführen ist. Es war das einzige Kloster in Ostisland und auch das letzte in Island vor der Reformation. Ein Besuch lohnt, zumal man sich in einem Café bei einem Stück Kuchen und einer Tasse Kaffee für die nächste Sehenswürdigkeit stärken kann.

Fährt man wieder zurück zur Straße 931, findet man nach wenigen Metern hinter der Brücke zur Linken einen Parkplatz, von dem ein Aufstieg auf das Hochplateau gestartet werden kann und auch sollte, denn dort erwarten einen zwei sehr schöne Wasserfälle, der Hengifoss und der Litlanesfoss. Der Hengifoss ist mit 118 Metern Falltiefe der vierthöchste Wasserfall Islands. Für den Aufstieg sind auf einer Strecke von fünf Kilometern 260 Höhenmeter zu überwinden. Mit festem Schuhwerk ist das in maximal zwei Stunden für eine Strecke machbar. Nicht unerwähnt lassen möchte ich die Möglichkeit, von hier aus auch mit einem normalen Pkw tief ins östliche Hochland vorzudringen. Zwischen der Brücke und Skriðuklaustur zweigt die Straße 910 ab, die aufgrund des Baus des Kárahnjúkar-Staudamms bis zu diesem komplett asphaltiert ist. Der Staudamm ist ein gewaltiges Bauwerk, wenn auch sehr umstritten, da durch seine Errichtung einzigartige Landschaften für immer unter Wasser gesetzt wurden. Dem Reisenden mit normalem Pkw bietet der Abstecher die Möglichkeit, die Weite und Einsamkeit des Hochlandes kennenzulernen, ohne über anstrengende Hochlandpisten fahren zu müssen. Wenn man über den Staudamm gefahren ist, endet die asphaltierte Strecke, und man kann auf einem kleinen Parkplatz halten, um den Staudamm zu Fuß zu erkunden. Zudem gibt es dort, inmitten der Einsamkeit, eine bestens gepflegte Toilettenanlage mit fließend warmem Wasser.

Aber zurück zum Lagarfljót. Immer wenn man einen Ausblick auf diesen See hat, sollte man genauer hinsehen. Vielleicht hat man das Glück und kann das Seemonster erblicken, das sich Erzählungen nach in dem See aufhalten soll. Es wird als Riesenwurm beschrieben, und ähnlich wie das Ungeheuer von Loch Ness wollen es schon viele gesehen haben. Ein wissenschaftlicher Beweis fehlt bis heute. Die alte Erzählung besagt, dass das Ungeheuer einmal ein kleiner Regenwurm war. Ihm wurde ein Goldring angelegt, woraufhin der Wurm zu wachsen begann. Die Besitzerin des Goldrings soll den Wurm aus Furcht in den Lagarfljót geworfen haben, wo er immer weiter zu dem heutigen Monster heranwuchs. 2012 sind erstmalig Videoaufnahmen des Lagarfljótsormurinn, wie das Monster im Isländischen heißt, aufgetaucht. Dem Isländer Hjortur Kjerulf gelangen diese Aufnahmen, deren Echtheit nun durch eine eigens dafür gebildete 13-köpfige Kommission der Gemeinde Fljótsdalshérað bestätigt wurde.

37. GRUND

Weil man in Island so einsam sein kann

Islands Einwohnerzahl betrug am 1. Januar 2014 etwas über 325.000. Bezogen auf die Fläche Islands von 103.000 Quadratkilometern entspricht das 3,2 Einwohnern pro Quadratkilometer. Damit ist Island das Land in Europa, das über die geringste Bevölkerungsdichte verfügt. Zum Vergleich: in Deutschland leben 229 Menschen auf einem Quadratkilometer. Oder wenn man mal eine Stadt herausgreift: In Berlin leben knapp 4.000 Menschen auf einem Quadratkilometer.

Wenn man dann noch berücksichtigt, dass von den über 325.000 Einwohnern knapp 220.000 in den Stadtgebieten Islands leben und die verbleibenden Einwohner auf die restliche Fläche verteilt, lebt in Island ungefähr ein Mensch auf einer Fläche von einem Quadratkilometer. Damit wird klar, dass es sehr unwahrscheinlich ist, außerhalb der Stadtgebiete anderen Menschen zu begegnen.

Nun gut, in den Sommermonaten sorgen die Touristen dafür, dass sich diese Chance erhöht, immerhin werden für 2015 rund 1,4 Millionen Touristen erwartet, die sich hauptsächlich in der Zeit von Mai bis September auf der Insel einfinden. Damit ist der Tourismus in den letzten Jahren enorm angestiegen. Noch Anfang der 2000er-Jahre sprach man von einem Rekord, wenn so viele Touristen kamen, wie Island Einwohner hat.

Die einsamsten Regionen Islands sind die entlegenen Gebiete der Westfjorde, der äußerste Nordosten und das Hochland, insbesondere im Osten. Hier kann es bei einer Fahrt über die Schotter- und Geröllpisten auch in den Sommermonaten vorkommen, dass man stundenlang keiner Menschenseele begegnet und komplett auf sich alleine gestellt ist. Dies macht aber auch deutlich, wie wichtig es ist, beim Befahren solch einer Region gut ausgestattet zu sein. Genügend Wasser, etwas zu essen und bei einer Fahrt mit dem Auto genügend Benzin oder Diesel sind ein Muss.

Sehr beliebt ist es auch, mit dem Fahrrad ins Hochland zu fahren. Wer so etwas wagt, muss konditionell in guter Verfassung sein und sollte sich bei Hütten an- und abmelden. Nicht allzu selten sind auch heute noch Menschen im Hochland verschollen oder erst nach tagelangen Suchaktionen gefunden worden. Und einige wenige haben ihre Abenteuerlust mit dem Leben bezahlen müssen. Dennoch ist diese Abgeschiedenheit ein Grund, Island zu lieben. Wo in Europa hat man noch die Gelegenheit, wirklich einsam zu sein?

Weil in Island der Zwiegesang
ein Denkmal erhält

Bei dem isländischen Zwiegesang handelt es sich um eine chorisch gesungene Männerstimme, die durch eine solistisch improvisierte Zweitstimme ergänzt wird. Diese besondere Form der Mehrstimmigkeit ist in Europa einzigartig. Es gibt musikwissenschaftliche Abhandlungen zu dieser Form des Gesangs, dennoch gerät er, ähnlich einer weiteren besonderen Gesangsform, die beim Vortragen einer Reimform Islands, den Rímur, genutzt wird, in Vergessenheit.

Um diesen Vergessen entgegenzuwirken, hat der deutsche Künstler Lukas Kühne eine Skulptur erschaffen, die den Tvísöngur, wie der Zwiegesang auf Isländisch heißt, erlebbar macht. Das Projekt wurde in Zusammenarbeit mit dem Skaftfell Center for Visual Art realisiert und wird von der Gemeinde Seyðisfjörður und dem Goethe-Institut Dänemarks unterstützt.

Die Skulptur besteht aus fünf miteinander verbundenen und begehbaren Kuppeln aus Beton. Die Kuppeln haben unterschiedliche Höhen zwischen zwei und vier Metern. Sie stellen eine Visualisierung der traditionellen Fünfton-Harmonie dar, die im isländischem Liedgut Anwendung findet. Jede der Kuppeln hat ihre eigene Resonanz, die genau einem dieser fünf Töne entspricht. Die Skulptur ist öffentlich zugänglich und soll jeden einladen, mit der Resonanz der Kuppeln zu experimentieren. In Kombination mit der einsamen Lage an einem Hang oberhalb Seyðisfjörðurs, von dem aus man einen unvergleichlichen Blick auf den Fjord und den Ort hat, entsteht ein besonderes akustisches und visuelles Erlebnis.

Um zur Skulptur zu gelangen, folgt man der Straße, die rechts am Fjord vorbei führt. Nach ungefähr einem Kilometer gibt es auf der rechten Straßenseite ein Hinweisschild zum Tvísöngur. Von dort kommt man nach etwa 20 Minuten steilen Aufstiegs zu Fuß an der Skulptur an. Festes Schuhwerk ist empfehlenswert, da der Weg zwischendurch schon mal ein wenig rutschig werden kann. Oben angekommen, eröffnet sich eine tolle Aussicht auf den Fjord und Seyðisfjörður.

5. KAPITEL

DER NORDEN
ISLANDS

Weil man in Island in einem Café beim Melken zusehen kann

Eine der abwechslungsreichsten und schönsten Gegenden Islands findet sich rund um den Mývatn (deutsch: »Mückensee«) im Nordosten des Landes. Von dem Namen sollte man sich nicht abschrecken lassen – warum, erkläre ich in Grund 42: »Weil die Mücken in Island nicht stechen«. Man passiert den See auf der Ringstraße 1 von Akureyri kommend auf dem Weg nach Egilsstaðir. Gleichzeitig gibt es eine direkte Verbindung ins 50 Kilometer entfernte Hafenstädtchen Húsavík. Man hat die Möglichkeit, den See komplett zu umfahren und einige Sehenswürdigkeiten anzusehen, wie die Pseudokrater von Skútustaðir, das Lavafeld von Dimmuborgir oder das Freibad Jarðböðin, welches viel Ähnlichkeit mit der blauen Lagune in der Nähe von Reykjavík hat.

Ungefähr zwei Kilometer vor Reykjahlíð befindet sich an der Ringstraße in Fahrtrichtung Egilsstaðir der Vogafjós-Hof, ein großer Bauernhof mit Café und Gästehaus. Er gehört der Familie von Ólöf Hallgrimsdóttir. Die Familie bewirtschaftet den Hof bereits seit über 120 Jahren. Ólöf und ihr Ehemann sowie die fünf Kinder sind in das Unternehmen involviert. Durch wirtschaftliche Umbrüche hat Ólöf den Bauernhof neu ausrichten müssen und neue Geschäftsfelder erschlossen, die sie und den Hof zu einer Sehenswürdigkeit haben werden lassen. 1999 baute die Familie einen neuen Stall für ihre Kühe und im Zusammenhang mit diesem Umbau ein kleines Café, welches nur durch eine Glasscheibe vom Kuhstall abgetrennt ist. Besucher des Cafés haben seitdem die Möglichkeit, morgens um 7:30 Uhr und nachmittags um 17:30 Uhr durch diese Glasscheibe hindurch dabei zuzusehen, wie die Kühe gemolken werden. Anschließend wird den Gästen eine noch warme Kostprobe der gemolkenen Milch gereicht.

Die Idee, ein Café mit einem Stall zu verbinden, wurde zu einem großen Erfolg. Dazu trägt auch die exzellente Küche mit vielen selbst gemachten Spezialitäten wie zum Beispiel selbst gebackenem Brot bei. Die Inhaberin liegt viel Wert auf Naturprodukte und Nachhaltigkeit. Außerdem kann jeder Besucher hautnah erleben, wie die Kühe und auch die vielen Schafe, die sich auf dem Gelände des Bauernhofes befinden, leben. Wer mehr erfahren und vielleicht eine Unterkunft mieten möchte, kann sich auf der Webseite von Vogafjós informieren: www.vogafjos.is.

40. GRUND

Weil man in Island über den Polarkreis schreiten kann

Island liegt im europäischen Nordmeer, nur knapp unterhalb des Polarkreises. Im äußersten Osten und an der nördlichen Spitze der Westfjorde kratzt der Hauptteil der Insel am Polarkreis. Dennoch kann man in Island den Polarkreis überschreiten. Eine kleine Insel, bewohnt von nur knapp 100 Menschen, bietet diese Möglichkeit. Grímsey liegt etwa 40 Kilometer nördlich der Nordküste Islands und direkt auf dem Polarkreis. Die Insel hat eine Größe von 5,3 Quadratkilometern bei einer Länge von 5,5 Kilometern und einer maximalen Breite von 1,8 Kilometern.

Wer sie besuchen möchte, kann die Reise per Flugzeug von Akureyri oder Reykjahlíð und per Fähre von Dalvík aus antreten. Die Fähre fährt ganzjährig dreimal in der Woche nach Grímsey (immer montags, dienstags und freitags). Die Fahrt dauert drei Stunden, und es kann nur eine begrenzte Anzahl an Passagieren mitgenommen werden. In den Sommermonaten ist eine vorherige Reservierung daher Pflicht. Linienflüge gibt es ab Akureyri, Fluggesellschaft ist die Nordland Air (www.flugfelag.is). In den Sommermonaten wird täglich geflogen, in den Wintermonaten dreimal in der Woche. Der Flug dauert nur knappe 25 Minuten, und der Flieger hält sich ungefähr 1,5 Stunden auf der Insel auf. Als Tagesausflügler zur Insel kann man das Angebot von privaten Fluggesellschaften nutzen, wie zum Beispiel MýFlug (www.myflug.is). Man hat ausreichend Zeit zwischen Hin- und Rückflug, um die Insel zu erkunden.

Die Bewohner Grímseys leben hauptsächlich von der Fischerei und bewohnen die Insel bereits seit der ersten Besiedlung durch die Wikinger. Grímsey verfügt sogar über ein kleines Hotel, eine Pension, ein Restaurant, einen kleinen Laden und, wie soll es anders sein, auch über ein Schwimmbad. Hunde und Katzen sind auf der Insel verboten, es gibt keine Ratten oder Mäuse. Da es auf Grímsey keine natürlichen Feinde gibt, kann eine vielfältige Vogelwelt beobachtet werden. Die einzigen Raubtiere, die es schon mal hierhin verschlägt, sind Eisbären, die sich von Grönland auf Packeis hierhin verirren. Allerdings besuchte der letzte Eisbär im Jahre 1969 Grímsey und wurde, wie alle anderen auch, getötet. Dieser wurde allerdings ausgestopft und ist heute im Naturmuseum in Húsavík zu besichtigen. Neben der vielfältigen Vogelwelt gibt es auf Grímsey auch eine besondere Pflanzenart, die als Heilmittel gilt und reich an Vitamin C ist. Es handelt sich um das echte Löffelkraut, das an den felsigen Klippen der Insel zu finden ist.

Zwei Ereignisse im Jahr laden Besucher besonders ein. An den Grímsey-Tagen (isländisch: »Grímseyjardagarnir«), die im Zeitraum Ende Mai bis Anfang Juni stattfinden, bieten die Bewohner Grímseys ihren Besuchern traditionelles Essen und lokale Aktivitäten wie Rabeneiersuche, Bootsfahrten und vieles mehr an. Und natürlich wird der 21. Juni gefeiert, der Tag der Sommersonnenwende, an dem in Grímsey die Mitternachtssonne zu sehen ist. Auf Grímsey heißt dieses Fest Sumarsólstöður. Auch hier werden lokale Speisen, begleitet von einem Unterhaltungsprogramm, angeboten. Dazu gehört unter anderem eine Schiffstour um die Insel.

Dass die Insel auf dem Polarkreis liegt, ist der besondere Stolz der Bewohner. Daher wurde für ein neues Polarkreis-Wahrzeichen ein Wettbewerb ausgerufen. Die Juroren waren einer Meinung, dass der Künstler Kristinn E. Hrafnsson der Sieger des Wettbewerbs ist. Der Vorschlag des Künstlers ist eine Skulptur mit dem Titel *Orbis et Globus*. Dabei handelt es sich um eine Basaltkugel mit einem Durchmesser von drei Metern. Diese wird auf dem durch Grímsey verlaufenden Polarkreis positioniert. Jedes Frühjahr soll die Position der Kugel korrigiert werden, da der Polarkreis Jahr für Jahr aufgrund der Achsenneigung der Erde um circa 14,5 Meter nach Norden wandert, um 2047 das Ende der Landzunge zu erreichen. Die Kugel wird dann an dieser Position verharren, bis der Polarkreis sich wieder Richtung Süden bewegt.

41. GRUND

Weil es in Island den energiereichsten Wasserfall Europas gibt

Es bleibt nicht aus, dass bei der Vielzahl an Wasserfällen, die Island zu bieten hat, auch einige dabei sind, die Gründe darstellen, Island zu lieben. Wasserfälle werden in allen Darreichungsformen geboten. Seien es kleine oder große, schmale oder breite, zarte oder gewaltige, bedrohliche Wasserfälle. Ein Wasserfall der Sorte »bedrohlich« befindet sich im Norden Islands und ist Teil einer Folge von Wasserfällen, die durch den Fluss Jökulsá á Fjöllum (deutsch: »Gletscherfluss auf den Bergen«) gebildet werden.

Dieser reißende und mächtige Fluss wird durch Schmelzwasser des ebenso gewaltigen und größten Gletschers Islands, dem Vatnajökull, gebildet. Er entspringt im Norden des Gletschers und bahnt sich seinen 206 Kilometer langen Weg durch eine besonders karge Region des Hochlands. Er fließt durch Lavafelder vergangener Vulkanausbrüche, vorbei am Tafelberg Herðubreið und passiert auf den letzten Kilometern eine durch ihn selbst gebildete Schlucht, die Jökulsárgljúfur. Letztendlich mündet er in der Nähe von Kópasker in das Nordmeer. Auf seinem Weg bildet er auf wenigen Kilometern drei Wasserfälle mit den Namen Selfoss, Dettifoss und Hafragilsfoss.

Besonders eingehen möchte ich auf den Dettifoss. Seine gewaltigen Wassermassen, die in der Spitze je nach Wetterlage bis zu 193 Kubikmeter pro Sekunde betragen können, fallen auf einer Breite von 100 Metern rund 45 Meter tief und erzeugen eine schäumende Gischt, die höher aufsteigt, als der Wasserfall selber fällt. Dabei rollt das Wasser aufgewühlt mit großer Geschwindigkeit heran und bricht sich schlagartig über der Kante, um dann in gefühltem Zeitlupentempo und mit grollendem Getöse in die Tiefe zu stürzen. Wenn man länger auf das fallende Wasser schaut, hat es fast eine hypnotische Wirkung, und man kann seinen Blick nicht mehr abwenden. Ich könnte Stunden dort sitzen und den nie endenden Wassermassen bei ihrem Fall in die Tiefe zusehen.

Der Dettifoss gilt als der energiereichste Wasserfall Europas, denn die rechnerische Leistung aus Wassermenge und Falltiefe entspricht in etwa 85 Megawatt. Zum Vergleich: Ein durchschnittliches Windrad erzeugt eine Leistung von fünf bis acht Megawatt. Wo wir bei Vergleichen sind: Die pro Sekunde transportierte Wassermenge entspricht ungefähr 3.800 Fässern Bier, die sekündlich entleert werden müssten. Eine weitere Besonderheit des Flusses Jökulsá á Fjöllum ist, dass er eine hohe Menge an Geröll mit sich führt. Durch die Wassermassen werden zusätzlich rund 20 Tonnen feines bis grobes Gesteinsmaterial pro Sekunde bewegt. Dies führt zu einer enormen Schleifwirkung, insbesondere an der Fallkante des Wasserfalls, sodass diese Kante jedes Jahr einen halben Meter flussaufwärts wandert.

Viele Jahre war ein Besuch des Dettifoss nur Fahrern von geländegängigen Allradfahrzeugen vorbehalten, da die Anfahrt sowohl von der Ostseite als auch der Westseite her nur über ruppige Pisten möglich war. Mittlerweile kann man von der westlichen Seite aus über eine gut ausgebaute und asphaltierte Straße zum Dettifoss gelangen. Diese Straße (Straße 862 – Dettifossvegur) zweigt von Reykjahlíð nach ungefähr 26 Kilometern in Richtung Egilsstaðir von der Ringstraße beschildert ab. Sie endet nach 15 Kilometern an einem Parkplatz mit Toilettenhäuschen. Von diesem Parkplatz aus führen markierte Wanderwege zu den Wasserfällen. An den Wasserfällen sind Absperrungen in Form von bodennahen Seilen vorhanden. Diese dienen nicht nur dazu, allzu neugierige Touristen von der Kante der Schlucht fernzuhalten, sondern sollen auch verhindern, dass die Vegetation unnötig zertrampelt wird. Leider halten sich viele der Besucher nicht daran, weil sie meinen, sie müssten das ultimative Bild machen. Das wird zunehmend zu einem Problem und schürt die Diskussionen über Eintrittsgelder oder pauschale Touristenabgaben. Wer ein geländegängiges Allradfahrzeug besitzt, kann den Dettifoss auch über die östliche Seite besuchen. Die Piste F864 zweigt einige Kilometer weiter ebenfalls von der Ringstraße ab. Über diese Piste kann man nach Besuch der Wasserfälle auch weiter nach Norden fahren, um sich die Ásbyrgi-Schlucht anzusehen.

2014 gab es unweit des Flusslaufes des Jökulsá á Fjöllum einen Vulkanausbruch in Form einer Spalteneruption bei Holuhraun. Dabei wurde die seit dem Laki-Ausbruch im 18. Jahrhundert größte Menge an Magma ausgestoßen und ein Lavafeld in der Größe von 85 Quadratkilometern ausgebildet. Das ist in etwa die Fläche von Manhattan. Das ausgetretene Magma kreuzte dabei den Flusslauf des Dettifoss und drohte kurze Zeit ihn zu stauen und damit zum Erliegen zu bringen. Aber das Wasser suchte sich einen neuen Weg um das Lavafeld herum, sodass wir den Dettifoss auch heute noch bewundern können.

Weil die Mücken in Island nicht stechen

Wer sich in den Sommermonaten in Island aufhält, muss hinsicht-
lich der Flora und Fauna mit einigen Überraschungen zurechtkom-
men. Eine dieser Überraschungen ist, dass es in Island Mücken gibt.
Im Prinzip auf der ganzen Insel, doch an einem Ort ganz besonders.
Und wie das auf Island so ist: Wenn etwas da ist, dann richtig. An
diesem Ort gibt es so viele Mücken, dass er gleich den passenden
Namen bekommen hat. Die Rede ist vom Mývatn, einem Binnensee
im Norden Islands, direkt an der Ringstraße gelegen. Der Name
des Sees setzt sich aus zwei Worten zusammen: »Mý«, auf Deutsch
Mücke, und »Vatn«, auf Deutsch See. Also ist dies der Mückensee.
Jedes Jahr im Sommer schlüpfen hier Billionen und Aberbillionen
von Mücken, die in dichten Schwärmen über dem Wasser und den
ufernahen Gebieten surren und teilweise schwarze Säulen bilden.
So nennt der Isländer diese Mücken auch gerne Staubmücken (isländisch: »Rykmý«).

Aber stechfreundliche Menschen seien beruhigt. Es handelt sich
um Zuckmücken, die alles tun, aber nicht stechen. Dennoch sind
diese Mücken im Sommer äußerst unangenehm, werden sie doch
von dem ausgeatmeten Kohlendioxid angezogen und versuchen
ständig, in Mund und Nase einzudringen. Ich kann aus eigener
Erfahrung versichern, dass das extrem lästig ist, insbesondere für
einen Fotografen wie mich, denn es fällt einem sehr schwer, die
Kamera ruhig zu halten, während einem Hunderte Mücken um
den Kopf kreisen. Da nimmt man es gerne in Kauf, ein wenig idio-
tisch auszusehen und stülpt sich eines der in dieser Region an jeder
Tankstelle zu erwerbenden Fliegennetze über den Kopf, die einen

aussehen lassen, als wäre man ein verhinderter Imker. Oder man wartet auf Wind, denn dann sind die Mücken auch nicht unterwegs.

Doch was des einen Leid, ist des anderen Freud. Die Mücken stellen eine unermessliche Nahrungsquelle für die Fische dar und sorgen so für einen starken Fischbestand im See und für zahlreiche Seevögel, insbesondere diverse Entenarten. Und sieht man von den Mücken ab, ist die Region des Mývatn eine sehenswerte Region, die viele Dinge zu bieten hat und auf jeden Fall einen mehrtägigen Aufenthalt wert ist.

Der See liegt aus Richtung Reykjavík kommend circa 80 Kilometer hinter Akureyri, direkt an der Ringstraße. Er ist mit einer Größe von 37 Quadratkilometern einer der größten Binnenseen Islands und in weiten Teilen nicht sehr tief. Die tiefste Stelle beträgt gerade mal etwas über vier Meter. Das Gebiet rund um den See ist von fruchtbaren Böden geprägt, daher finden sich dort zahlreiche Höfe mit landwirtschaftlichem Anbau oder Viehzucht. Im Kontrast dazu stehen die durch Vulkanismus geprägten, teils vegetationslosen und gar lebensfeindlichen Gebiete des Vulkansystems Krafla, das im Laufe der Jahrtausende durch zahlreiche Ausbrüche das Aussehen dieser Region bestimmt hat. Der letzte Ausbruch endete in den 1980er-Jahren und bildete ein Lavafeld beim Vulkan Leirhnjúkur, das sich 14 Kilometer vom Mývatn entfernt befindet.

Das Vulkansystem der Krafla hat noch eine mystisch klingende Region erschaffen, die die Heimat der 13 Weihnachtsmänner ist, mehr dazu in Grund 74: »Weil es in Island 13 Weihnachtsmänner gibt«. Aber es geht noch weiter. Neben dem bereits in Grund 7: »Weil eine Hautmaske beim Schwimmbadbesuch inbegriffen ist« angesprochenen Schwimmbad und dem im Grund 39: »Weil man in Island in einem Café beim Melken zusehen kann« genannten Café gibt es noch ganz besondere Krater zu sehen, die keine sind (siehe Grund 44: »Weil in Island nicht jeder Krater echt ist«). Und das ist nur eine kleine Auswahl der Dinge, die man rund um den Mývatn sehen kann. Da vergisst man auch schnell die lästigen Mücken.

Weil man in Island der Lava beim Abkühlen zusehen kann

Nicht unweit des Mývatn befindet sich eines der großen Vulkansysteme Islands mit dem Namen Krafla. Es hat eine Länge von 100 Kilometern und beherbergt den gleichnamigen Vulkan Krafla, der über eine Höhe von über 800 Metern verfügt. Der letzte Ausbruch war das sogenannte Krafla-Feuer, das sich zwischen 1975 und 1984 über einen Zeitraum von neun Jahren hinzog. Dabei wurde an der Nordflanke des zum Krafla-System gehörigen Vulkans Leirhnjúkur eine große Menge Magma ausgestoßen. Das dabei entstandene Lavafeld kühlt noch heute ab und dampft und gast aus zahlreichen Spalten und Löchern aus.

Markierte Wege führen auf den Vulkan und durch das Lavafeld. Diese Wanderung ist nichts für Menschen mit empfindlicher Nase, da die Gase Schwefelwasserstoff und andere Schwefelverbindungen enthalten. So riecht es dort nach faulen Eiern und verbrannten Streichhölzern. Erreicht werden kann das Gebiet, wenn man vom Mývatn kommend die Ringstraße weiter in Richtung Egilsstaðir fährt. Die Ringstraße führt dabei kurz vor Reykjahlíð nach rechts. Auf einer schnurgeraden Straße verändert sich die Umgebung rasch von noch begrünten Flächen zu unwirklichen, vegetationslosen Flächen, die in orangeroten, orangegelben bis schwarzroten Farben in der Sonne leuchten.

Nach ungefähr drei Kilometern, kurz bevor die Ringstraße auf einen Pass über den Námafjall führt, befindet sich auf der linken Seite ein türkisblau leuchtender See, der wie von einer anderen Welt inmitten einer orangegelben Wüste aus Sand und Geröll liegt. Hierbei handelt es sich um das vom in der Nähe befindlichen Kraftwerk Bjarnarflag abgeleitete »Abwasser«. Das Wasser stammt ursprünglich aus Tiefen von bis zu 2.000 Metern und ist durch geothermale Hitze auf Temperaturen von über 200 Grad erhitzt. Zutage gefördert dient es zur Erzeugung von Strom und Fernwärme. Dabei kühlt das Wasser ab und wird dann abgeleitet, woraufhin es sich in dem kleinen See direkt an der Ringstraße staut. Die im Wasser gelösten Salze und die sich bildenden Kieselalgen lassen das Wasser so milchig-blau erscheinen. Dabei handelt es sich um denselben Prozess wie in der Blauen Lagune. Allerdings ist das Wasser hier in der Regel noch zu heiß, um darin zu baden, und zahlreiche Warnschilder weisen den Besucher eindeutig auf diese Gefahr hin. Wer in solchem Wasser baden möchte, kann dies direkt gegenüber tun, denn dort befindet sich das Jarðböðin við Mývatn oder auch Mývatn Nature Baths genannte Schwimmbad, das einem ein ähnliches Badevergnügen wie die Blaue Lagune verspricht.

Der Ringstraße weiter folgend befährt man den Pass Námaskarð, der einen über den Námafjall führt. Dieser ebenfalls zum Krafla-System gehörende Vulkan mit einer Höhe von 592 Metern ist übersät von Fumarolen und Solfataren. Insbesondere an der Ostseite befindet sich eines der beliebtesten Hochtemperaturgebiete mit dem Namen Hverarönd. Der orangerote, vegetationslose Boden, der an vielen Stellen von gelben Schwefelflecken bedeckt ist, weckt in mir immer Assoziationen mit dem Mars. Noch bevor man den höchsten Punkt der Passstraße erreicht hat, kommt auf der rechten Seite ein Parkplatz, an dem fast jeder Tourist Halt macht. Von hier hat man einen Blick über das Gebiet rund um den Mývatn und kann bei guten Wetterbedingungen gefühlt bis an den Nordpol schauen, so endlos erscheint einem der Horizont.

Nach Überquerung der höchsten Stelle geht es auf der anderen Seite des Námafjall auch direkt wieder bergab, und rechter Hand kann man das Hochtemperaturgebiet Hverarönd überblicken. Aus unzähligen Fumarolen und Solfataren blubbert und zischt es unablässig. Alles ist in einen Geruch nach faulen Eiern und abgebrannten Streichhölzern eingehüllt, und man braucht eine starke Nase und einen ebensolchen Magen, um diese Gerüche zu ertragen.

Besonders beeindruckend sind die großen Schlammtöpfe, in denen durch Schwefelsäure gelöstes Gestein vor sich hin blubbert oder kocht. Als würde man in die Kochtöpfe des Teufels blicken.

Knapp einen Kilometer nach Hverarönd geht es links auf die Straße 863, die einen an einem weiteren Geothermalkraftwerk vorbeiführt, dem Kröflustöð. Die Straße hält noch eine besondere Überraschung parat, zu der es im Grund 91: »Weil in Island Getränkeautomaten im Nirgendwo stehen« Näheres zu lesen gibt. Die roten Kraftwerksbauten, die durch zahlreiche, silber umhüllte Rohre miteinander verbunden sind, wirken inmitten dieser unwirklichen Landschaft wie die Basislager einer Weltraumexpedition auf einem fernen Planeten. Man durchfährt einen Rohrbogen, der die Straße überspannt, und erreicht nach einer kurzen und steilen Auffahrt den Parkplatz, von dem aus man zum dampfenden Lavafeld des Leirhnjúkur wandern kann. Die Straße selbst führt nach rechts noch ein Stück weiter und endet an einem weiteren Parkplatz, von dem man wiederum ein anderes Relikt der Vulkanausbrüche erreicht, den mit Wasser gefüllten Krater Víti, der ähnlich wie ein Maar in der Eifel ist.

Aber das Gebiet des Krafla-Vulkansystems ist nicht das einzige in Island, in dem man Lava beim Abkühlen zusehen kann. Auch der 1973 entstandene Vulkan Eldfell kühlt noch heute aus. Und ganz aktuell gibt es das 2014 entstandene Lavafeld des Spaltenausbruchs bei Holuhraun, das allerdings aufgrund seiner Lage inmitten des Hochlandes nur mit entsprechenden Fahrzeugen erreicht werden kann.

Weil in Island nicht jeder Krater echt ist

Südlich des Mývatn wird man beim Blick auf den See kleine Krater entdecken, die zum Teil am Ufer und zum Teil als kleine Inseln im See liegen. Diese Region am Mývatn heißt Skútustaðir, eine kleine Gemeinde, deren Häuser und Höfe verstreut liegen. Es ist eine fruchtbare Region, und so leben viele Menschen dieser Gemeinde von Landwirtschaft und Viehzucht. Aber es geht hier nicht um die Menschen, sondern um die Krater, die von vielen Touristen gerne besucht werden, da sie doch so perfekt wie ein Vulkankrater geformt sind und markierte Wege zu ausgiebigen Spaziergängen einladen. Vor allem bei schönem Wetter ist diese Region mit den blumenreichen Wiesen, dem dunklen Blau des Sees und dem hellen Blau des Himmels eine Augenweide.

Was hier allerdings wie ein Krater aussieht, ist gar keiner. Jedenfalls keiner im klassischen Sinne, der durch den Austritt von Magma aus dem Erdinneren entstanden ist. Nein, es handelt sich um sogenannte Pseudokrater, die auch in anderen Regionen Islands, so zum Beispiel in der Nähe von Kirkjubæjarklaustur, zu finden sind. Entstanden sind sie durchaus bei einem Vulkanausbruch, bei dem sich das aus der Erde austretende Magma über ein Sumpfgebiet ergoss. Dabei wurde Wasser vom Magma eingeschlossen und verdampfte in kleinen Explosionen, die dann die Pseudokrater entstehen ließen. In der Vulkanologensprache werden diese Explosionen als »phreatische Explosionen« bezeichnet.

Sei's drum, ob echt oder nicht. Hübsch anzusehen sind sie allemal, und von den Kratern hat man einen tollen Blick über den Mývatn. Erreicht werden die Pseudokrater über die Ringstraße, die an dieser Stelle direkt am Mývatn vorbeiführt.

Weil man in Island dunkle Burgen besuchen kann

Südöstlich des Mývatn ist eine weitere Besonderheit Besuchsziel vieler Touristen. Dimmuborgir (auf Deutsch: »dunkle Burgen«) ist ein Lavafeld der besonderen Art. Zum einen ist es die Heimat vom Trollweib Grýla, der Mutter der 13 Weihnachtsmänner, die in Island jedes Jahr zu Weihnachten ihren Schabernack mit den Menschen treiben. Und zum anderen ist es ein großes begehbares Areal, welches von bizarren Lavaformationen geprägt ist, die dem Gebiet seinen Namen gaben. Wie dunkle kleine Burgen und Ruinen ragen die Lavaformationen in den Himmel. Es ist alles dabei: Zinnen, Bögen und Türme, geformt aus erkalteter Lava. Dazwischen kleine Birken, die im ganzen Gebiet wachsen und mit ihrem Grün im Kontrast zu dem Rostrot der Lava stehen.

Ähnlich der Entstehung der Pseudokrater von Skútustaðir spielen auch in Dimmuborgir Magma und Wasser eine Rolle. Bei einem Ausbruch, der sich vor ungefähr zwei Jahrtausenden ereignet hat, wurde ein Magmastrom an seiner Lauffront so stark abgekühlt, dass er zum Erliegen kam und einen Damm bildete. Hinter diesem staute sich das flüssige Magma und begrub ein Sumpfgebiet unter sich. Doch anders als in Skútustaðir wurde das Wasser nicht explosionsartig verdampft und bildete Pseudokrater, sondern der Dampf suchte sich an vielen Stellen seinen Weg durch das Magma ins Freie und kühlte entlang seiner Austrittskanäle das Magma so stark ab, dass dieses ebenfalls erstarrte. Durch den Druck des nachströmenden Magmas brach irgendwann der Damm auf, und das Magma floss ab und ließ die zu Lava erstarrten Säulen zurück, die heute Dimmuborgir bilden. Die bizarren Felsformationen können über eine kurze Stichstraße erreicht werden, die direkt von der Ringstraße abzweigt (aus Reykjavík kommend circa acht Kilometer vor Reykjahlíð). Am Ende der Straße gibt es einen Parkplatz und ein Café mit Souvenirshop.

Direkt neben Dimmuborgir befindet sich Hverfjall, ein riesiger Tuffkrater mit einem Durchmesser von knapp 1.000 Metern. Auf diesen kann man ebenfalls wandern und sich oben angekommen in ein kleines Gästebuch eintragen, das in einem Holzkasten aufbewahrt wird. Der etwas mühselige Aufstieg über den steilen und von losem Tuff bedeckten Pfad wird durch einen spektakulären Blick über den Mývatn belohnt.

46. GRUND

Weil man in Island die Mondlandung üben kann

Islands Hochland ist eine meist vegetationslose und von Bergen und weiten Ebenen geprägte Landschaft, in der sich die Natur von ihrer härtesten Seite zeigt. Der Vulkanismus der Insel hat im Hochland riesige Lavafelder und Geröllwüsten hinterlassen, die an die wasserlose Oberfläche des Mondes erinnern. Und genau dies hat auch die NASA entdeckt und ihre Astronauten zur Vorbereitung der Mondlandungen in Island trainiert. Dabei übten sie an verschiedenen Orten in Island, unter anderen in der Nähe von Keflavík auf der Reykjanes-Halbinsel und im Gebiet der Askja, einem Vulkankrater inmitten des Hochlands in der Nähe vom Mývatn.

Die Trainings fanden in den Jahren 1965 und 1967 für die erste Mondlandung statt, mit dabei waren Buzz Aldrin und Neil Armstrong. Die Isländer waren schon damals sehr stolz auf diesen Umstand, und so wurden die Astronauten in Form einer ganzseitigen Anzeige in der *New York Times* mit einem Schreiben des damaligen isländischen Präsidenten Ásgeir Ásgeirsson begrüßt. In Island ließ es sich der damalige isländische Premierminister Bjarni Benediktsson nicht nehmen, die Astronauten bei ihren Trainings in der Askja-Region zu besuchen.

Auch heute noch verweisen Isländer gern auf die Bedeutung ihres Landes für die erste Mondlandung, und so sind in vielen Museen oder Ausstellungen immer wieder Bilder von den Astronauten auf Island zu finden. Der über die Grenzen Islands hinaus bekannte Maler Erró hat ein für ihn typisches Gemälde im Collage-Stil geschaffen, das im Hintergrund christliche Motive zeigt und im Vordergrund die Astronauten der ersten Mondmission abbildet. Und viele Isländer sind der festen Überzeugung, dass es ohne Island keine Mondlandungen gegeben hätte.

47. GRUND

Weil in Island Waschtrommeln zu Backöfen werden

Wie gut die Isländer die natürliche geothermale Energie zu nutzen wissen, zeigt sich in den geothermalen Kraftwerken, die genügend Strom und Wärme produzieren, um so ziemlich alle Haushalte zu versorgen. Aber neben der Versorgung mit warmem Wasser und Strom, neben dem Baden in Hot Pots oder dem erwärmten Nordmeer haben einige Isländer andere Ideen entwickelt und damit erfolgreiche Konzepte realisiert. So zum Beispiel die Familie von Ólöf Hallgrimsdóttir, die ich schon im Grund 39: »Weil man in Island in einem Café beim Melken zusehen kann« erwähnt habe.

Neben ihrer genialen Idee, ein Café direkt angrenzend an den Stall zu bauen und damit die Möglichkeit zu bieten, die Kühe im Stall und das Melken zu beobachten, kam die Familie auch darauf, die geothermale Energie mal anders zu nutzen. So vergrub Ólöf an einer heißen Stelle im Boden einige alte Waschtrommeln. Durch die geothermale Energie entstehen im Inneren der Waschtrommeln Temperaturen von 80 bis 100 Grad, welche sich bestens zum Backen eines von Ólöf so genannten »Geysirbrotes« eignen. Dieses malzige und damit etwas süßliche Brot aus einem dunklen Teig backt bei der niedrigen Temperatur mehrere Stunden in den Waschtrommeln und erfreut sich bei den Gästen von Café und Restaurant größter Beliebtheit.

Eine ähnliche Idee hatte auch die auf Heimaey lebende Deutsche Ruth Zohlen, die einst als Reiseführerin nach Island ausgewandert ist und dort nun ein eigenes Gästehaus betreibt. Sie backt ihren Brotteig in Blechdosen, die sie wiederum in den Bergflanken des 1973 entstandenen Vulkankraters Eldfell vergräbt. Auch diese Brote backen über mehrere Stunden in dem heißen Boden und sind bei den Gästen von Ruth sehr begehrt. Wer ihr Brot genießen oder in ihrem Gästehaus übernachten möchte, kann sich über ihre Facebook-Seite weitere Informationen holen: www.facebook.com/pages/Gästehaus-Hreiðrið/155043761231018.

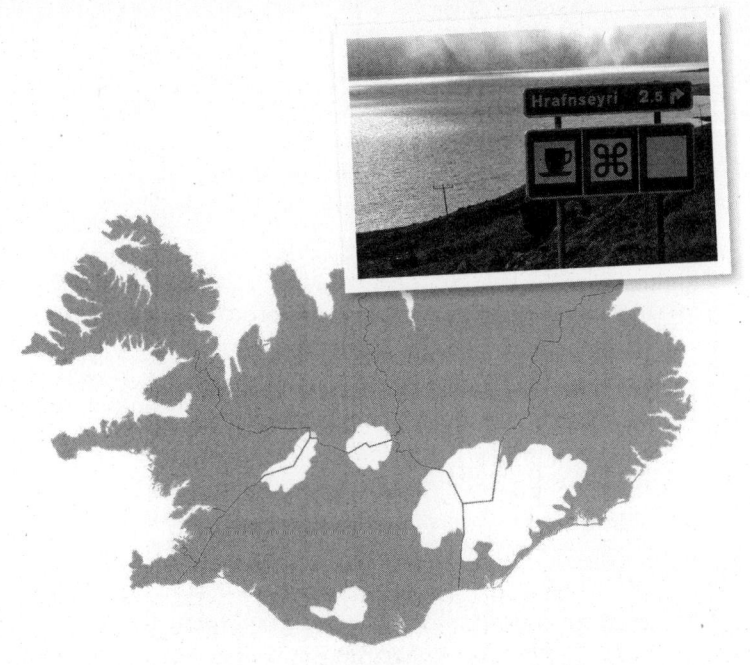

6. KAPITEL

REISEN UND LEBEN IN ISLAND

Weil man auf einer Straße
einmal um die Insel fahren kann

Wie für viele Inseln typisch, gibt es auch in Island eine Straße, die einen einmal um die Insel führt. Diese Straße mit der Ordnungsnummer 1 wird als Ringstraße (Hringvegur) bezeichnet, selten auch als Nationalstraße (Þjóðvegur). Die Ringstraße hat keinen Anfang und kein Ende und weist eine Länge von 1.339 Kilometern auf. Sie verbindet im Uhrzeigersinn unter anderem die Städte Reykjavík, Borgarnes, Akureyri, Egilsstaðir, Höfn, Vík í Mýrdal und Selfoss miteinander. Bis auf zwei kleine Teilstücke im Südosten Islands ist sie durchgehend asphaltiert und in der Regel ganzjährig befahrbar. Sie stellt die wichtigste Verbindung zu Lande dar, über die die gesamte Infrastruktur Islands mit Waren und Material versorgt wird. Daher ist sie gut und bis auf wenige Brücken zweispurig ausgebaut. Im Stadtgebiet von Reykjavík sogar mehrspurig.

An zwei Stellen führt die Ringstraße durch einen Tunnel. Im Westen Islands wird sie zwischen Reykjavík und Borgarnes durch einen Tunnel unterhalb des Hvalfjörður (deutsch: »Walfjord«) geführt. Dieser weist eine Länge von knapp sechs Kilometern auf und liegt 165 Meter tief unter der Erde. Dieser Tunnel mit dem Namen Hvalfjarðargöng ist mautpflichtig. Die Maut wird am nördlichen Ende des Tunnels erhoben. Der zweite Tunnel liegt auf der gegenüberliegenden Seite Islands im Osten und trägt den Namen Almannaskarðsgöng. Er ist mautfrei und hat eine Länge von 1.312 Metern. Er durchquert den Almannaskarð, der früher nur über eine Passstraße mit 17 Prozent Steigung zu überwinden war.

Ihren Ursprung hat die Ringstraße im Ausbau einer Verbindung zwischen Reykjavík und der im Norden liegenden Stadt Akureyri, in Richtung Südosten in einer Verbindung zwischen Reykjavík und dem Ort Selfoss. Dabei führte die Verbindung in Richtung Norden über die Holtavörðuheiði, eine Hochebene zwischen Bifröst und dem Fjord Hrútafjörður, und war nicht vergleichbar mit dem heutigen Ausbauzustand. 1936 besuchte das dänische Kronprinzenpaar Island und fuhr auf dieser Stecke nach Akureyri. Von Isländern wurde dies aufgrund des schlechten Zustands der Piste als Heldentat gefeiert. Noch heute erinnert eine Infotafel an einem alten Teilstück der Strecke (am Kattahrýggur) an diese Fahrt des Kronprinzenpaars.

Noch bis spät in die 1970er-Jahre benötigte man für eine Fahrt von Reykjavík nach Akureyri zwölf bis 14 Stunden. Heute ist dies in sechs bis acht Stunden machbar. In den 1970ern wurde auch der südliche Teil der Ringstraße nach Höfn ausgebaut und fand am 14. Juli 1974 mit der Brücke über den Gletscherfluss Skeiðará seine Fertigstellung. Dabei war man sich der Gefahren von Gletscherläufen in dieser Region durchaus bewusst, im Jahre 1996 sollte es dann ja auch tatsächlich einen gewaltigen Gletscherlauf geben (siehe Grund 33: »Weil die meisten Brücken Islands einspurig sind«).

Die Isländer pflegen ihre Ringstraße und legen viel Wert darauf, dass sie stets passierbar ist. So wurde zum Beispiel 2011 eine durch einen Gletscherlauf zerstörte Brücke binnen acht Tagen durch ein 156 Meter langes Provisorium ersetzt, um den Verkehr in Richtung Osten wieder reibungslos zu ermöglichen. Während des Baus des Provisoriums wurden die Kleinwagen der Touristen huckepack von schweren geländegängigen Lastkraftwagen durch den Fluss gefahren. Und das kostenlos. So etwas ist nur in Island denkbar. Die Bürokratie in Deutschland würde alleine schon Wochen in Anspruch nehmen, um überhaupt darüber zu entscheiden, ob ein Provisorium gebaut werden darf.

Auch für Touristen stellt die Ringstraße die beliebteste Route dar, führt sie einen doch einmal durch beziehungsweise um Island herum. Lediglich die Frage, ob man im Uhrzeigersinn oder gegen den Uhrzeigersinn fahren sollte, führt zu fast philosophischen Diskussionen.

Weil es in Island besondere Verkehrsschilder gibt

Autofahren in Island ist nicht vergleichbar mit Autofahren in Deutschland. Es werden wesentlich mehr fahrerisches Können und Aufmerksamkeit abverlangt. Positiv ist aber, dass auch das Verkehrsaufkommen nicht mit dem in Deutschland vergleichbar ist und Staus in der Regel nicht vorkommen. Um in Island mit dem Auto unterwegs zu sein, sollte man sich vorher ausgiebig informieren. Eine wichtige Informationsseite dazu ist die des isländischen Straßenverkehrsamtes unter www.safetravel.is, auf der auch Informationsbroschüren in deutscher Sprache heruntergeladen werden können. Ist man in Island unterwegs, ist es ratsam, vor Antritt der Fahrt unter www.vegagerdin.is/english einen Blick auf die Informationsseite des isländischen Straßenverkehrsamtes zu werfen. Dort sind Straßenzustand und Befahrbarkeit aller Straßen in Island einsehbar. Insbesondere bei Fahrten abseits der Ringstraße ist dies ein Muss, da im Hochland auch im Sommer Straßen unpassierbar sein können.

Und auf einen Umstand möchte ich auch hinweisen. Island ist für viele Offroad-Enthusiasten ein beliebtes Ziel, aber man muss sich immer auf offiziellen Straßen und Pisten aufhalten. Echtes Offroad, also einfach querfeldein mit dem Fahrzeug durch die Natur zu fahren, ist schlichtweg verboten und wird mit hohen Geldstrafen geahndet. Die Natur Islands ist sehr empfindlich, und Wunden, die durch das Offroad-Fahren abseits von Straßen und Pisten gerissen werden, brauchen Jahrzehnte, bis sie wieder geheilt sind.

Die Verkehrsschilder in Island entsprechen den international üblichen Schildern und sind grundsätzlich gut zu erkennen oder zu interpretieren. Formen und Figuren weichen von den deutschen Schildern manchmal etwas ab, zum Beispiel haben die Gefahren- oder Verbotszeichen einen roten Rand, sind aber im Inneren gelb statt wie bei uns weiß. Falls die Schilder Hinweise in isländischer Sprache enthalten, sind diese entweder so selbsterklärend, dass keine Zweifel über ihre Bedeutung bleiben, oder werden durch ein Piktogramm ergänzt. Oft folgt zusätzlich auch eine Erklärung des Schildes in englischer Sprache.

Den Besonderheiten der isländischen Landschaft mit vielen Flüssen, einsamen Landstrichen, abgelegenen Straßen und kurvigen, schmalen Pisten sind einige besondere Schilder geschuldet. Auf der Ringstraße 1 lernt man spätestens im Skeiðarársandur das Schild der nur einspurig zu befahrenden Brücke kennen. Es enthält den Text »EINBREIÐ BRÚ«. Wenn man auf solch eine Brücke zufährt, schaut man auf die andere Seite der Brücke. Falls dort Gegenverkehr zu sehen ist, schätzt man ab, wer als Erster an der Brücke eintreffen wird. Derjenige darf zuerst auf die Brücke fahren, der andere wartet ab und lässt den Gegenverkehr vorbei. Diese Methode funktioniert an allen einspurigen Brücken in Island. Die Brücke im Skeiðarársandur ist allerdings mit 904 Metern so lang, dass man nicht bis ans andere Ende blicken kann, daher sind auf ihr mehrere Ausweichbuchten vorhanden. Auch für Tunnel gibt es solche Hinweisschilder. Diese enthalten dann den Text »EINBREIÐ GÖNG«. Kurz vor Ísafjörður gibt es einen Tunnel, der nur einspurig zu befahren ist. Im Tunnel gibt es zahlreiche Nothaltebuchten, sodass man sich unter der Beachtung des Gegenverkehrs von Bucht zu Bucht vorarbeiten kann.

Ein weiteres typisch isländisches Schild findet sich in hügeligem Gelände. Die Straßen sind, vor allem abseits der Touristenstrecken, meist schmal und unübersichtlich. Vor Bergkuppen sind daher oft Schilder mit dem Schriftzug »BLINDHÆÐ« oder »BLINDHÆÐIR«

zu finden. Diese Schilder warnen davor, dass man entgegenkommende Fahrzeuge nicht sehen kann. Und das meint der Isländer ernst. Hier ist langsames Fahren Richtung Bergkuppe ratsam, außerdem orientiert man sich am besten am rechten Fahrbahnrand. Man muss immer damit rechnen, dass entgegenkommende Fahrzeuge trotz eingeschränkter Sicht recht schwungvoll über den Hügel kommen.

Island verspricht gerade auch Offroad-Enthusiasten noch Abenteuer abseits ausgebauter Straßen mit Furten von Flüssen und Fahren auf Schotter, Kies und sandigen Pisten. Mit dem eigenen Auto oder mit einem Leihwagen machen sie sich auf den Weg, um die Natur möglichst hautnah zu erleben. Allerdings sollten Mieter eines Leihwagens vor Fahrten über Offroad-Strecken genau die Bedingungen ihres Mietwagenunternehmens studieren. Es gibt einige Strecken, die nicht befahren werden dürfen. Bei Nichtbeachtung erlischt sämtlicher Versicherungsschutz.

Das Schild mit dem Text »MALBIK ENDAR« und der Abbildung eines Pkw mit von den Reifen wegspringenden Steinchen weist darauf hin, dass die asphaltierte Strecke endet und in eine Schotterpiste übergeht. Auch hier sollte man langsam fahren, denn der Übergang zwischen Asphalt und Schotter kann sehr ausgeprägt sein. Besondere Aufmerksamkeit ist auch bei dem Schild mit dem Schriftzug »SYLSASVÆÐI« geboten, da dieses auf eine Strecke hinweist, auf der es häufiger zu schweren Unfällen kommt. Andere Verkehrsschilder haben die Ausstattung des Wagens zum Inhalt; sie verbieten die Benutzung der Straße für normale Pkw und erlauben sie nur für 4x4-Fahrzeuge, also Fahrzeuge mit Allradantrieb und höher gelegten Chassis. Diese Schilder weisen den Schriftzug »ILLFÆR VEGUR« auf. Ist zusätzlich noch das Schild mit dem Schriftzug »TORLEIÐI« angebracht, muss man sich auf eine besonders harte Piste einstellen, die nur speziell ausgerüsteten Allradfahrzeugen vorbehalten ist. Es gibt auch Schilder, die auf eine Flussdurchquerung hinweisen, die man ebenfalls nur mit einem 4x4-Wagen antreten sollte. Sie enthalten den Text »ÓBRÚAÐAR ÁR«. Es sind in Island immer wieder Touristen zu sehen, die diese Schilder ignorieren und das Auto und sich selbst in Bedrängnis bringen. Tipps für das richtige Queren eines Flusses mit dem Auto sind auf oben angegebener Seite des isländischen Straßenverkehrsamtes oder im Grund 61: »Weil in Island Flüsse mit dem Auto durchquert werden« zu finden.

Gerade das Schild »LOKAÐ«, also für gesperrte Straße, fordert manche Touristen dazu auf, nun erst recht die Strecke zu fahren. Dies führt nicht selten zu Rettungsaktionen des isländischen Rettungsdienstes Björgunarsveit. Ein weiteres Schild, das auf die Unpassierbarkeit von Straßen hinweist, ist mit dem Text »ÓRÆFI« versehen, oft aber mit einem englischen Schild »Impassable« kombiniert. Auch dieser Hinweis ist ernst zu nehmen, denn wenn die Isländer eine Straße für unpassierbar halten, dann ist sie das auch.

Ein besonderes Schild ist übrigens noch in Þingvellir zu finden. Da sich in den Erdspalten zwischen den tektonischen Platten Wasser befindet, welches Profis zum Tauchen einlädt, warnt ein Schild in der Nähe die Autofahrer vor querenden Tauchern, die mitunter in voller Montur die Straße passieren.

50. GRUND

Weil man sein Auto kostenlos waschen kann

Island verfügt über ein sehr ausgeprägtes Netz von Tankstellen. Dabei wird man die üblichen weltweit bekannten Firmen vermissen, da Island über eigene Tankstellenanbieter verfügt. N1 oder Olis decken den Bedarf an größeren Straßen wie auch in abgelegenen Landesteilen ab. Dabei übernehmen die Tankstellen noch mehr als bei uns die Funktion einer zentralen Anlaufstelle für Reisende und ortsansässige Bewohner. Bei uns gibt es erst seit einigen Jahren die Möglichkeit, an Tankstellen wie in einem Supermarkt einzukaufen und einen Imbiss einzunehmen, bei den Isländern ist dies schon länger üblich. Viele Tankstellen unterscheiden sich im Inneren nicht viel von normalen Supermärkten. Da die Ortschaften oft klein sind und wenige Einwohner haben, decken sich die Bewohner, die in der Nähe wohnen, hier mit den notwendigsten Haushaltsdingen ein.

In größeren Tankstellen findet sich immer auch der obligatorische Imbiss. Es wird eine oft selbst gemachte und sehr leckere Tagessuppe angeboten, außerdem die üblichen Fast-Food-Gerichte wie Hotdogs, Hamburger, Pommes und Pizza. Selbstverständlich wird auch an das Eigentliche gedacht, das Auto. Die Zapfsäulen sind anders als in Deutschland häufig mit Kreditkarten oder Karten mit Maestro-Funktion zu bedienen. Dabei wird die Karte eingeführt, die PIN eingegeben, getankt, die Karte wieder eingegeben und eine Quittung ausgedruckt. Gerade bei kleinen Tankstellen in abgelegenen Gegenden findet man oft nur unbemannte Tanksäulen ohne weitere Aufsichtspersonen. Bei den großen Tankstellenketten wie N1 hat man die Möglichkeit, Karten mit Tankguthaben zu erwerben und dieses Guthaben dann nach und nach aufzubrauchen, falls man über keine Kreditkarte verfügt.

Natürlich gibt es an den Tankstellen immer die Gelegenheit, Luft nachzufüllen. Gerade die Halter großer Offroad-Fahrzeuge, die je nach Gelände Luft ablassen oder zuführen müssen und keinen eigenen Kompressor an Bord haben, nutzen diese Geräte gerne. Für uns, die an Tankstellen oft schon für das Einfüllen von Luft bezahlen müssen, ist es eine nette Überraschung, dass dies in Island überall kostenfrei ist.

Sehr beeindruckt ist man dann aber, wenn man sein nach Fahrten über Schotter- und Sandpisten verdrecktes Auto waschen möchte und feststellt, das auch dies nichts kostet und das Wasser meistens auch noch warm aus den Schläuchen kommt. Waschanlagen, wie wir sie kennen, wird man aber außerhalb der großen Ballungszentren nicht antreffen. An den Tankstellen stehen Waschplätze zur Verfügung, an denen ein Schlauch mit Bürste zum Abschrubben des Fahrzeugs bereit liegt. Für mich war der Zustand dieser Waschplätze auch immer ein Indiz dafür, wie gut oder schlecht die Tankstelle geführt wird. Leider ist es oft so, dass die Schläuche undicht sind und insgesamt einen alten verwitterten Eindruck machen. Wenn man mit so einem Schlauch sein Auto wäscht, ist man gleich mitgewaschen. Aber wie sagt man in Deutschland: »Einem geschenkten Gaul guckt man nicht ins Maul.« Von daher ist kostenloses Autowaschen in Island für Autoliebhaber paradiesisch und ein Grund, Island zu lieben.

51. GRUND

Weil man in Island nur 15 Minuten auf anderes Wetter warten muss

Wenn man sich als Urlauber per Flugzeug oder Schiff auf die Reise nach Island begibt, hat man sich im Allgemeinen schon im Internet oder in Reiseführern über das Wetter in Island informiert und weiß, dass dort eher gemäßigte Temperaturen auf einen warten. Milde Winter und kühlere Sommer sind in der besonderen Lage Islands begründet: Genau südlich von Island verläuft der Golfstrom. Beste Reisezeit ist zwischen Ende Juni und Anfang September, dann ist in Island Sommer. Wenn man Glück hat, kann man bei über 20 Grad die Sonne in den Straßencafés in Reykjavík genießen, durch die Geschäfte auf der Laugavegur bummeln oder in Freibädern im warmen Wasser in die Sonne schauen. Auch die Ausflüge zu den Sehenswürdigkeiten außerhalb Reykjavíks bereiten dann sehr viel Spaß und man kann ohne Probleme Fotos machen, die mit jeder Postkarte mithalten können.

Grundsätzlich ist das Wetter aber sehr wechselhaft. Ich habe im Sommer 2008 tatsächlich Temperaturen von knapp 30 Grad erlebt. Es kann aber auch tagelang so nebelig und verregnet sein, dass man das Gefühl hat, alle Berge sind in einer Höhe von 100 Metern abgeschnitten worden. Es können alle Arten von Regen auftreten, über klein und fisselig bis hin zu dicken Tropfen, die mit Windböen für durchnässte Kleidung sorgen. Interessierte, die sich für verschiedene Wolkenformationen begeistern können, sind in Island am richtigen Ort. Die Wolken wechseln ständig; manchmal ist keine Wolke am Himmel zu finden, dann wieder hängen sie so tief, dass man meint, sie mit der ausgestreckten Hand greifen zu können. Man kann in Sandstürme gelangen oder im Hochland mitten im Sommer kleine Schneestürme und Wintereinbrüche erleben. Alles ist möglich, alles ändert sich ständig, manchmal innerhalb von Minuten.

Für die Touristen ist das Wetter durchaus ein Thema, für Isländer überhaupt nicht. Diese legen hier eine philosophische Gelassenheit an den Tag. Sie tragen bei sonnigem Wetter schon ab gefühlten zehn Grad kurze Hosen und Flip-Flops und werden von den Touristen, die sich wegen des eigentlich immer herrschenden Windes von ihren Outdoorjacken und -hosen nicht trennen können, ein wenig neidisch betrachtet. Die Isländer nehmen das Wetter, wie es kommt, man kann es ja nicht ändern. Man zieht sich einfach entsprechend an. Diese Einstellung lässt sich auf viele Lebenssituationen übertragen, wie die allgegenwärtige Lebensweisheit »Þetta reddast« – »das wird schon« – deutlich macht. Auf das Wetter übertragen wird diese Einstellung an folgendem alten isländischen Sprichwort klar: »Wenn dir das Wetter nicht gefällt, dann warte eine Viertelstunde«.

Weil man auch mit dem eigenen Auto
nach Island kommen kann

Island ist circa 2.300 Kilometer Luftlinie von Deutschland entfernt. Viele Touristen, die eine Pauschalreise gebucht haben oder mit einem Mietwagen die Insel erkunden wollen, reisen mit dem Flugzeug an und betreten die Insel am Flughafen Keflavík.

Wer mit dem eigenen Motorrad, dem eigenen Auto oder mit eigenem Wohnwagen, Wohnmobil oder Geländefahrzeug die Insel erkunden möchte, nimmt die aufwendigere Anreise mit der Fähre MS Norröna von Hirtshals an der dänischen Küste nach Seyðisfjörður in Island auf sich. Die jetzige Norröna II löste 2003 ihre Vorgängerin Norröna I ab und wurde von der Flensburger Schiffsbaugesellschaft in drei Jahren Bauzeit gebaut. Sie hat eine Länge von knapp 166 Metern und verfügt über einen Antrieb mit 30.000 PS Leistung, der das Schiff auf eine maximale Geschwindigkeit von knapp 40 Stundenkilometer beschleunigen kann. Sie wird als Fracht- und Fährschiff genutzt und kann in ihrem Bauch rund 800 Personenkraftwagen und etwas über 1.400 Passagiere aufnehmen. Das Schiff fährt unter färöischer Flagge, die Sprache und Währung an Bord sind dänisch. Die MS Norröna fährt samstags um 15:30 Uhr ab, dann allerdings mit einem Aufenthalt von Sonntagnacht bis Mittwochabend auf den Färöer-Inseln. Während dieses Aufenthalts fährt die MS Norröna noch einmal zurück nach Hirtshals und beginnt eine neue Reise jeweils am Dienstag um 11:30 Uhr. Sie legt am Mittwochabend wieder in Tórshavn an, fährt dann aber nach einem nur kurzen Aufenthalt weiter nach Seyðisfjörður. Sie erreicht Island am Donnerstagmorgen gegen 8:30 Uhr. Je nach persönlichem Budget gibt es für jeden Geldbeutel verschiedene Kabinentypen und Restaurants. Nach Ankunft der Fähre wird der kleine Ort Seyðisfjörður geradezu von Fahrzeugen aller Art und Menschen überflutet. Die neu ankommenden Besucher machen sich zunächst von Seyðisfjörður über eine Passstraße nach Egilsstaðir auf. Dort trennen sich die Wege der Reisenden; die einen fahren im Uhrzeigersinn über die Ringstraße 1 Richtung Höfn und Reykjavík, die anderen fahren entgegen dem Uhrzeigersinn, vielleicht zunächst in die Ostfjorde oder Richtung Dettifoss und Mývatn. Mitte der Woche sammeln sich rund um Egilsstaðir diejenigen, die eine Rückfahrt nach Hirtshals mit der MS Norröna gebucht haben. In den ortsansässigen Geschäften werden die letzten Island-Souvenirs oder isländischen Spezialitäten erstanden und Donnerstag am frühen Morgen machen sich auch die Letzten wieder auf den Weg über die Passstraße nach Seyðisfjörður.

Auch diese Heimreisenden tummeln sich donnerstagmorgens in dem kleinen Ort und stellen sich dann auf den Parkflächen am Hafen geordnet nach den Regeln der Reederei auf. Um 10:30 Uhr verlässt die Fähre Island und läuft ohne Umwege über die Färöer-Inseln am Samstag gegen 12:30 Uhr wieder in Hirtshals ein. Details zu Abfahrtszeiten und Buchungen sind auf der Seite der Reederei unter www.smyrilline.de zu finden.

53. GRUND

Weil in Island im Sommer Schulen zu Hotels werden

Der Sommer in Island ist relativ kurz. Das führt dazu, dass die meisten Touristen versuchen, Island in der Zeit zwischen Mai und September zu besuchen, wenn die Wahrscheinlichkeit für trockenes und warmes Wetter am höchsten ist. Dies führt dazu, dass

Übernachtungsmöglichkeiten knapp und leider für den Touristen auch sehr teuer sind. Hotelpreise in Island sind nicht mit denen in Deutschland vergleichbar. Zahlt man doch für ein einfaches Zimmer mit Frühstück, für das man in Deutschland wohl unter 100 Euro bezahlen würde, in den Sommermonaten locker über 150 Euro.

Da die Übernachtungsmöglichkeiten mit den Besucherzahlen nicht Schritt hielten, kamen die Isländer auf die Idee, in dieser Zeit der Ferien aus ihren Internaten, Schulen und Studentenwohnheimen einfach Hotels zu machen. So wurden die bereits bestehenden Räumlichkeiten optimal genutzt, da es in Island mit drei Monaten recht lange Sommerferien gibt. Es entstanden die Edda-Hotels. Der Name ist angelehnt an die isländische Sagenwelt. In allen Landesteilen von Island ist eines der zwölf Edda-Hotels zu finden. Sie sind meistens einfach und zweckmäßig ausgestattet und können ihre eigentliche Funktion als Internat oder Studentenwohnheim nicht verhehlen. Oft hat man das Gefühl, dass die Studenten oder Schüler, die normalerweise die Zimmer bewohnen, für die Ferienzeit zum Hotelpersonal gewechselt sind. Aber die Hotels sind sauber, das Personal ist sehr nett, und so sind die Edda-Hotels eine gute Wahl. Abhängig vom Haus sind Zimmer in verschiedenen Kategorien erhältlich. So gibt es einfachere Zimmer mit Gemeinschaftsbad bis hin zu Familienzimmern mit eigener Dusche und WC. Meist ist in den Edda-Hotels ein Restaurantbetrieb integriert, der neben dem Frühstück auch mehrere Gerichte für den Abend bereithält. Die Küche ist sehr gut, es wird viel Wert auf landestypische, einheimische Gerichte gelegt.

Mittlerweile hat sich die Reisesaison für Island deutlich verlängert, auch im Winter finden sich viele Reiseangebote mit interessanten Ausflugsmöglichkeiten. Für die Isländer lohnt sich nun der Bau von Hotels, Pensionen etc., da das ganze Jahr über Gäste kommen. Aber die Edda-Hotels, die sich inzwischen einem großen Hotelverbund angeschlossen haben, werden immer ihr besonderes Flair besitzen. Näheres zu Öffnungszeiten der verschiedenen Hotels und Buchung unter www.hoteledda.is/de.

Weil es in Island im Sommer nicht dunkel wird

Die besondere Lage Islands knapp unterhalb des Polarkreises führt dazu, dass in den Sommermonaten ein für uns sehr gewöhnungsbedürftiges Ereignis eintritt: Es wird nachts so gut wie gar nicht dunkel. Für eine Mitternachtssonne liegt Island einen Ticken zu weit unterhalb des Polarkreises, aber die Sonne versinkt in der Nacht nur kurz unter den Horizont, sodass es auch um Mitternacht noch dämmert.

Was uns in der Nacht eher den Schlaf raubt, wenn es in einem Hotelzimmer keine lichtdichten Vorhänge gibt, ist für den Isländer die Belohnung für den Winter. So macht er die Nacht im wahrsten Sinne zum Tag und findet kein Ende. Im Sommer nachts in Reykjavík unterwegs zu sein bedeutet, einer Menge partywilliger Menschen zu begegnen. Dafür ist es im Winter genau andersrum, und die Sonne kommt am Tag nur wenige Stunden über den Horizont. Der größte Teil des Tages ist dämmrig oder dunkel.

Aber auch für den Touristen haben die langen Tage ihre Vorteile. Die über die Jahre zugenommenen Besucherzahlen haben dazu geführt, dass es tagsüber an Orten wie dem Großen Geysir, dem Gullfoss und anderen Sehenswürdigkeiten zum Teil hoch hergeht und man nie einen ungestörten Blick auf die Attraktionen werfen kann. Anders dagegen am späten Abend. Hier kann man oft ganz für sich allein die Orte genießen. Vor allem für Fotografen sind die Abendstunden reizvoll, entstehen doch in dieser Zeit die besten Bilder, da die tief stehende Sonne eines Sommerabends für perfekte Lichtverhältnisse sorgt.

Weil man in Island den Nordlichtern beim Leuchten zusehen kann

Ebenfalls der Lage Islands geschuldet ist die Möglichkeit zur Sichtung eines außergewöhnlichen Naturschauspiels. Dafür bieten sich die Wintermonate an, in denen sich die Sonne nur wenige Stunden am Tag zeigt und den Rest der Zeit völlige Dunkelheit herrscht. Wenn dann noch die Sonnenaktivität mitspielt und sich elektrisch geladene Teilchen des Sonnenwindes auf den Weg zur Erde machen, steht den Polarlichtern, auch Nordlichter genannt, nichts im Wege.

Polarlichter können verschiedene Farben haben. In Island sind sie meistens von grüner Farbe, die dadurch entsteht, dass in einer Höhe von etwa 100 Kilometern Sauerstoffatome durch die geladenen Teilchen des Sonnenwindes angeregt werden. Aber es gibt auch rotes Licht, wenn Sauerstoffatome in 200 Kilometer Höhe zum Leuchten angeregt werden. Seltener und nur bei starken Sonnenwinden können auch blaue Nordlichter beobachtet werden, wenn die Energie des auftreffenden Sonnenwindes so stark ist, dass auch Stickstoffatome zum Leuchten angeregt werden. Völlig lautlos tanzen die Nordlichter am Himmel und können in zahlreichen Formen wie lang gestreckten Bändern, gebogenen Bändern oder auch als ringförmige Strahlen auftreten. Aber egal welche Farbe und Form sie haben. Sie zu beobachten ist ein unvergessliches Erlebnis, das einem neben der Schönheit des Ereignisses auch klarmacht, wie klein und verletzlich wir auf der Erde weilen.

Nordlichter sind für viele Touristen im Winter der Grund, nach Island zu reisen. Es gibt diverse Apps und Webseiten, die über die Wahrscheinlichkeit auftretender Nordlichter informieren, und einige Reiseanbieter haben spezielle Pakete für den Winter geschnürt.

Weil man in Island auch ohne Bargeld auskommt

Island verfügt über eine eigene Währung, die Isländische Krone. Bei vielen, die nach Island reisen wollen, taucht die Frage auf, wo man am besten seine Euros in Isländische Kronen umtauscht. Darüber gibt es in den einschlägigen Internetforen lange Diskussionen, jeder meint, dass sein Tipp, Geld in Deutschland, am Flughafen oder später in Island umzutauschen, der richtige ist. Wenn man schon einmal auf Island war, kann man sich mit der Frage »Wozu überhaupt seine Währung umtauschen?« an den Diskussionen beteiligen.

Wahrscheinlich ist es den amerikanischen Einflüssen zu verdanken, dass die Isländer fast alles mit Kreditkarte bezahlen. Egal, ob man an einer Tankstelle nur einen Kaffee kauft oder im Supermarkt den Großeinkauf macht, normalerweise wird alles mit der Kreditkarte bezahlt. Die mobilen Kartenlesegeräte sind überall im Einsatz; selbst im Hochland auf der Kjölur, der Verbindung von Nord- nach Südisland, zahlt man seine Getränke in einer kleinen Hütte mit Kreditkarte. Auch an kleinsten Hotdog-Ständen in entlegensten Gebieten gibt es die neueste Technologie, und es wird kein Bargeld erwartet.

Im Großen und Ganzen kommt man in Island also wunderbar ohne Bares aus. Ein paar Ausnahmen, bei denen man ein wenig Kleingeld zur Hand haben sollte, gibt es aber doch: Wenn man zum Beispiel in Deildartunguhver an einem kleinen Stand ein paar frische, dort angebaute Tomaten kaufen möchte, braucht man ein paar Isländische Kronen, genauso ausnahmsweise bei dem ein oder anderen Toilettenhäuschen, das privat betrieben wird. Auch beim Besuch des kleinen Schwimmbades Krossneslaug in Krossnes in den Westfjorden, sollte man etwas Kleingeld dabeihaben, weil man dort das Eintrittsentgelt im Umkleideraum in ein kleines Kästchen wirft.

57. GRUND

Weil auf Island viele Deutsche ihre Heimat gefunden haben

Island ist mit einer Fläche von knapp 103.000 Quadratkilometern gerade mal so groß wie Bayern und Baden-Württemberg zusammen. Mit den knapp über 325.000 Einwohnern ist es das Land Europas mit der geringsten Bevölkerungsdichte. Dennoch ist der Platz zum Leben auf Island eng, denn wohnen kann man fast nur in den Küstenregionen, und auch diese sind zum Teil sehr einsam und abgelegen. Aber auch Island stellt für viele Ausländer eine Wahlheimat dar. In Zeiten des wirtschaftlichen Wachstums wurde auf Island so viel gebaut und investiert, dass dies mit der eigenen Bevölkerung nicht zu bewältigen war. Eine Vielzahl ausländischer Arbeitnehmer wurde angeworben, insbesondere Polen waren und sind hier beliebt. Nach der Finanzkrise und dem Zusammenbruch des auf wackeligen Füßen aufgebauten Wirtschaftswachstums müssen heute viele Isländer Island verlassen und ihr Geld im Ausland verdienen, zum Beispiel in Dänemark oder Norwegen.

Wenn man sich mit Island eingehend beschäftigt, bleibt es nicht aus, dass man auf einige Deutsche aufmerksam wird, die aus unterschiedlichsten Gründen Island als ihre Wahlheimat erkoren haben. Auf der Seite des Statistischen Instituts Islands kann man diverse Auswertungen abfragen. Demnach lebten 2014 knapp 1.000 Deutsche mit fester Anmeldung in Island. Feste Anmeldung bedeutet, dass sie eine Kennitala haben, eine nationale Identifikationsnummer, die man auf Island benötigt, um am öffentlichen Leben teilzuhaben. Nur mit dieser erhält man einen Job und vor allem ein Bankkonto. Sie ist elementar, um auf Island festen Fuß zu fassen. Einige der Deutschen, die in Island leben, sind auf der Insel und auch in Deutschland bekannt, wie zum Beispiel Ruth Zohlen, die mit ihrem selbst gebackenen Brot in der Vulkanasche des Eldfell in einigen Island-Dokumentationen im deutschen Fernsehen zu sehen war. Oder Claus Sterneck, ein Künstler und Fotograf, der sich dem Ort Djúpavík verschrieben hat. Viele deutsche Frauen sind von den Islandpferden begeistert und kommen nach Island, um auf den Höfen zu helfen. Die eine oder andere bleibt, weil sie sich nicht nur in das Land, sondern auch einen Isländer verliebt hat.

Was auch immer der Grund war. Diese Deutschen haben wie ich ihre Liebe zu Island entdeckt, und ihre Liebe war so stark, dass sie die Insel nicht mehr losgelassen hat.

58. GRUND

Weil man Grönland in einer Tagestour besuchen kann

Wenn man die Reise durch Island angetreten und die vielen unwirklichen Gebiete, Lavafelder, Fjorde und Gletscher besucht hat, bekommt man möglicherweise Lust auf ein weiteres Abenteuer. Dieses könnte darin bestehen, dass man sich auf eine Tagestour nach Grönland begibt. Grönland liegt nur knapp 300 Kilometer Luftlinie von Island entfernt, und so bietet es sich an, dieses Land ebenfalls zu besuchen. Man hat die Möglichkeit, bei diversen Reiseanbietern einen Kurztrip nach Grönland zu buchen. In der Regel fliegt man sehr früh morgens mit Air Iceland (www.airiceland.is) vom Stadtflughafen Reykjavík Airport nach Kulusuk in Ost-Grönland. Kulusuk liegt auf der Insel Ammassalik am Eingang des gleichnamigen Fjords. Der Flug dauert ungefähr zwei Stunden.

Wenn man eine feste Tagestour gebucht hat, wird man von einem Guide am Flughafen in Kulusuk abgeholt und in den nur knapp zwei Kilometer entfernten Ort gebracht. Man hat die Gelegenheit, das von knapp 300 Menschen bewohnte Kulusuk etwas kennenzulernen und einen kurzen Einblick in die Kultur der Inuit zu bekommen. Die Inuit bieten ihre Handwerkskunst in Form von geschnitzten Figuren aus Zähnen und Knochen, sogenannten Tupilaks, an. Man sieht ein wenig von der Natur und den Eisbergen, die im nahen Nordmeer vorbeiziehen. Für diesen Aufenthalt hat man drei Stunden. Dann geht es mit dem Flugzeug auch schon wieder zurück nach Reykjavík. Man sollte sich auch im Sommer warm kleiden, denn die Temperaturen auf Grönland können noch mal empfindlich unter denen Islands liegen. Neben der Möglichkeit, mit dem Flugzeug zu fliegen, gibt es auch die Variante mit einem Helikopter. Diese ist allerdings kostenintensiver. Angeboten werden Helikopterflüge zum Beispiel von Air Greenland (www.airgreenland.com).

Egal welche Variante man wählt und welches Wetter man vorfindet: Dieser Kurztrip wird einem in Erinnerung bleiben, so beeindruckend ist Grönland mit seinen schroffen Bergen, bunten Häusern und dem leuchtenden Blau der Eisberge.

59. GRUND

Weil in Island fast alle Sehenswürdigkeiten kostenlos sind

Steigende Touristenzahlen haben in den letzten Jahren viel Geld nach Island gebracht. 2013 waren es knapp 900.000 Touristen, das entspricht in etwa der dreifachen Bevölkerung Islands. Und für 2015 werden 1,4 Millionen Touristen erwartet. Was für viele eine Freude darstellt, belastet aber zunehmend einige der Hauptattraktionen auf Island. Viele Menschen bedeuten auch viel Müll, und leider benehmen sich einige Touristen grundlegend daneben. Absperrungen werden missachtet und der sehr empfindlichen Natur und Vegetation Islands nur schwer heilende Schäden zugefügt. Viele der Attraktionen beziehungsweise das Land, auf denen diese liegen, gehören privaten Landbesitzern. Diese sind allein gelassen mit dem Müll und den Schäden. Einige Landbesitzer sehen keine andere Chance, als die Gebiete abzusperren und Eintrittsgelder zu erheben. So bereits am Vulkankrater Kerið geschehen, an dem man seit 2014 ein kleines Eintrittsgeld zahlen muss, um ihn begehen zu dürfen.

Auch andere Landbesitzer haben die Erhebung von Eintrittsgeldern geplant. Ab dem 1. März 2014 sollte zum Beispiel auch das Geothermalgebiet des Haukadalur, auf dem der Große Geysir und der Strokkur zu finden sind, mit einem Kassenhäuschen versehen werden. 600 ISK (rund 3,80 Euro) sollte der Eintrittspreis für einen Erwachsenen betragen. Das Bezirksgericht in Süd-Island hat dem aber einen Riegel vorgeschoben, das von den Landbesitzern eingeführte Eintrittsgeld für den Geysir verboten und sie aufgefordert, diese Praxis sofort einzustellen. Ist die Erhebung von Eintrittsgeldern aber in Zukunft gesehen ein unabwendbarer Schritt, auch wenn viele der Touristen dies sehr bedauern? Denn gerade die freie Zugänglichkeit der Natur war und ist ein ganz besonderer Reiz Islands. In Island wird das Thema heftig diskutiert. Seitens der Regierung gab es die Idee eines Naturpasses, den jeder Tourist erwerben sollte. Der Erlös dieses Naturpasses sollte wiederum in den Erhalt der Natur investiert werden. Aber auch diese Lösung wurde vom isländischen Parlament im April 2015 gestoppt.

Egal wie es gelöst wird: Dass die Natur Islands vor der zunehmenden Zahl Touristen Schutz benötigt, ist unumstritten. Zu hoffen bleibt, dass die privat erhobenen Eintrittsgelder maßvoll bleiben und die Einnahmen wirklich wieder in den Erhalt der Natur zurückfließen und nicht einige Profitgierige ein neues Geschäftsfeld entdecken. Die Diskussion ist noch nicht zu Ende, und so lange können wir uns über den weitestgehend freien und kostenlosen Zugang zur Natur Islands freuen. Beweisen wir den Isländern, dass wir damit verantwortungsvoll umgehen können.

60. GRUND

Weil in Island Alkohol nur in speziellen Geschäften erhältlich ist

Island und Alkohol haben ein zwiespältiges Verhältnis, was sich in eigenartigen Gesetzgebungen rund um Alkohol widerspiegelt. Während man in vielen Restaurants, Bars und Cafés ein reichhaltiges Angebot an alkoholischen Getränken zu sich nehmen kann, wird man im Supermarkt vergebens danach suchen.

Um zu verstehen, warum das so ist, muss man einige Jahre in der Geschichte Islands zurückgehen. 1915 wurde in Island die Prohibition ausgerufen, sprich das totale Verbot von Alkohol. Aber anders als in Amerika musste sich Island bereits nach sechs Jahren in Teilen von diesem Verbot lösen. Grund dafür waren die Spanier, die eine Vorliebe für Trockenfisch haben und diesen zum größten Teil aus Island importierten. Aber die Spanier ärgerte, dass die Isländer im Gegenzug keinen spanischen Wein abnahmen, und boykottierten den Import von Trockenfisch. Diesem Boykott beugten sich die Isländer 1921, und Wein durfte wieder ge- und verkauft werden. Es dauerte weitere 14 Jahre, dann wurden auch Spirituosen mit höherem Alkoholgehalt wieder freigegeben. Dies geschah 1935.

Allerdings wurde Bier mit einem Alkoholgehalt über 2,25 Prozent weiter verboten. Was genau diese Gesetzgebung bezwecken sollte, lässt sich nicht mehr richtig nachvollziehen. Man war wohl der Auffassung, dass das billigere Bier das größere Problem für Alkoholismus war. Dies führte dazu, dass Bier in Island bis in die 1980er-Jahre verboten war. Aber es war ein Leichtes, das frei erhältliche Bier mit unter 2,25 Prozent in ein echtes Bier zu verwandeln. Einfach einen Schluck Wodka dazu, und fertig war das Vollbier. Als dann auch das verboten wurde, wurde der Widerstand in der Bevölkerung immer größer. Am 1. März 1989 war es dann so weit. Bier wurde ebenfalls wieder legal, und seit diesem Tag können Isländer endlich wieder »richtiges« Bier trinken.

Doch eines ist geblieben: Alkoholische Getränke mit einem Alkoholgehalt über 2,25 Prozent können nur in der staatlichen Kette Vínbúðin erworben werden, nicht in den Supermärkten. Eine weitere Ausnahme ist natürlich der Duty-free-Shop am Flughafen. Auch hier können alkoholische Getränke jenseits der 2,25 Prozent käuflich erworben werden. Übrigens liefert die Vínbúðin per Online-Shopping auch nach Hause, darf aber keine Sonderangebote machen.

61. GRUND

Weil in Island Flüsse mit dem Auto durchquert werden

Dass das Autofahren in Island nicht mit dem in Deutschland vergleichbar ist, habe ich ja nun mehrfach betont. Außer der Ringstraße und dem gut erschlossenen Westen sind die meisten Straßen

Islands Schotterpisten, die die Orte und Landesteile miteinander verbinden. Vor allem im Hochland sind asphaltierte Straßen selten und auch Brücken nur dort gebaut worden, wo es wirklich nicht anders geht.

Kleinere bis mittelgroße Flüsse müssen mit dem Auto durchquert werden. Das ist aber nichts für normale Pkw, denn diese würden direkt voll Wasser laufen. Für solch eine Flussdurchquerung benötigt man Fahrzeuge, die über eine entsprechende Wattiefe verfügen. Dies sind in der Regel allradgetriebene Fahrzeuge mit Geländefähigkeit, also größere SUV und natürlich Geländefahrzeuge wie zum Beispiel ein Land Rover Defender oder Jeep. Die Wattiefe gibt an, bis zu welcher Tiefe ein Fahrzeug ein Gewässer durchqueren kann, ohne dass Wasser in den Motor eindringt und diesen zerstört. Dass die Isländer über besondere Aus- und Umbaufähigkeiten verfügen, um diese Wattiefe zu maximieren, ist in Grund 86: »Weil in Island Geländewagen zum Alltag gehören« nachzulesen. Wenn man als Tourist einen geeigneten Wagen gemietet hat und auf einer von der Mietwagenfirma freigegebenen Strecke unterwegs ist, muss man wissen, dass trotzdem in der Regel kein Versicherungsschutz existiert, wenn man mit dem Wagen durch einen Fluss fährt.

Daher sollte man sich solch eine Aktion genau überlegen, vor allem, wenn es sich nicht um ein Bächlein, sondern einen richtigen Fluss mit Strömung handelt. Auch erfahrene Isländer sind bei vermeintlich einfachen Flussdurchfahrten übel überrascht worden. Einen Fluss mit einem Fahrzeug zu durchfahren nennt man in der Fachsprache Furten. Wer es einmal ausprobieren möchte, aber nicht über die notwendige Offroad-Erfahrung verfügt, dem seien folgende Hinweise genannt. Zur Sicherheit möchte ich anmerken, dass auch bei Beachtung all dieser Hinweise immer noch diverse Gefahren lauern.

Am Fluss angekommen, hält man erst mal an und verschafft sich einen Überblick. Ist das Wasser klar? Kann man den Boden erkennen? Wie ist die Strömung? Gibt es unruhige oder ruhigere

Abschnitte? Kann man Spuren von vorausgefahrenen Fahrzeugen erkennen? Sind größere Gesteinsbrocken erkennbar? Speziell in Island muss man daran denken, dass die Flüsse vormittags weniger Wasser als nachmittags führen. Also wer abends wieder zurück muss, kann damit rechnen, dass sich eine knappe Situation auf dem Rückweg zu einer unüberwindbaren gewandelt hat. Im Zweifel warten, bis weitere Fahrzeuge ankommen, sich absprechen und gegenseitig aufeinander warten, bis beide sicher am anderen Ufer sind. Spezielles Equipment wie Bergegurte geben dabei zusätzliche Sicherheit.

Wer sichergehen will, kann den Fluss auch zuerst zu Fuß abgehen. Dabei sind Wanderstöcke empfehlenswert, um zusätzlichen Halt auf dem gegebenenfalls schlüpfrigen Boden zu haben. Bevor es dann losgeht, sollte man den Motor etwas abkühlen lassen. Ein sogenannter Wasserschlag kann dem Motor schaden, auch nimmt der Ventilator unter Umständen Schaden, wenn er plötzlich ins Wasser eintaucht.

Beim Durchqueren des Flusses, wenn vorhanden, in die Untersetzung schalten und mit dem zweiten Gang und konstanter geringer Geschwindigkeit durch den Fluss fahren. Dabei sollte man erst ein wenig mit der Strömung und auf der zweiten Hälfte leicht gegen die Strömung fahren, also in einem sanften Bogen. Wichtig ist, an einem Stück durchzufahren, also nicht anzuhalten, und nicht so schnell zu werden, dass man die eigene Bugwelle überholt. Und sollte der schlimmste Fall eintreten und man im Fluss stecken bleiben: auf keinen Fall den Motor ausmachen, da sonst die Gefahr besteht, dass durch den Auspuff Wasser in den Motor eindringt.

Wer es das erste Mal macht, sollte immer warten, bis andere Fahrzeuge da sind. Nicht übermütig werden. Die isländischen Rettungsdienste müssen jedes Jahr einige leichtsinnige Touristen aus Flüssen befreien. Danach ist der Urlaub hin, und man wird Island wohl eher nicht mehr lieben.

Weil in Island warmes Wasser besonders riecht

In einigen Gründen war bereits zu lesen, dass Island reich an natürlicher Energie ist und seine Bewohner viele Wege gefunden haben, die geothermale Energie für sich zu nutzen. So werden aus der Erdwärme durch Förderung von unter hohem Druck stehendem heißen Wasser Strom und Fernwärme erzeugt. Das Wasser wird dazu aus Tiefen von 1.000 bis über 2.000 Metern gefördert und in Fernwärmenetze eingeleitet. Auch die Versorgung mit Warmwasser wird darüber realisiert. Je nach Region wird dazu direkt das aus dem Boden gewonnene heiße Wasser in die Haushalte gepumpt. Dieser Umstand bringt zwei Dinge mit sich, die man als Tourist wissen muss.

Erstens ist Heißwasser wörtlich zu nehmen. Meist verfügen die Hotels und Unterkünfte über moderne Armaturen, bei denen man eine Temperatur voreinstellen kann und das Wasser dann mit dieser aus dem Kran kommt. Aber manche haben auch noch ältere Armaturen, bei denen heißes und kaltes Wasser von Hand gemischt werden muss. Bei diesen Armaturen ist besondere Vorsicht geboten. Nie nur heißes Wasser aufdrehen. Anders als in Deutschland ist es meist so heiß, dass unmittelbare Verbrühungen die Folge sind. Erst kaltes Wasser aufdrehen, dann das heiße langsam dazumischen, bis die Temperatur stimmt.

Zweitens sind im geothermal gewonnenen heißen Wasser oft Schwefelverbindungen gelöst, sodass sich das Wasser auf der Haut seifig anfühlt. Das alleine wäre ja noch nicht so schlimm, aber für empfindliche Nasen sei gesagt, dass das Wasser durch seinen Schwefelgehalt nach faulen Eiern riecht. Darin zu duschen bedarf der Gewöhnung. Aber aus eigener Erfahrung kann ich sagen, dass man das wirklich nach kurzer Zeit nicht mehr so intensiv wie beim ersten Mal wahrnimmt. Und zur Beruhigung: Man selbst riecht nach dem Duschen nicht nach dem Wasser. Das warme Wasser ist auch nur zum Duschen geeignet. Auch wenn es nicht gesundheitsschädlich ist. Trotz der hohen Temperatur schmeckt ein damit gebrühter Kaffee nicht. Das kalte Wasser hingegen ist auf der gesamten Insel von bester Qualität und kann bedenkenlos getrunken werden.

63. GRUND

Weil Island ein Paradies für Fotografen ist

»Iceland – The Photographer's Paradise«, so heißt eine Gruppe auf Facebook, die sich zunehmender Beliebtheit erfreut und in der diverse Fotografen ihre Werke den Mitgliedern der Gruppe zur Schau stellen. Aber was macht den besonderen Reiz der Insel für Fotografen aus? Da ich selber aus Leidenschaft fotografiere, glaube ich, einige Antworten zu kennen.

Natürlich ist die Natur Islands einzigartig, und so stellt sie eine nie endende Quelle an Motiven dar. Aber dazu gesellen sich die Spuren, die der Mensch im Laufe der Zeit hinterlassen hat. Auch er hat mit den verlassenen Höfen, einsamen Fabrikgebäuden, zurückgelassenen Autos oder Flugzeugwracks Motive geschaffen, an denen kein Fotograf vorbeikommt, ohne seine Kamera zu benutzen. Neben der Landschaft und den Relikten der Menschheit bietet die Tierwelt Islands weitere Motive, die den Auslöser klicken lassen. Und wenn dann noch vulkanische Urgewalten ungehemmt ihre Kraft entfalten, dann ist es mit der Fassung eines Fotografen komplett zu Ende, und die Kamera muss zeigen, was sie kann.

Doch Motive sind das eine. Für gute Fotografien braucht es gutes Licht. Und auch hier lässt sich Island nicht lumpen und sorgt mit seiner meist tief stehenden Sonne für die nötige Atmosphäre, um die Motive ins rechte Licht zu rücken. Die goldene Stunde kann auf Island mehr als eine Stunde dauern, und die Bewölkung sorgt für ein Spiel zwischen Schatten und Licht, das ein und denselben Ort in kürzester Zeit ganz verschieden wirken lässt.

64. GRUND

Weil man in Island bei Vulkanausbrüchen live dabei sein kann

Die Isländer haben gelernt, mit der Gefahr des Vulkanismus zu leben. Alle paar Jahre bricht irgendwo auf der Insel ein Vulkan aus. Mal mehr, mal weniger spektakulär. Da entwickelt man eine gewisse Gelassenheit. Zudem finden die Ausbrüche meist fernab der bewohnten Gebiete statt und sind auch für den Isländer in Reykjavík mehr oder weniger ein Ereignis, das er in den Medien verfolgt.

Der Isländer ist gut vorbereitet. Alle Vulkane stehen mit Sensoren und neuerdings auch Kameras ausgestattet unter ständiger Beobachtung. Jede geologische Veränderung wird gemessen, jede Erdbebenaktivität registriert. Senkt oder hebt sich ein Gebiet rund um einen Vulkan, schlagen die Sensoren sofort Alarm. Damit will man frühzeitig auf einen bevorstehenden Ausbruch aufmerksam werden. Alle gemessenen Daten werden auf der Seite des isländischen meteorologischen Instituts veröffentlicht, sodass sich jeder Isländer selbst ein Bild machen kann. Da die Seiten auch auf Englisch verfügbar sind, können sich Touristen ebenfalls auf der Webseite www.en.vedur.is die Informationen rund um Wetter, Erdbebenaktivität, Lawinengefahr und vieles mehr ansehen. Und auch im Falle eines Ausbruchs sind die Isländer bestens organisiert. Notfallpläne und entsprechendes Gerät sowie Disziplin bei der Ausführung der Notfallpläne helfen, dass im Fall der Fälle keine Menschen zu Schaden kommen – zuletzt unter Beweis gestellt beim Ausbruch des Eyjafjallajökull 2010.

Die zunehmende Vernetzung hat bei dem Ausbruch 2010 einen neuen Trend geschaffen. Die Live-Bilder der zur Beobachtung aufgestellten Kameras wurden direkt ins Internet übertragen, sodass weltweit darauf Zugriff bestand. Dieser Trend ist mittlerweile institutionalisiert, und dauerhafte Webcams beobachten Vulkane wie die Hekla oder die vor Kurzem aktive Ausbruchsstelle in der Nähe des Bárðarbunga. Der isländische Telekommunikationsanbieter Míla stellt die dafür erforderliche Technik zur Verfügung.

Neben den zur Beobachtung der Vulkane aufgestellten Webcams gibt es noch weitere sehr interessante Webcams. So lassen sich zum Beispiel mehrere Orte in Reykjavík in bester HD-Qualität live beobachten, oder man kann mal eben zur Gletscherlagune Jökulsárlón schalten und sich ansehen, wie dort die Wetterverhältnisse sind. Diese und noch viele weitere Webcams sind unter www.livefromiceland.is abrufbar.

7. KAPITEL

FLORA
UND FAUNA

Weil in Island Vögel keine Angst vor dem Menschen haben

Island ist ein Paradies für Seevögel und andere Vogelarten. Eine in weiten Teilen vom Menschen unberührte oder zumindest nicht stark besiedelte Natur und die besondere geografische Lage stellen ideale Rahmenbedingungen dar. Vor Island trifft der warme Golfstrom auf die kalten Gewässer der Nordmeere und sorgt für zwei Effekte. Zum einen entsteht ein für diese Breitengrade recht mildes Klima. Außerdem führt das Aufeinandertreffen des kalten und des warmen Wassers zu einem hohen Nährstoff- und damit Fischreichtum vor Islands Küsten. All dies bewegt eine Vielzahl von Vogelarten, sich ständig oder zeitweise auf Island aufzuhalten: Trottellummen, Eissturmvögel, Basstölpel, Goldregenpfeifer, Küstenseeschwalben – dies sind nur einige der vielen Arten. Also nicht nur ein Paradies für Vögel, sondern auch für Vogelkundler und Touristen.

Der Isländer hat seinen besonderen Weg gefunden, mit dieser Artenvielfalt umzugehen. Bestimmte Seevogelarten dienen auch als Nahrungsmittel, so stehen Trottellummen und Papageitaucher auf den Speisekarten der Restaurants. Und auch die Eier bestimmter Arten waren und sind für den Isländer wichtiger Nahrungslieferant. Aber es gibt Symbiosen der besonderen Art zwischen Mensch und Vogel. Island ist das Land der Eiderdaunen. Eiderdaunen sind das edelste und auch teuerste aller Füllmaterialien für Bettwaren. Dieses lukrative Geschäft haben die Isländer entdeckt, denn Eiderenten, die der natürliche Lieferant für Eiderdaunen sind, leben vorwiegend an den Küsten der Nordmeere, wie Skandinavien und vor allem in Island. Eiderentenbauern haben sich in Island über Jahrhunderte darauf spezialisiert, dieses Produkt »anzubauen«. Domestizieren lässt sich die Eiderente nicht. Alle Versuche dazu schlugen fehl, und die Eiderenten sind gestorben.

Also muss der Bauer die Natur für den Vogel präparieren. Er sorgt dafür, dass natürliche Feinde wie der Polarfuchs (oder neugierige Touristen)nicht zu den Brutplätzen der Eiderente vordringen können und dass das Meer vor den Brutplätzen frei von Unrat ist. Unter diesen perfekten Rahmenbedingungen wird die Eiderente ihr Nest auf dem Boden in Küstennähe anlegen und mit sich selbst ausgezupften Daunen auskleiden, damit ihre Eier warm und weich liegen können. Der Eiderentenbauer wiederum wird sich aus jedem Nest nur einen kleinen Teil der Daunen stibitzen und durch Stroh ersetzen. Dabei achtet er natürlich darauf, dass er die Eier nicht beschädigt. Auf diese Art kommen im Jahr mehrere Tonnen Eiderdaunen zusammen – weltweit die größte Menge –, die dann ins Ausland exportiert werden.

Eine weitere Symbiose findet einmal im Jahr auf der Insel Heimaey statt. Deren Steilklippen sind einer der Hauptbrutplätze des Papageitauchers. Der Papageitaucher oder wie er in Island heißt: Lundi, ist das inoffizielle Maskottchen Islands. Sein bunter Schnabel, gepaart mit einem etwas traurig wirkenden Blick, und seine tölpelhafte Art, sich an Land zu bewegen, erzeugen einen Gesamteindruck, der alle Kinderherzen, aber auch die der Erwachsenen erweicht. Das hält den Isländer allerdings nicht davon ab, den süßen Vogel auf die Speisekarte zu setzen, da sein Fleisch besonders zart und schmackhaft ist.

Einmal im Jahr, meist zur gleichen Zeit im Juli/August, werden die Jungvögel flügge und machen sich für ihren ersten »Ausflug« parat. Leider üben die Lichter der nahe gelegenen Stadt Heimaey eine magische Anziehungskraft auf die Jungvögel aus, und so verirren sich viele von ihnen in den Straßen der Stadt und irren flatternd und verängstigt zwischen den Häusern umher. Und genau hier greift der Mensch helfend ein, genauer gesagt die Kinder Heimaeys. Alljährlich machen sie sich nachts auf den Weg, um die verirrten Jungvögel einzusammeln und in Kartons nach Hause zu bringen. Am nächsten Morgen werden die Jungvögel dann am Strand freigelassen, teils nachdem sie vorher beringt wurden. Vielleicht ist das der Grund, warum die Papageitaucher als ausgewachsene Vögel vor dem Menschen keine Angst haben. Sehr zum Wohle der Vogelkundler und Touristen, die sie bis auf wenige Zentimeter mit ihren Kameras und Objektiven an sich heranlassen. Und das, obwohl sie auch gefangen und verzehrt werden. Zum Letzteren muss ich aber zur Entlastung der Isländer bemerken, dass es sehr strikte Regeln gibt, wie viele Vögel zu welchen Zeiten gefangen werden dürfen.

Auch keine Angst zeigt die Küstenseeschwalbe, in Island Kría genannt. Allerdings sollte man diesem Vogel in der Brutzeit dennoch nicht zu nahe kommen. Im Gegenteil, man sollte ihn dann unbedingt meiden. Vehement verteidigt er seinen Brutplatz und fliegt im Sturzflug Attacken auf den Eindringling, oft mit Schnabelhieben auf den Kopf. Hier heißt es, schnell die Flucht anzutreten und das Ruhebedürfnis des Kría in der Brutzeit zu respektieren. Genau aus diesem Grund ist zum Beispiel die Zufahrt nach Dyrhólaey in der Brutzeit für Besucher gesperrt, zum einen zum Schutz der Vögel, zum anderen zum Schutz der Besucher. Ein kleiner Tipp, falls Sie doch mal in die Situation eines Angriffs kommen: Die Kría attackieren immer den höchsten Punkt. Sollten Sie also einen Stock oder ein Stativ dabeihaben, halten Sie es in die Höhe und treten Sie die Flucht an.

66. GRUND

Weil in Island Eisbären zu Besuch kommen

In Island gibt es trotz der teilweise lebensfeindlichen Landschaft eine reichhaltige Tierwelt. Es leben dort viele Islandpferde und

Schafe (ursprünglich mitgebracht von den Wikingern), die sich den Sommer über in großen Gebieten frei bewegen dürfen und im Herbst von ihren Eigentümern wieder auf den angestammten Hof geholt werden. Man findet große Vogelpopulationen, wilde Rentiere und Seehunde. Über das gefrorene Nordpolarmeer wanderte vor vielen Jahrhunderten der Polarfuchs nach Island und vermehrte sich stetig, nicht zuletzt wegen des großen Angebotes an Beutetieren, wie etwa Seevögeln. Er ist damit das einzig einheimische Säugetier Islands. Alle anderen Säugetiere wurden von den Menschen auf die Insel gebracht.

Neben diesen dauerhaften tierischen Bewohnern Islands gibt es aber auch Gäste, die unregelmäßig auf der Insel vorbeischauen und deren Besuche in der Regel keinen erfreulichen Ausgang finden. Es kann vorkommen, dass sich Eisschollen von Grönlands Regionen lösen. Auf diesen findet manchmal ein Eisbär seinen Weg nach Island. Denn geografisch gesehen liegt Grönland um die Ecke, und in Grönland befindet sich neben anderen polaren Regionen der ursprüngliche Lebensraum der Eisbären. Hier finden sie vor allem auf dem Treibeis genug Nahrung und jagen Robben. Dabei kommt es vereinzelt vor, dass ein Eisbär auf einer Eisscholle abgetrieben wird und sich nach einer für ihn langen Reise schwimmend auf das nächste Festland rettet, in diesem Fall Island.

Solche Besuche von Eisbären wurden schon kurz nach der Besiedlung Islands festgestellt und in Schriften dokumentiert. Seit dieser Zeit wurden immer wieder Eisbären in Island gesichtet, zuletzt in den Jahren 2008, 2010 und 2011. Die Eisbären stranden an den unterschiedlichsten Stellen in Island, unter anderem im Nordwesten oder bei Hornstrandir in den Westfjorden. Bisher hat es mit allen Eisbären ein schlimmes Ende genommen. Da die Behörden Angst haben, dass selbst in einsamen Gegenden Wanderer Opfer der Eisbären werden, sind bisher alle getötet worden. Mittlerweile verschaffen sich aber auch Stimmen im Sinne des Schutzes der Eisbären Gehör, und es wird darüber diskutiert, die Tiere künftig nur noch zu betäuben und wieder zurück nach Grönland zu bringen.

Hätte Reykjavík wirklich einen Zoo, hätte sich das Wahlversprechen des ehemaligen Bürgermeisters von Reykjavík, Jón Gnarr, auch für einen Eisbären lohnen können. Denn der hatte Eisbären für den Zoo versprochen.

67. GRUND

Weil es auch in Island botanische Gärten gibt

Wenn man noch nie in Island war, verbindet man mit dieser Insel schnell ein unbestimmtes Gefühl von langen Wintern, Kälte, Dunkelheit und karger Natur. Dass es dort Blumen oder gar exotische Pflanzen geben kann, kommt einem überhaupt nicht in den Sinn, da die Temperaturen zu niedrig sind und das Wetter zu extrem ist. Wie überrascht ist man dann beim ersten Besuch, wenn man die Möglichkeit hat, verschiedene botanische Gärten zu besuchen! Und da hat Island einige zu bieten.

Ein großer botanischer Garten befindet sich in Reykjavík. Der Grasagarður Reykjavíkur wurde 1961 anlässlich des 175. Geburtstages der Hauptstadt gegründet und ist ein Teil des Sport- und Freizeitparks Laugardalur. Auf dem 2,5 Hektar großen Gelände befinden sich 5.000 verschiedene Pflanzen- und Blumenarten, die in acht Pflanzensammlungen präsentiert werden. Die Sammlungen vermitteln einen Eindruck von der enormen Vielfalt der Vegetation in der nördlichen gemäßigten Zone. Es sind alle heimischen Pflanzenarten von Island zu finden, ebenso wie zum Beispiel eine Sammlung von Rosen. Hintergrund dieser Sammlungen ist die Erhaltung der Pflanzen für Bildung und Forschung – und einfach die Freude an der Vielfalt.

Zudem befindet sich im Schau-Gewächshaus ein sehr beliebtes Café mit dem Namen Flora, das von Mai bis Ende September und an den Adventswochenenden im Dezember geöffnet ist. Das Café ist bekannt für seine Köstlichkeiten aus Zutaten, die im Garten angebaut werden. Im Sommer gibt es eine Vielzahl von Veranstaltungen im Botanischen Garten, und für Gruppenempfänge steht der Garten das ganze Jahr über zur Verfügung. Der Eintritt ist frei. Weitere Informationen erhält man direkt auf der Webseite des Gartens unter www.grasagardur.is.

Ein weiterer botanischer Garten befindet sich im Zentrum von Akureyri, der Lystigarður Akureyri. 1912 gründeten einige einheimische Frauen einen öffentlichen Park, um zur Verschönerung der Stadt beizutragen. 1957 wurde dieser Park um den Bereich eines botanischen Gartens ergänzt. Akureyri liegt im Norden Islands und damit nahe am Polarkreis. Mit über 18.000 Einwohnern ist es die viertgrößte Stadt Islands. Akureyri wird auch als »Perle des Nordens« bezeichnet, da es ein sehr beschauliches Städtchen mit vielen historischen Bauten und einer idyllischen Lage am Ende des Eyjafjörður ist. Die Stadt verfügt über einen Hafen, der auch von Kreuzfahrtschiffen angefahren wird. Akureyri wird aber auch als »Hauptstadt des Nordens« bezeichnet, verfügt es doch über alles, was eine Stadt auszeichnet. Neben diversen Schulen ist das zum Beispiel eine Universität. Außerdem bietet die Stadt vielen Menschen eine Erwerbstätigkeit.

Mit dem botanischen Garten verfolgt man in Akureyri neben dem Gedanken der Erholung und Entspannung auch verschiedene existenziellere Ziele, die der besonderen Lage des Ortes geschuldet sind. Es wird geprüft, welche Bäume, Sträucher und Stauden besonders für ein Leben nahe dem Polarkreis geeignet sind, auch soll der Garten als Gendatenbank für robuste Pflanzenarten dienen. Der Garten wurde seit 1912 dreimal vergrößert und ist mit 3,6 Hektar noch mal um einiges größer als der Botanische Garten in Reykjavík. Er bietet ein Zuhause für 6.600 Pflanzenarten, darunter etwa 430

Arten, die in Island heimisch sind. Zu finden ist dieser botanische Garten an der Eyrarlandsvegur mitten in der Stadt unweit der überall hin sichtbaren Kirche. Auch hier ist der Eintritt frei. Geöffnet hat der Garten von Juni bis September. Ein echter Tipp für Besucher Akureyris! Mehr Information unter www.lystigardur.akureyri.is.

Neben diesen großen Gärten gibt es auch kleinere botanische Gärten, von denen ich besonders einen sehr empfehlenswert finde. Dieser sehr schöne botanische Garten mit vielen Bäumen, kleinen Wegen und einem beschaulichen Gartenhaus befindet sich in den Westfjorden an der Straße 624 bei Núpur am Dýrafjörður, unweit des Ortes Þingeyri. Der botanische Garten selbst trägt den Namen Skrúður Er wurde 1905 von dem Pfarrer Sigtryggur Guðlaugsson angelegt und ist der älteste botanische Garten Islands. Offiziell eröffnet wurde er am 7. August 1909 und hat bereits seinen 100. Geburtstag gefeiert. Sigtryggur pflanzte Blumen und Gemüse an. Der Garten diente ihm zum einen als Hobby, zum anderen aber auch den Schülern der benachbarten Schule in Núpur als Unterrichts- und Anschauungsobjekt. Der Eingang zum Garten wird aus zwei Walrippen gebildet. Heute ist er im Besitz der Stadt Ísafjörður.

Skrúður erinnert mit seiner Gestaltung sehr an die Gärten in Europa. Es gibt Hunderte von Bäumen und Pflanzen. Die einzigartige Lage des Parks im Dýrafjörður ist für viele Menschen überraschend. Es war bei Gründung auch Absicht, zu beweisen, was in dem unfruchtbaren Boden und unter diesen Bedingungen alles angebaut werden kann. Seine einsame Lage inmitten einer beeindruckenden landschaftlichen Umgebung, die Vielfalt an Blumen und Pflanzen und das kleine Gartenhäuschen, in dem sich die Besucher in ein Gästebuch eintragen können, machen den besonderen Reiz aus. Skrúður ist immer einen Abstecher wert, wenn man an Þingeyri vorbeikommt.

Weil es in Island Rentiere gibt

Ja, die gibt es wirklich. Island ist bekannt für seinen Reichtum an Meeresvögeln, aber weniger bekannt dafür, dass es dort auch Rentiere gibt. Und das nicht domestiziert auf irgendwelchen Höfen. Nein, wirklich frei lebend in der Natur. Aber die Chance, diesen eher scheuen Tieren zu begegnen, ist gering. Ich habe es bei meinen Besuchen Islands bisher nur einmal geschafft, ein Rentier zu sehen. Erschossen auf dem Hänger eines Jägers, der an der Tankstelle seinen monströsen Geländewagen mit Benzin füllte. Wer sich auf die Suche nach den Rentieren machen möchte, muss bis nach Ost-Island fahren, denn dort halten sich die Tiere im Hochland auf. In dieser Region wird man auch auf Verkehrsschilder stoßen, die einen vor Rentieren warnen, die die Straße überqueren.

Heimisch ist das Rentier auf Island nicht. Ende des 18. Jahrhunderts oder genauer gesagt 1771 wurden 13 Rentiere aus Norwegen importiert. Ziel war es, dass sich die Tiere vermehren, man wollte wie in Norwegen mit dem Fleisch und den Fellen Geld verdienen. Und tatsächlich haben sich die Rentiere in den letzten 240 Jahren vermehrt. Mittlerweile wird der Bestand auf über 3.000 Tiere geschätzt. Wie ich selbst beobachten konnte, wird dieser Bestand bejagt, was 1849 durch ein Jagdgesetz erstmals erlaubt wurde. Im August ziehen die Rentiere in Richtung Norden, um dort den Winter zu verbringen. Zur Jagd machen sich die Jäger mit ihren Geländefahrzeugen und Quad Bikes auf, um die ziehenden Rentierherden ausfindig zu machen. Dann werden diese auf Schussdistanz angepirscht.

Aber neben der Jagd, die von spezialisierten Reiseanbietern auch für Jäger außerhalb Islands angeboten wird, ist eine wirtschaftliche

Nutzung der Rentiere nie eingetreten. Die bedeutendsten Nutztiere sind und bleiben das Islandpferd und das Schaf. Der Isländer versuchte im Laufe der Zeit, noch weitere Tiere anzusiedeln. So gab es auch einen Versuch der Ansiedlung von Moschusochsen, der aber scheiterte. Und auch die Ansiedlung von Nerzen ging mächtig daneben, da die Nerze erhebliche Schäden im Entenbestand anrichteten.

69. GRUND

Weil man nur aufstehen muss, wenn man sich im Wald verirrt hat

Genau das ist ein geflügelter Spruch in Island und soll humorvoll zum Ausdruck bringen, dass Wälder in Island in der Regel aus kleinwüchsigen Birkenbäumchen bestehen, die man im Stehen überblicken kann. Die kühleren Temperaturen, die langen Winter und die rauen Wetterbedingungen sind für das Wachstum von Bäumen eher hinderlich, und so dauert es viele Jahrzehnte, bis sich ein Baumbestand entwickelt.

Dabei gab es auf Island vor vielen Jahrhunderten einen großen Baumbestand. Zur Zeit der Besiedlung Islands durch die Wikinger waren 25 bis 40 Prozent der Fläche Islands von Birkenwäldern bedeckt, die teilweise bis zu 15 Meter hoch waren. Doch die Besiedlung der Insel hatte ihren Preis. Es mussten Häuser und Schiffe gebaut werden, es wurde Brennholz benötigt, und die Siedler holzten große Teile der Wälder ab. Das Klima und auch die eingeführten Schafe führten unter anderem dazu, dass sich die abgeholzten Wälder nicht wieder erholten. Die Schafe fraßen die jungen Triebe neuer Bäume, und so dezimierte sich der Baumbestand kontinuierlich.

Erst Ende des 19. Jahrhunderts erkannte man, dass man dem entgegenwirken musste, und begann sich um Aufforstung Gedanken zu machen. Drei Dänen waren die Ersten, die sich gezielt um das Thema Forstwirtschaft in Island kümmerten und beim isländischen Parlament auf die Notwendigkeit des Handelns aufmerksam machten. 1907 wurden dann entsprechende Beschlüsse gefasst und 1908 der »Iceland Forest Service« ins Leben gerufen. Der IFS kaufte Aufforstungsflächen auf und umzäunte sie, damit keine Schafe die jungen Bäume fraßen. In den 1950er-Jahren wurde die Bepflanzung stark erhöht bis zu einer Spitze von 1,5 Millionen Setzlingen im Jahr zu Beginn der 1960er-Jahre, um dann wieder auf eine halbe bis eine Million Setzlinge pro Jahr zurückzugehen.

Im Jahr 1967 wurde mit Hilfe von Norwegen eine Forschungseinrichtung gegründet, um die Aufforstung auch wissenschaftlich zu begleiten. Von 1990 bis 2009 wurde die Aufforstung wieder stark vorangetrieben und bis zu sechs Millionen Setzlinge im Jahr gepflanzt. Die in den 1960er-Jahren gesetzten Bäume zeigten gutes Wachstum, und der Erfolg trieb die Aufforstung an. Nach der Finanzkrise wurden die finanziellen Mittel allerdings zusammengestrichen und die Neupflanzung von Setzligen deutlich reduziert. Die letzte mir bekannte Zahl ist 3,5 Millionen Setzlinge 2012.

Eines der großen Aufforstungsgebiete befindet sich im Osten Islands, entlang der Ostseite des Lagarfljót. Es ist das größte zusammenhängende Waldgebiet Islands und kann auf Wanderwegen durchquert werden. Es wurde nach dem in diesem Gebiet liegenden Hof benannt und trägt den Namen Hallormsstaðaskógur.

Aber trotz der Millionen von Setzlingen, die in den letzten Jahren gepflanzt wurden, ist Island noch weit davon entfernt, wieder den Baumbestand vorzuweisen, den es bei seiner Besiedlung hatte.

Weil man in Island Wale beobachten kann

Vor Island trifft der warme Golfstrom auf die kalten Gewässer des Nordpolarmeeres. Diese Mischung führt zu sehr nährstoffreichen Gewässern mit guten Fischbeständen. Daher ist Fischfang eine der wesentlichen Einnahmequellen der Isländer, die sie sich durch eine 200-Meilen-Zone um ihre Insel auch exklusiv für sich sichern.

Der Nährstoffreichtum führt aber auch dazu, dass sich die Giganten des Meeres vor Island einfinden. Wale gehören zu Island wie Gletscher und Vulkane. Mit dem Schiff vor Islands Küsten unterwegs zu sein bedeutet, fast garantiert einen Wal dabei beobachten zu können, wie er zum Luftholen an die Wasseroberfläche kommt. Dass dies eine Touristenattraktion ist, verwundert keinen. Wer will solch einem Tier nicht mal ganz nahe sein? Sogenannte »Whale Watching Tours« werden in diversen Orten angeboten. Ganz vorne dabei sind Reykjavík und der kleine Fischerort Húsavík.

In Reykjavík starten die Walschiffe vom alten Hafen, den man erreicht, wenn man sich in Richtung der Harpa, des Konzert- und Festspielhauses von Reykjavík, orientiert. Bunte Schilder weisen einem dann am Hafen den Weg zur Anlegestelle des Anbieters, von der je nach Monat bis zu sechsmal am Tag eine Fahrt startet. Nachdem die Tickets gekauft sind und man das Schiff betritt, wird man von einem Reiseführer begrüßt. An Bord des Anbieters Elding (www.elding.is) gibt es die Möglichkeit, eine Multimediashow anzusehen, die mit Bildern und Videos einige Fakten zu den Walarten vermittelt.

Die Schiffe fahren hinaus in den südlichen Bereich des Faxaflói, je nach Wetterbedingungen manchmal auch entlang der Küste in Richtung Keflavík. Der Sommer ist die beste Zeit für die Walbeobachtung. In dieser Zeit können am häufigsten Zwergwale, gefolgt von Weißschnauzendelfinen, Schweinswalen und Buckelwalen, gesichtet werden. In seltenen Fällen auch Finnwale oder Orcas. Der Anbieter verspricht eine Wahrscheinlichkeit von 91,4 Prozent, dass Wale oder Delfine gesichtet werden. Sollte der Fall eintreten, dass dieses Versprechen nicht gehalten werden kann, gibt es ein kostenloses Ticket, das zwei Jahre gültig ist.

Húsavík ist das Mekka der Walbeobachtung. Hier ringen gleich zwei große Anbieter um die zahlungswilligen Touristen: North Sailing (www.northsailing.is) und Gentle Giants (www.gentlegiants. is). Mehrmals am Tag machen sich Schiffe auf in die Skjálfandi-Bucht, um den Giganten der Meere zu begegnen. Hier ist die Wahrscheinlichkeit, auf Wale zu treffen, noch höher als in Reykjavík; sie liegt bei bis zu 99 Prozent. Bei den Anbietern in Húsavík gibt es zwar keine Erstattung oder Freitickets, wenn mal kein Wal gesichtet wird, dafür bieten beide ein Komplettpaket an. Neben warmer, wetterfester Kleidung gibt es an Bord eine heiße Schokolade und isländisches Gebäck, sogenanntes Kleina. Allerdings haben es die Preise in sich. Für einen Erwachsenen fallen knapp 60 Euro pro Person an. Für ein Kind immer noch um die 25 Euro. Nur Kinder unter sechs Jahren fahren kostenfrei mit. Die Preise in Reykjavík sind ähnlich, und es gibt dort kein Getränk oder Gebäck umsonst. Dafür verfügen die Schiffe alle über kostenloses WLAN, wofür auch immer man das bei einer Walbeobachtungs-Tour benötigt.

Der Preis ist aber schnell vergessen, wenn man dann wirklich Wale sichtet und ihnen ganz nah kommen kann. Die Schiffe schalten dann ihre Motoren aus, und auf einmal herrscht gebannte Stille, welche durch begeisterte Ausrufe unterbrochen wird, wenn ein Wal an die Oberfläche kommt und seinen zugegebenermaßen nicht unbedingt wohlriechenden Lungeninhalt hinausprustet. Mit ein wenig Glück kann man sogar beobachten, wie ein Wal steil aus dem Wasser emporschnellt, um dann mit einem lauten Klatschen zurück ins Meer zu fallen. Auch wenn es ein teures Vergnügen ist, dieses rund zweieinhalb bis dreistündige Erlebnis gehört einfach zu einem Island-Aufenthalt dazu und ist einer der Gründe, warum man Island lieben muss.

Für uns Deutsche bleibt es weiterhin meist unverständlich, warum Isländer noch Jagd auf diese teils vom Aussterben bedrohte Tierart machen. Man tut sich als Tourist einen Gefallen, wenn man diese Diskussion nicht mit einem Isländer anfängt. Das Thema wird zwar konträr in Island diskutiert, aber der Erfahrung nach mag er es nicht, wenn sich Fremde in diese Diskussion einmischen.

Übrigens sei eines noch gesagt. Das Meer vor Island kann schon mal ein wenig unruhiger sein, und knapp drei Stunden reichen aus, bei dem einen oder anderen Symptome der Seekrankheit hervorzurufen. Wer dazu neigt, sollte sich überlegen, ob er wirklich mitfahren will und eventuell auf eine Alternative zurückgreifen. In Reykjavík gibt es die Möglichkeit, trockenen Fußes auf die Walbeobachtung zu gehen. In einer Dauerausstellung »Whales of Iceland«, die ebenfalls im Hafengebiet in der Fiskislod 23–25 zu finden ist, können lebensgroße Modelle von 23 Walarten besichtigt werden. Sogar das 28 Meter große Modell eines Blauwals findet sich in der Ausstellung. Dazu gibt es eine Menge über die verschiedenen Walarten zu erfahren. Mehr Informationen dazu findet man auf der Webseite www.whalesoficeland.is.

71. GRUND

Weil die Pferde in Island einen fünften Gang haben

Islandpferde stellen ebenso wie der Papageitaucher eine Art Maskottchen für Island dar. Wer diese Pferde selbst erlebt hat, wird sich der Faszination dieser Tiere nicht verwehren können. Die robuste

Pferderasse ist seit 1909 nicht mehr dem Einfluss fremden genetischen Materials ausgesetzt, da seit diesem Jahr ein Importverbot für Pferde existiert. Dieses soll die auf Island vorhandene Rasse so rein wie möglich halten. Hat ein Islandpferd einmal das Land verlassen, darf es nie wieder zurück. Um als Islandpferd zu gelten, muss es sich um ein reinrassig gezogenes Tier handeln, dessen Herkunft aus Island lückenlos nachgewiesen werden kann.

Vom Wesen her können die Islandpferde als universell einsetzbare Reitpferde beschrieben werden, die genügsam und friedliebend sind. Daher können sie sowohl von Erwachsenen als auch Kindern geritten werden. Sie sind wetterfeste und robuste Pferde und haben im Winter ein dichtes Fell, welches sie gut vor dem Wind und der Kälte des Winters schützt. Sie verfügen über volles Schweif- und Mähnenhaar und treten in verschiedenen Fellfarben auf.

Islandpferde können bis zu 35 Jahre alt werden. Sie sind gesellige Tiere und leben gerne in Herdenverbänden. In Island werden die Pferde, sofern sie nicht für einen Reitbetrieb benötigt werden, im Sommer sich selbst überlassen. Sie ziehen dann wie die Schafe freilaufend durch das Hochland und werden im Herbst wieder zusammengetrieben, um im Winter unbeschadet auf den Höfen zu verweilen.

Die Tiere sind sehr muskulös, aber mit einem Stockmaß von knapp unter eineinhalb Metern eher kleine Pferde, sodass sie auch fälschlicherweise als Islandpony bezeichnet werden. Das sollte man in Island tunlichst vermeiden, denn die Bezeichnung »Pony« für ein Islandpferd ist eher eine Beleidigung. Auch wenn die Islandpferde von der Rasseherkunft und Größeneinteilung als Pony eingestuft sind, bevorzugen die Isländer die Bezeichnung »Islandpferd«. Das Wort »Pony« gibt es nicht im Isländischen, sondern nur das Wort »hestur« für Pferd.

Aber das ganz Besondere an diesem Pferd ist, dass es neben den klassischen Gangarten Schritt, Trab und Galopp noch über eine vierte und fünfte Gangart verfügt. Diese als Tölt und Pass bezeichneten Gangarten sind angeboren, und insbesondere die Gangart Tölt ist bei Reitern sehr beliebt. Dabei bewegt sich das Pferd in einem Vierertakt, sodass immer nur ein bis maximal zwei Hufe am Boden sind. Dadurch sitzt es sich auf dem Pferd fast erschütterungsfrei, was für den Rücken und Po des Reiters sehr angenehm ist.

Reiten gehört auf Island dazu wie das Autofahren, und es gibt viele Anbieter, die geführte oder freie Touren mit ihren Pferden offerieren. Es ist ein absolutes Gefühl von Freiheit, wenn man auf dem Rücken eines Islandpferdes durch die Lande zieht und sich von keinem Fluss oder anderen Hindernis aufhalten lässt.

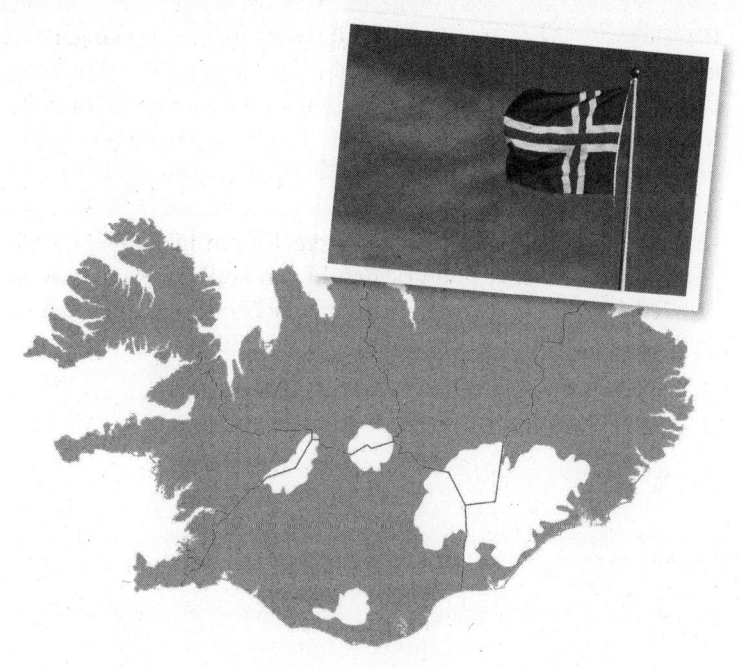

8. KAPITEL

LAND
UND LEUTE

Weil in Island Komiker zum Bürgermeister werden können

2008 wurde Island von der Finanzkrise extrem hart getroffen. Die in den Jahren zuvor aufgebauschten Finanzierungskonstrukte der isländischen Banken platzten und brachten Island fast in den Bankrott. Viele Isländer verloren ihr Vermögen und waren über Nacht hochverschuldet, da sie ihre Kredite nicht in der Landeswährung, sondern in Fremdwährungen aufgenommen hatten. Und da die eigene Isländische Krone im Wert verfiel, konnten die hohen Raten in Fremdwährung nicht zurückgezahlt werden.

Der Schock saß in der Bevölkerung tief, und es machte sich ein extremer Unmut über die Regierung und die Banken breit, der in zahlreichen Protesten und Demonstrationen mündete. Diese waren so emotional aufgeladen, dass es – für Island sehr untypisch – auch zu gewalttätigen Ausschreitungen kam.

In dieser Zeit überlegte sich Jón Gunnar Kristinsson, dass es doch Politiker geben müsste, die ehrlich sind, frei von Habgier und Lobbyismus für Banken und Profit. Die unterm Strich für das isländische Volk nur das Beste wollen. Kristinsson, bekannt unter seinem Kurznamen Jón Gnarr, ist ein in Island bekannter Komiker, Musiker und Schriftsteller. Geboren wurde er am 02. Januar 1967 als Sohn eines Polizeibeamten und einer Arbeiterin. Seine Jugend verlief nicht optimal, und so wurde er in die Kategorie schwer erziehbarer Jugendlicher einsortiert. Nach seiner Schulzeit arbeitete er als Pfleger in einem Behindertenheim und bemerkte eine Begabung, andere mit seinen erdachten Geschichten zum Lachen zu bringen. So kam er darauf, Komiker zu werden, und begann Anfang der 1990er im öffentlich-rechtlichen Rundfunk mit einer Radio-Sitcom. Er wirkte in vielen Sitcoms, Serien und Spielfilmen mit und war Bassist in der Punkrockband Nefrennsli (übersetzt: »laufende Nasen«).

Heute ist er Vater von fünf Kindern und auch ein in Island sehr beliebter Politiker. Denn er überlegte sich in der Zeit der Finanzkrise die Gründung einer Spaßpartei, der »Besti flokkurinn«, übersetzt: »die beste Partei«. Doch was als Spaß begann, wurde in diesen Zeiten von der Bevölkerung Islands mit großem Zuspruch wahrgenommen. Provokative Wahlversprechen wie »kostenlose Handtücher in den Schwimmbädern« oder einem »Eisbär für den Zoo« passten in den Zeitgeist, der sich gegen die etablierten Parteien Islands richtete.

Aus der Spaßpartei wurde eine »echte« Partei, die mit in den Wahlkampf zur Gemeindewahl 2010 einstieg und mit 34,7 Prozent der Stimmen den Bürgermeister von Reykjavík stellen konnte. Und so kam es, dass Jón Gnarr, der Komiker, neuer Bürgermeister von Reykjavík wurde. Zusammen mit seinen Parteigenossen schaffte er mit seiner unkonventionellen Art Dinge, an die niemand geglaubt hätte. Im Gegenteil: Böse Zungen schlossen sogar Wetten ab, dass er nach maximal einem Jahr das Handtuch werfen würde.

Doch es kam anders. Seine Partei koalierte mit den Sozialdemokraten, und er begann damit, sich um die angeschlagene Finanzsituation Reykjavíks zu kümmern. Dabei musste er auch unpopuläre Entscheidungen wie die Verschlankung der Stadtverwaltung oder die Schließung und Zusammenlegung von Schulen umsetzen. Aber er schaffte es, dass Reykjavík schuldenfrei wurde und sich neben der Ökonomie auch das Selbstbewusstsein der Isländer wieder festigte. Den Wahlversprechen zu den kostenlosen Handtüchern in den Schwimmbädern und dem Eisbären für den Zoo wurde er allerdings nicht gerecht, aber das nahm ihm keiner übel, denn seine Partei hatte auch versprochen, dass sie jedes Versprechen bricht, wenn sie im Amt ist.

Im Juni 2014 fanden wieder Wahlen statt, aber Jón Gnarr hatte sich dazu entschlossen, nicht erneut zu kandidieren. In einem

Interview sagte er, dass Filme in der Regel mit einem Happy End enden, so will er auch seine Amtszeit beenden. Viele Isländer wünschen sich nun, dass Jón Gnarr der nächste Präsident Islands wird. Er selbst sagt dazu nicht Ja, aber auch nicht Nein. Vielleicht schafft es Island noch, dass auch ein Komiker Präsident eines Landes werden kann.

73. GRUND

Weil das Telefonbuch von Reykjavík nach Vornamen sortiert ist

Namen sind Schall und Rauch. Diese deutsche Redensart, eigentlich ein Zitat aus Goethes *Faust*, trifft in Island einmal mehr zu als bei uns. Feste Nachnamen, die von Generation zu Generation vererbt oder vom Ehepartner angenommen werden, gibt es in Island nicht.

Der Nachname setzt sich in Island dynamisch aus dem Vornamen des Vaters und einer Endung zusammen, die Auskunft darüber gibt, welchem Geschlecht man angehört. Dabei steht die Endung »-son« für Sohn und die Endung »-dóttir« für Tochter. Da mein Vater Hans heißt und ich zugegeben männlichen Geschlechts bin, wäre mein Nachname in Island Hansson, was nichts anderes wie »der Sohn von Hans« bedeutet. Hätte ich eine Schwester, würde diese Hansdóttir, also »die Tochter vom Hans«, heißen.

Diese nordgermanische Namensgebung hat sich in Island bis heute gehalten. In anderen nordischen Ländern wie Norwegen und Schweden ist man zum Familiennamensystem übergegangen. Auf den Färöer-Inseln, die politisch zu Dänemark gehören, hat man die Wahlfreiheit zwischen dem Familiennamen oder dem Vaternamenssystem.

In isländischen Sagas findet sich eine weitere Variante der Abstammungskennzeichnung, die auch in der heutigen Zeit Anwendung findet, wenn sonst in einer Familie zwei Personen mit dem gleichen Namen wären. Die Differenzierung findet in diesen Fällen über den Namen des Großvaters väterlicherseits statt. Dabei wird dann an den Namen noch der Name des Großvaters mit der Endung »-sonar« angehängt. An meinem Beispiel wäre das wie folgt: Mein Großvater hieß Kaspar, sodass mein kompletter Name dann Marco Hansson Kasparsonar lauten würde.

Diese Variante wird aber selten angewendet, da es neben dieser noch die der Benutzung von Mittelnamen gibt, die wesentlich häufiger auftritt. Hierbei wird der Mittelname des Vaters verwendet. Um das wieder an meinem Beispiel zu verdeutlichen: Mein Vater heißt mit Mittelnamen Josef, also mit vollem Namen »Hans Josef«. Mein Name könnte daher wie folgt variiert werden: entweder Marco Hansson oder Marco Josefsson.

Dieses auf dem Vaternamen basierende System wird auch patronymisches Namenssystem genannt. Mittlerweile findet aber auch immer öfter eine matronymische Namensgebung statt, sprich es wird der Vor- oder Mittelname der Mutter als Grundlage für den Nachnamen genutzt.

Doch wenn man mal genauer Namen von Isländern betrachtet, stellt man fest, dass es auch Familiennamen gibt, die nicht auf »-son« und »-dóttir« enden. Diese haben ihre Herkunft oft in ausländischen Elternteilen, wie zum Beispiel bei der isländischen Sängerin Emilíana Torrini, deren Vater italienischer Herkunft ist. Bis 1925 war es sogar gestattet, einen Familiennamen anzunehmen. Davon machte zum Beispiel der Nobelpreisträger und Schriftsteller Halldór Laxness Gebrauch. Heute darf man dies nur noch, wenn der anzunehmende Nachname vererbt ist.

Die Namensgebung Islands ist auch der Grund, warum das Telefonbuch von Reykjavík nach Vor- und nicht nach Nachnamen sortiert ist, weil der Vorname von wesentlich größerer Bedeutung ist.

Da es Vornamen auch doppelt oder öfter geben kann, wird oft der Beruf mit angegeben. Auch an Klingelschildern finden sich meist nur die Vornamen wieder.

In Island wird auch der Vorname zur formalen Anrede genutzt. Ein Isländer mit beispielsweise dem Namen Gunnar Kristiansson wird nicht mit Herr Kristiansson, sondern einfach mit Gunnar oder mit dem vollen Namen Gunnar Kristiansson angeredet. Das bekannteste Beispiel dafür ist die Sängerin Björk. Hierbei handelt es sich nicht um einen Künstlernamen, sondern ihr realer Name ist Björk Guðmundsdóttir. Daher ist die formale Ansprache in Island Björk. In Deutschland dürfte man dann auch Frau Björk sagen. Diese Anrede gilt für alle, unabhängig von bekleideten Ämtern oder Titeln, so auch für den isländischen Präsidenten. In Island werden alle geduzt, der Vorname und ein »Sie« würde auch komisch klingen.

Übrigens gibt es für die Verwendung von Vornamen, die bisher in Island noch nicht genutzt wurden, ein eigenes Komitee, welches darüber entscheidet, ob ein Vorname benutzt werden darf. Wichtigste Regel dabei ist, dass der Vorname nur aus isländischen Buchstaben bestehen darf und deklinierbar sein muss.

74. GRUND

Weil es in Island 13 Weihnachtsmänner gibt

In Island gibt es nicht nur einen Weihnachtsmann. In Island treiben direkt 13 Weihnachtsmänner ihr Unwesen. Und das im wahrsten Sinne des Wortes. Zwischen dem 12. und 24. Dezember kommt täglich ein neuer Geselle aus den Bergen zu den Menschen, um diese zu bestehlen oder Schabernack mit ihnen zu treiben. Anders als unser Weihnachtsmann sind diese keine kinderfreundlichen, lieben alten Männer mit Rauschebart, sondern ziemlich raue und verschrobene Gestalten mit den unterschiedlichsten Marotten.

Die isländischen Weihnachtsmänner heißen Jólasveinar, was deutsch übersetzt eigentlich Weihnachtsgesellen bedeutet. Am Heiligabend, dem 24. Dezember, sind dann alle zusammen, um in den folgenden Tagen täglich wieder einer weniger zu werden. Am 6. Januar (Heilige Drei Könige) sind alle wieder in den Bergen verschwunden und der »Spuk« ist vorbei. Ihre Heimat sind die Berge des Dimmuborgir, einem Lavafeld östlich des Sees Mývatn.

Dort lebt das Trollweib und die Mutter der Weihnachtsgesellen, Grýla. Im Hause der Jólasveinar lebt auch der Vater Leppalúði und die Weihnachtskatze Jólaköttur. Der Weihnachtskatze wird nachgesagt, dass sie die faulen Menschen frisst, die die Wolle des Herbstes nicht verarbeitet haben. Die fleißigen Menschen jedoch bekommen zu Weihnachten Kleidung (Jólaföt) geschenkt. Darüber gibt es in Island ein sehr populäres Weihnachtslied.

Aber wer sind diese Gesellen, und was für Marotten haben sie? Am 12. Dezember kommt der erste der Weihnachtsgesellen aus den Bergen. Sein Name ist Stekkjastaur, was übersetzt so viel wie Pferchpfosten bedeutet. Er ist von dürrer und steifer Gestalt. Stekkjastaur klaut die Milch der Mutterschafe aus den Ställen. Er verschwindet wieder am 25. Dezember.

Am 13. Dezember erscheint der Schluchtenkobold (isländisch: Giljagaur), der vom Milchschaum der Kühe in den Ställen nascht. Er verabschiedet sich wieder am 26. Dezember. Zwischen dem 14. und 27. Dezember kommt Stúfur, der Knirps, der angebrannte Reste in der Pfanne liebt. Am 15. Dezember taucht dann der Kochlöffellecker Þvörusleikir auf, der am 28. Dezember wieder in die Berge zurückkehrt.

Am 16. Dezember gibt sich Pottaskefill die Ehre, der Topfschaber, da er gerne Kochtöpfe leer leckt. Er verschwindet am 29. Dezember. Der nächste Geselle kommt am 17. Dezember und trägt den Namen Askasleikir, auf Deutsch übersetzt: Essnapf-Lecker. Er stibitzt die stehen gelassenen leeren Essnäpfe. Sein Gastspiel endet am 30. Dezember.

Am 18. Dezember kommt dann Hurðaskellir, der Tür-Zuschläger, der die Menschen mit dem Knallen von Türen nervt. Dies hat zum Glück am 31. Dezember sein Ende. Weiter geht es am 19. Dezember mit Skyrgámur, dem Skyr-Gierschlund. Er verlässt die Menschen an Neujahr. Vom 20. Dezember bis zum 02. Januar treibt dann noch zusätzlich Bjúgnakrækir, der Wurst-Stibitzer, sein Unwesen und stiehlt die Würste mit der Angel aus dem Rauchfang.

Ab 21. Dezember bis zum 3. Januar zieht man besser die Vorhänge an den Fenstern zu, denn in dieser Zeit ist Gluggagægir, der Fensterglotzer, unterwegs. Am 22. Dezember kommt der Geselle mit der langen Nase, Gáttaþefur, der Türschlitz-Schnüffler, der sich am 4. Januar wieder zurückzieht. Der vorletzte Geselle ist Ketkrókur, der Fleischkraller, der vom 23. Dezember bis zum 05. Januar sich seinen Teil des Bratens holt. Und an Heiligabend kommt der Kerzenschnorrer (isländisch: Kertasníkir), der es auf die Talgkerzen abgesehen hat. Er verschwindet am 06. Januar, und dann ist wieder ein Jahr Ruhe.

Heute sind die Jólasveinar zum Teil etwas zivilisierter unterwegs und bringen den Kindern auch schon mal Geschenke. In vielen Kinderbüchern gibt es zahlreiche Illustrationen dieser eigenartigen Weihnachtsmänner. Inzwischen wurde sogar eine App entwickelt, die einen zur Weihnachtszeit über die Weihnachtsgesellen informiert.

Weil in Island das ganze Jahr Weihnachten ist

Weihnachten in Island ist wie in Deutschland eine Zeit der Besinnung, der Ruhe und der Familie, aber auch eine Zeit der Traditionen und Bräuche. Wie bereits zuvor erwähnt, gibt es in Island nicht nur einen Weihnachtsmann. Doch das ist nicht die einzige Eigenart der isländischen Weihnacht. In Island wird es bereits im November weihnachtlich, denn dann fangen viele Isländer an, ihre Häuser, Fenster, Balkone und Gärten festlich zu schmücken. Lichterketten erleuchten überall die dann immer länger werdenden Nächte.

Sehr beliebt ist in dieser Zeit auch ein einfaches, in heißem Fett gebackenes Gebäck mit dem Namen Laufabrauð. Ein Teig wird dünn ausgerollt und zu kleinen Formen geschnitten, die dann in heißem Öl gebacken werden.

Am 23. Dezember ist St.-Þorlákur-Tag. Dieser Tag ist zu Ehren des isländischen Schutzheiligen Þorlákur und auch der geschäftigste Tag in Island. Viele Isländer nutzen die letzte Gelegenheit zum Geschenkekaufen, und die Einkaufsmeilen der Insel sind stark frequentiert. Wenn man an diesem Tag Einheimische zu Hause besucht, sind diese mit den letzten Vorbereitungen des Putzens und Schmückens für Weihnachten beschäftigt.

Aber man muss sich nicht wundern, wenn es an diesem Tag in Islands Wohnungen eigenartig faulig riecht. Das ist keine mangelnde Hygiene, sondern ein an diesem Tag gerichtes traditionelles Fischgericht mit dem Namen »kæst skata«, oder zu Deutsch: Gammel-Rochen. Ähnlich Hákarl, dem Gammelhai (siehe Grund 110: »Weil in Island die Geschmackssinne besonders gefordert sind«), ist dies eine vor Island vorkommende Rochenart, die nur nach einer kontrollierten Fermentierung essbar wird. Unangenehmer Nebeneffekt ist der sehr strenge Geruch.

An Heiligabend ist der Geruch dann wieder verflogen, und man kann sich ganz der Familie widmen, denn Heiligabend ist der wichtigste Tag der Weihnachtssaison. An Heiligabend sind die Geschäfte und Restaurants noch geöffnet, und bis zum Mittag herrscht reges Treiben. Zum Mittagessen wird oft Milchreis gekocht, in dem man eine Mandel versteckt. Derjenige, der die Mandel findet, erhält schon ein erstes Geschenk. Am Nachmittag ist es traditionell üblich, seine verstorbenen Verwandten auf dem Friedhof zu besuchen, bevor man sich festlich gekleidet der noch lebenden Familie zuwendet.

Meist gegen 18:00 Uhr (in manchen Gemeinden auch um Mitternacht) geht es in die Christmesse, gefolgt von einem festlichen Essen im Kreise der Familie. An diesem Tag werden auch die Geschenke überreicht.

Am 25. Dezember ist dann Weihnachten. Dieser Tag wird in Ruhe verbracht. Man hört weihnachtliche Musik, genießt einen Spaziergang an der frischen Luft und verbringt den Tag im Kreise der engsten Verwandten. Am Abend genießt man zusammen traditionelle isländische Gerichte, wie zum Beispiel geräuchertes Lamm (Hangikjöt, kalt serviert), gekochte Kartoffeln in einer weißen Béchamelsauce, Erbsen und eingelegten Rotkohl. An diesem Tag haben auch einige Restaurants geöffnet. Sollte man zu Weihnachten in Island sein, ist eine Tischreservierung in Restaurants zwingend erforderlich, denn spontan ist kein Sitzplatz zu bekommen.

Am 26. Dezember geht es noch ruhiger weiter, und im Kreise der Familie und Freunde werden oft die Reste der Mahlzeiten der Vortage verspeist. Vom 27. bis zum 31. Dezember ist der Übergang zwischen der ruhigen, besinnlichen und der Partyzeit.

Diese findet dann am 31. Dezember ihren Höhepunkt. Die Feierlichkeiten beginnen in der Regel am frühen Abend mit einem fantastischen Abendessen zu Hause. Gegen 20:30 Uhr brennen an vielen Stellen Lagerfeuer. Diese Feuer sind vielleicht die älteste Tradition in Island, noch aus der Zeit des Mittelalters, und werden als Áramótabrenna bezeichnet. Warm bekleidet steht man zusammen um diese herum und teilt Erinnerungen und singt gemeinsam Lieder.

Ab 22:30 Uhr beginnen sich die Straßen zu leeren, um im isländischen Fernsehen die Show *Áramótaskaup* zu sehen. Diese ist vergleichbar mit den Jahresrückblicken in unseren TV-Sendern, allerdings humorig aufbereitet. Gegen 23:30 Uhr macht man sich dann wieder bereit, nach draußen zu gehen. Die Isländer lieben Feuerwerk, und so kommt es, dass in Reykjavík eines der weltweit spektakulärsten Feuerwerke zu sehen ist. Gefeiert wird bis spät in die Nacht, und so ist es nicht verwunderlich, dass es an Neujahr sehr ruhig zugeht.

Die isländische Weihnachtszeit endet am 6. Januar. Der letzte Weihnachtsgeselle kehrt in die dunklen Berge zurück, und in vielen Heimen fällt der Weihnachtsschmuck. Auch an diesem Tag werden an vielen Orten wieder Feuer gezündet.

Aber eigentlich ist in Island Weihnachten nicht nur auf die Zeit zwischen dem 12. Dezember und 6. Januar beschränkt. An einem Ort ist das ganze Jahr über Weihnachten; er befindet sich einige Kilometer südlich von Akureyri und fällt sofort ins Auge. Ein großes kirschrotes Haus, verziert mit übergroßen Süßigkeiten und anderen Leckereien, und ein angrenzender Burgturm befinden sich in einem Garten, der weihnachtlich geschmückt ist.

Der Name des Gartens ist Jólagarðurinn, was auf Deutsch nichts anderes als »Weihnachtsgarten« bedeutet. Und das Haus wird Jólahusið, »Weihnachtshaus«, genannt. Im Turm findet man den größten Weihnachtskalender der Welt.

Im Jólahusið kann das ganze Jahr Weihnachten gefeiert werden. Besinnliche Weihnachtsmusik schallt aus Lautsprechern und soll die Besucher in die richtige Stimmung versetzen, damit diese viele weihnachtliche Artikel kaufen, denn das Weihnachtshaus ist ein großer Shop, der neben Bonbons, Schokoladen und anderen Süßigkeiten alles rund um die weihnachtliche Dekoration anbietet – von

Kugeln über Lichterketten bis hin zu den kleinsten Holzfiguren. Es gibt aber nicht nur Deko-Artikel, sondern den Weihnachtsbaum gleich mit. Von klein bis groß, dünn oder dick, der passende ist sicher dabei.

Erreicht wird das Weihnachtshaus circa zehn Autominuten vor der Stadt Akureyri am Ende des Eyjafjörður an der Straße 821.

76. GRUND

Weil in Island der Computer der Zahlenwahrsager ist

In Grund 73: »Weil das Telefonbuch von Reykjavík nach Vornamen sortiert ist« habe ich schon ein wenig zur isländischen Sprache geschrieben. Doch dazu gibt es noch weitaus mehr zu berichten.

Isländisch, oder für Einheimische »islenska«, ist eine Sprache aus dem germanischen Zweig der indogermanischen Sprachfamilie. Fern von fremden Einflüssen hat sich die Sprache kaum verändert und entspricht damit weitestgehend noch dem Altnordischen, welches von den Wikingern gesprochen wurde. Dies führt dazu, dass die Isländer auch heute noch Hunderte Jahre alte Schriftstücke lesen können. Neben Isländisch trifft diese »Unversehrtheit« der Sprache noch für Färöisch zu. Allerdings haben sich im Färöischen eine Vielzahl an Dialekten gebildet, was beim Isländischen kaum der Fall ist.

Isländisch wird von etwas über 300.000 Menschen auf der Welt gesprochen, von daher ist es in Island üblich, auch weitere Sprachen zu lernen, um mit Menschen außerhalb der Insel zu kommunizieren. Wegen der politischen Vergangenheit wird Dänisch als weitere Fremdsprache an den Schulen gelehrt. Aber auch Englisch wird fast von jedem Isländer gesprochen, sodass man als Tourist keine Schwierigkeiten haben sollte, sich mit Isländern zu verständigen.

Das isländische Alphabet hat 32 Buchstaben, die zum großen Teil dem lateinischen Alphabet entsprechen. Alle Vokale und auch das y gibt es in einer weiteren Form mit Akzent, welcher die Aussprache beeinflusst. Beisepielsweise wird das »a« wie das »a« in Land gesprochen, das »á« hingegen wie »au« in Haus.

Aber Isländisch ist sehr kompliziert, denn ein »a« vor einem »gi« oder »gj« wird wie ein »ai« ausgesprochen, vor »ng« oder »nk« hingegen wie das »á« in Haus. Solch komplizierte Ausspracheregeln gibt es fast für jeden Buchstaben, was es besonders schwer macht, sich Isländisch im Selbststudium beizubringen.

Ein paar uns bekannte Buchstaben gibt es im Isländischen überhaupt nicht, wie das »C«, das »W«, das »Q« und das »Z«. Wobei es beim »Z« eine Ausnahme gibt. Für die auch in Island beliebte Pizza würde eine Überführung ins Isländische zu »Pissa« führen. Wie man sich denken kann, hat dieses Wort in etwa die gleiche Bedeutung wie im Deutschen, so dass die Pizza auch in Island »Pizza« heißen darf.

Dafür verfügt das isländische Alphabet über Buchstaben, die wir nicht kennen. Da wäre das »Ð« oder kleingeschrieben »ð«. Ausgesprochen klingt dies wie ein »th« im englischen Wort »this«. Fast gleich klingend gibt es noch den Buchstaben »Þ« (kleingeschrieben: »þ«). Dieser wird wie das »th« im englischen Wort »think« ausgesprochen. Und zuletzt noch den Buchstaben »Æ« oder kleingeschrieben »æ«. Die Aussprache dieses Buchstabens ist wie »ai« in »Mais«.

Aber genug der Theorie. In diesem Grund geht es mir eigentlich um den isländischen Sprachpurismus, auch Sprachreinigung genannt. Darunter versteht sich das Bestreben, alle Fremd- oder Lehnwörter in der eigenen Sprache zu vermeiden und aus Material der eigenen Sprache zu bilden. Für Isländer ist die eigene Sprache ein schützenswerter Kulturträger und Symbol nationaler Identität. Ganz das Gegenteil von uns Deutschen, die immer mehr Anglizismen in den alltäglichen Sprachgebrauch integrieren.

1964 wurde dazu eine staatlich unterstützte »Isländische Sprach-kommission« (*Íslensk málnefnd*) gegründet, die Neuwortkataloge erstellt und verbreitet. Diese Kommission besteht aus 16 Mitgliedern, die immer für eine Periode von vier Jahren ernannt werden. Dabei ist fest vorgegeben, aus welchen Institutionen jeweils ein Mitglied ernannt wird – so stammt zum Beispiel ein Mitglied vom Nationaltheater Islands.

Doch wie sieht dies in der Praxis aus? Beispiele für den Sprachpurismus sind zum Beispiel Bezeichnungen von Geräten moderner Errungenschaften wie der Computer, welcher im isländischen »Tölva« heißt. Deutsch übersetzt bedeutet »Tölva« so viel wie Zahlenwahrsager und setzt sich aus den isländischen Worten für Zahl (»tala«) und Wahrsagerin (»völva«) zusammen.

Fernseher heißt im isländischen »Sjónvarp«, was auf Deutsch so viel wie Bildaussender bedeutet. In Island wird gedrahtet, nicht telefoniert, denn das Wort »Telefon« heißt im Isländischen »Sími«, auf Deutsch »Draht«. Und das Handy ist das »farsími«, der bewegliche Draht.

Weitere Beispiele sind der »kriechende Drache«, der »Skriðdreki« als isländisches Wort für einen Panzer. Oder »Áttaviti«, auf Deutsch »Richtungszeiger«, als isländisches Wort für Kompass.

Nach diesem Exkurs in das isländische Alphabet und die Besonderheiten dieser Sprache möchte ich einige wenige, aber wichtige Redewendungen und Endungen vorstellen, die einem helfen, sich in Island ein wenig besser zurechtzufinden. Den Schwerpunkt lege ich hierbei nicht auf das Sprechen, sondern das Lesen. Fangen wir mit dem Toilettengang an. Toiletten heißen auf isländisch »Snyrting«. Sollten keine Piktogramme darauf hinweisen, welche Toilette für welches Geschlecht ist: Bei Herren steht »Herrar«, bei Frauen »Dömur«. Der Ausgang aus einem Gebäude wird mit »Útgangur« bezeichnet, der Eingang mit »Inngangur«.

Folgende wichtige Wörter sollte man als Besucher in Island ebenfalls kennen:

- bannað = verboten
- lokað = geschlossen
- varúð = Vorsicht
- hætta = Gefahr
- Bílaleiga = Autoverleih
- Bilastædi = Parkplatz
- kaka = Kuchen (damit hier kein Missverständnis entsteht)
- Forréttir = Vorspeise
- Aðalréttir = Hauptgang
- Eftirréttir = Nachspeise
- Kjöt = Fleisch
- Fiskur = Fisch
- Grænmeti = Gemüse
- Drykkir = Getränke
- Bakarí = Bäckerei
- Lyfjabúð = Drogerie
- Apótek = Apotheke

Endungen von Ortsbezeichnungen geben oft direkt Auskunft darüber, um was es sich handelt. Die wichtigsten Endungen im Überblick sind:

- -jökull = Gletscher
- -dalur = Tal
- -ey = Insel
- -fjall = Berg
- -fjöll = Gebirge
- -foss = Wasserfall
- -fjörður = Fjord
- -flói = größere Bucht
- -vík = kleinere Bucht, Meeresarm
- -strönd = Strand
- -höfn = Hafen

Weil in Island Steine ins Museum gehören

In den Ostfjorden Islands befindet sich im Ort Stöðvarfjörður an der Straße 96 ein besonderes Museum. Es trägt den einfachen Namen »Petras Steingarten« und beinhaltet wohl eine der größten privat angelegten Steinsammlungen der Welt.

Petra Sveinsdóttir wurde am 25.12.1922 geboren und fing bereits im Kindesalter damit an, Steine zu sammeln. Anfangs trug sie die Steine zusammen, um damit zu zeichnen. Später, um damit die vielen kleinen Hütten, die sie mit ihren Freunden im ganzen Ort gebaut hatte, zu dekorieren. Zwei Begriffe finden in Beschreibungen von Petra immer wieder Platz: Sammler und Naturforscher. Sie liebte die Natur, seit sie ein Kind war, und nahm ihre Umgebung anders wahr als viele ihrer Landsleute. Es scheint, als ob ihre Eltern gewusst hätten, welche Leidenschaft in Petra steckt, denn der Name Petra bedeutet im Griechischen nichts anderes als »Stein«.

1946 begann sie, ihre Mineraliensammlung aufzubauen. In den ersten 20 Jahren sammelte sie die Steine fast ausschließlich an den Nordhängen der Berge bei Stöðvarfjörður. Zu der Zeit war es sehr schwierig, von Stöðvarfjörður woanders hinzureisen, da es noch keine Brücke über den Fluss Stöðvará gab und die Ostfjorde zu den abgelegenen Gegenden auf Island gehörten.

Später interessierte sie sich auch für Steine aus anderen Regionen Islands, und ihre Mineraliensammlung wuchs ständig weiter an. Sie verglich ihr Sammeln von Steinen mit dem Jagen oder Fischen und konnte zu den gesammelten Objekten oft Geschichten erzählen, wie und wo sie die Steine gefunden hat.

1974 starb ihr Mann im frühen Alter von 52 Jahren. Am Tag seiner Beerdigung entschloss sich Petra, ihre Mineraliensammlung der Öffentlichkeit preiszugeben und begann, Besucher zu empfangen. Schon bald wurde ihre Sammlung unter »Petras Steingarten« über die Grenzen Stöðvarfjörðurs hinaus bekannt und fand sich in Reiseführern als Sehenswürdigkeit wieder. Und es ist wirklich beeindruckend. Der gesamte Garten rund um ihr Haus ist mit Steinen der unterschiedlichsten Größen und Farben gefüllt. Sauber aufgereiht auf Holzregalen, teilweise mit Infotafeln, kann man einige Zeit dort verbringen, ohne dass Langeweile aufkommt. Kein Wunder, dass über 20.000 Besucher im Jahr den Weg in das abgelegene Stöðvarfjörður gefunden haben. Petra ist leider 2012 im Alter von 89 Jahren gestorben, jedoch wird ihr Andenken als »Petras Steingarten« von ihrer Familie weiter gepflegt, und so kann man noch heute ihre einzigartige Sammlung bewundern.

78. GRUND

Weil sich in Island nur 850 Menschen eine Kirche teilen müssen

Wenn man durch Island reist, werden einem ein paar Dinge immer wieder begegnen. Angefangen mit Wasserfällen, die es so ziemlich an jeder Stelle in Island gibt, sodass man es schnell aufgibt, diese zu zählen. Weiter geht es mit Schafen, die in den Sommermonaten, sich selbst überlassen, immer in kleinen Gruppen von zwei bis drei Tieren, vorzugsweise am Straßenrand abhängen. Über Schneefelder, die an den Hängen und Schattenstellen der Berge bis in den Sommer hinein der Sonne trotzen.

Bis hin zu Kirchen, die auf Höfen, in kleinen oder größeren Orten oder für sich alleine inmitten der Einsamkeit den gläubigen Touristen die Möglichkeit zur Ruhe und Einkehr bieten. Genau gesehen sind es 377 Kirchen. Kleine, große, aus Holz, aus Beton oder aus Stein. In Blau, in Rot, in Grau, in Weiß und vielen anderen Farben. Islands Kirchen sind sehr vielfältig.

Aber eines haben sie alle gemeinsam. Sie sind schön anzusehen. Sei es, weil ihre Architektur das Ergebnis eines kreativen Geistes ist, wie zum Beispiel die an Basaltsäulen erinnernde Architektur der Hallgrímskirkja in Reykjavík oder die schwungvollen Rundungen der Stykkishólmskirkja in Stykkishólmur. Oder weil ihre Lage einen besonderen Reiz ausmacht, wie zum Beispiel die Búðakirkja inmitten eines von Gras überwachsenen Lavafeldes am Rande von Sanddünen in Búðir oder die Súðavíkurkirkja am Fuße eines für die Westfjorde typischen Steilhanges in Súðavík.

Zwei Isländer, Þórarinn Örn Andrésson und Andrés Ásgeir Andrésson, haben sich ganz besondere Mühe gemacht und eine interaktive Karte erstellt, auf der alle Kirchen Islands verzeichnet sind. Doch neben der reinen Information, wo welche Kirche ist, haben die beiden zu jeder Kirche Informationen und Bildmaterial gesammelt. Auch wenn die Seite nur in isländischer Sprache ist, findet man sich schnell darauf zurecht. Zu finden ist die Seite unter www.kirkjukort.net.

Dass Island über so viele Kirchen verfügt, hat übrigens einen trivialen Hintergrund. Jeder, der eine Kirche auf seinem Hof vorhielt, bekam steuerliche Vergünstigungen.

79. GRUND

Weil Island die Kulisse für viele Kinofilme ist

Für Filmproduktionen, Serien und Werbespots erfreut Island sich zunehmenden Interesses von Produzenten. Die einzigartigen Landschaften bieten die Grundlage für viele Filme, insbesondere dem Science-Fiction- und Action-Genre. Weite vegetationslose Gebiete, durchzogen von einsamen mäandernden Flüssen. Oder große, von Moos überzogene Berge, deren Spitzen sich in tiefhängende Wolken bohren. Oder riesige von Gletschern bedeckte Gebiete mit gewaltigen Spalten und natürlichen Gletscherlagunen, in denen riesige vom Gletscher gekalbte Eisberge schwimmen.

Dies sind nur einige Beispiele der Vielfalt Islands, die auch bei den Regisseuren Hollywoods nicht unbemerkt blieben. Und so haben diese Kulissen in zahlreichen Filmen ihren Platz gefunden. Zum Beispiel in:

- *Das erstaunliche Leben des Walter Mitty* von und mit Ben Stiller
- *Prometheus* von Ridley Scott
- *Oblivion* von Joseph Kosinski
- *Stardust* von Matthew Vaughn
- *James Bond 007 – Stirb an einem anderen Tag* von Lee Tamahori
- *Tomb Raider* von Simon West
- *Batman Begins* von Christopher Nolan
- *Interstellar* von Christopher Nolan
- *Star Trek Into Darkness* von J.J. Abrams
- *Thor – The Dark Kingdom* von Alan Taylor

Auch in TV-Serien hat Islands Naturkulisse Einzug gefunden. So in der zur Zeit sehr erfolgreichen Serie *Game of Thrones* des amerikanischen Senders HBO, die in weiten Teilen in Island aufgenommen wurde.

Wer die landschaftlichen Kulissen Islands kennt, wird merken, dass diese auch in Werbespots zunehmend Einzug finden. Fast alle namhaften Automarken haben hier schon einen Spot gedreht: Von Audi, Mercedes-Benz, BMW, Land Rover, Toyota und Mazda gibt es Werbespots, die komplett oder in Teilen in Island gedreht wurden.

Wer die Drehorte aufsuchen möchte, dem empfiehlt sich die Seite der isländischen Film-Kommission. Dort gibt es eine interaktive Karte, auf der alle Drehorte einzusehen sind. Es wird sicher eine interessante Route, wenn man alle besuchen möchte. Zu finden ist die Seite unter: www.filminiceland.com/case-studies/filming-locations.

80. GRUND

Weil in Island Hygiene beim Schwimmbadbesuch besonders wichtig ist

Schwimmbäder sind für Isländer ein fester Bestandteil der Lebenskultur. Während in Deutschland den Gemeinden das Geld zum Betreiben der Schwimmbäder ausgeht und viele Bäder geschlossen werden, gibt es in Island 163 Schwimmbäder, von denen 134 mit geothermaler Energie beheizt werden. Die Vielfalt dieser Bäder ist groß. Wie in Grund 7 beschrieben, ist das wohl bekannteste Schwimmbad ist die »Blaue Lagune«, oder wie die Isländer sagen: »Bláa Lónið«.

Die meisten Bäder in Island sind Freibäder, aber einige Städte bieten auch Hallenbäder an. Nicht unerwähnt lassen möchte ich das Hallenbad »Sundhöll Reykjavíkur«, welches bereits seit 1937 existiert und damit das älteste öffentliche Bad Islands ist. Das Gebäude wurde vom Architekten Guðjón Samúelsson entworfen.

Es wirkt sehr minimalistisch, ist in weißen Tönen gehalten und erinnert fast an den Art-déco-Stil mit seinen hohen, schmalen Rechteckfenstern auf der Nordseite. Der Innenraum ist durch die großen Fenster lichtdurchflutet, und bemerkenswert sind die Bögen auf der Südseite. Neben dem 25 Meter langen und zehn Meter breiten Hauptbecken gibt es noch eine Sonnenterrasse mit Hot Pots, von denen man auf die Hallgrímskirkja blicken kann.

Neben diesen großen Bädern gibt es auch eine Vielzahl kleiner Bäder, die zum Teil fernab jeder Besiedlung für sich alleine an Orten zu finden sind, an denen wir keine Bäder vermuten würden. So gibt es zum Beispiel in den Westfjorden noch knapp 40 Kilometer nördlich des einsamen Ortes Djúpavík ein kleines Schwimmbad mit dem Namen Krossneslaug, welches sich gefühlt am Ende der Welt befindet. Das Schwimmbad befindet sich direkt am Strand und verfügt über ein Umkleidehäuschen sowie ein kleines Schwimmbecken und Hot Pots.

Wenn man in diesem durch geothermale Energie beheizten Schwimmbad schwimmt, hat man das Gefühl, direkt im Nordmeer seine Bahnen zu ziehen. Übrigens bezahlt man den Eintritt in diesem Bad in einen kleinen Kasten, also ist dies auch einer der wenigen Momente, an denen man Bargeld bei sich haben sollte (siehe Grund 56).

Doch egal, ob das Bad in einer belebten Stadt oder einer entlegenen Gegend von Island ist. Und egal, ob dort Personal nach dem Rechten sieht oder nicht. Dem Isländer ist eines beim Baden sehr wichtig, ich möchte fast schon sagen: heilig. Und das ist die Hygiene. Es gibt sehr strikte Regeln, die man als Besucher eines Schwimmbades in Island kennen muss, denn bei Nichtbeachtung können die Isländer auch mal unwirsch reagieren.

In Schwimmbädern in Island beginnt alles erst mal im Eingangsbereich. Dort stehen Bänke und Regale, damit man sich seines Schuhwerks entledigen kann. Die Schuhe werden im Regal deponiert. Man geht auf keinen Fall mit Schuhen in die Umkleide. Im Umkleideraum angekommen, zieht man sich aus, aber im Gegensatz zu deutschen Bädern bleibt man auch erst mal ausgezogen und geht, bewaffnet mit Badekleidung und Seife, in den Duschbereich.

Dort hängen in der Regel sehr eindeutige Hinweisschilder, die unmissverständlich als Bild und in diversen Sprachen zum Ausdruck bringen, was auf jeden Fall ordentlich eingeseift und abgeduscht sein soll. Dazu gehören der Kopfbereich, die Achseln, der Genitalbereich und die Füße. Duschgel wird in der Regel im Duschbereich kostenlos zur Verfügung gestellt, sollte man sein eigenes mal vergessen haben.

Erst wenn diese Regionen ordentlich sauber sind, zieht man sich die Badekleidung an und geht ins Schwimmbad. Hält man sich nicht daran und wird von einem Isländer beobachtet, gibt es sicher ein paar klare Worte oder mindestens den passenden Blick.

Nach Beendigung des Bades sei noch erwähnt, dass es auch verpönt ist, sich erst in der Umkleide wieder abzutrocknen. Dies erfolgt in der Zone zwischen Duschbereich und Umkleide, wo sich meist auch kleine Regale befinden, in die man vorher sein Handtuch hinterlegt hat. Der Isländer mag es nicht, wenn er seine Strümpfe auf nassen Boden anziehen soll. Wir doch auch nicht, oder?

81. GRUND

Weil es in Island keine Taschentücher gibt

Im Ausland Supermärkte aufzusuchen gehört für mich zu einem der spannendsten Momente. Verraten diese doch, was man in dem Land so isst, trinkt und konsumiert.

In Island gibt es einige große Supermarktketten, die in vielen Orten vertreten sind. Je nach Lage variiert das Angebot in Umfang und Auswahl, auch habe ich es schon erlebt, dass viele Artikel einfach vergriffen waren, da der Nachschub in entlegene Orte Islands wohl nicht immer so klappt.

Ich war überrascht, dass in dem sonst sehr liberalen Land die Öffnungszeiten der Supermärkte recht eingeschränkt sind. Sie machen teilweise erst um 11:00 Uhr auf und schließen am Abend bereits wieder um 18:30 Uhr. Ein Glück, dass es da noch die Tankstellen gibt, deren Öffnungszeiten wesentlich großzügiger gestaltet sind.

Besonders auffällig ist die Supermarktkette Bónus. Das grelle gelbe Logo mit dem Bónus-Schriftzug, bei dem statt des »ó« ein rosa Schwein abgebildet ist, ist weithin zu sehen. Das Schwein steht dafür, dass man beim Kauf im Bónus sparen kann. Und in der Tat ist der Bónus einer der günstigsten Supermärkte, hat aber ein eingeschränkteres Warenangebot.

Eine weitere Kette ist Krónan. Ähnlich wie Bónus richtet sich diese Kette an den preisbewussten Käufer, hat aber ein größeres Warenangebot, vor allem bei frischem Fleisch und Fisch. Er verfügt zudem über eine große Auswahl an glutenfreien Lebensmitteln. Relativ neu sind die Märkte der Marke Nettó. Sie ist ebenfalls eher preiswerter und verkauft zusätzlich eine Menge anderer Dinge wie Haushaltswaren und Spielzeug.

Die Supermarktkette Hagkaup ist mehr mit einem Kaufhaus aus Deutschland vergleichbar. Neben recht teuren Lebensmitteln werden hier auch Kosmetikprodukte und Haushaltsgeräte verkauft. Einen ähnlichen Namen hat noch die Kette Samkaup. Hier gibt es zwei Ausprägungen, einmal Samkaup Úrval und Samkaup Strax. Der Unterschied liegt im Warenangebot und den Öffnungszeiten. Úrval hat ein größeres Angebot, ist aber nicht so lange geöffnet. Strax hingegen hat ein kleineres Sortiment, dafür aber längere Öffnungszeiten.

Es gibt noch weitere Supermärkte, aber deren Häufigkeit ist eher gering oder nur auf die Hauptstadt beschränkt. Eines haben aber alle Supermärkte gemeinsam: Wer versucht, dort Taschentücher zu kaufen, wird danach vergeblich suchen. Im besten Fall gibt es Kosmetiktücher, aber Taschentücher, so wie wir sie kennen, sind in Island unbekannt.

Na ja, vielleicht nicht ganz unbekannt. Sicher hat der eine oder andere Isländer schon einen Deutschen dabei beobachtet, wie er in ein Taschentuch schnäuzt, und sich gewundert, warum wir das tun.Denn der Isländer putzt sich seine Nase nicht. Er zieht sie hoch und schluckt das Nasensekret runter. Wissenschaftlichen Studien nach soll dies sogar die bessere Methode sein, da damit das Immunsystem besser trainiert wird.

82. GRUND

Weil man in Island in Wohnungen keine Schuhe trägt

Neben der Nichtbenutzung von Taschentüchern muss man in Island noch weitere Eigenarten beachten, um bei den Isländern nicht unangenehm aufzufallen. Wie ich bereits erwähnt habe, wird derjenige, der ein isländisches Schwimmbad besucht, zum Beispiel mit den sehr strikten Ritualen und Hygienegewohnheiten konfrontiert (siehe Grund 80). Ein Teil dieses Rituals ist, dass man sich zuerst einmal in einem Vorraum die Schuhe auszieht.

Das erwartet einen auch, wenn man einen Isländer bei sich zu Hause besucht. Es ist allgemein üblich, seine Schuhe auszuziehen, wenn man eine Wohnung betritt. Das ist so selbstverständlich, dass ein Isländer darüber gar nicht nachdenkt. Er kommt in die Wohnung, zieht seine Straßenschuhe aus und schlüpft in der Regel in Hausschuhe, die in Island »inniskór« heißen, auf Deutsch bedeutet dies so viel wie Drinnenschuhe.

Warum die Isländer das tun, ließ sich nicht recherchieren. Die naheliegende Erklärung ist natürlich die, dass die Isländer viel in der Natur sind. Vor allem bei dem unbeständigen Wetter sind die Schuhe schnell nass und schmutzig. Religiöse Hintergründe, wie sie in manch anderen Kulturkreisen vorkommen, sind in Island nicht gegeben.

Übrigens gilt dies auch für Schulen, Bibliotheken und teilweise sogar am Arbeitsplatz.

83. GRUND

Weil man in Island mit dem Auto spazieren fährt

Das Auto ist für den Isländer elementar. Es bedeutet Freiheit und ist, wenn man außerhalb der größeren Städte wohnt, unabdingbar, um von einem Ort zum anderen zu kommen. Es ist auch ein Statusobjekt, denn ein Auto auf Island ist teuer. Es gibt keine eigenen Automarken und auch keine Autofabriken. Jedes Fahrzeug auf Island muss importiert werden. Um sich einen solchen fahrbaren Untersatz zu leisten, muss der Inselbewohner also einiges Geld auf den Tisch legen. Und dann belässt er es oft nicht bei dem Stand, der ab Werk geliefert wird. Nein, bei Geländefahrzeugen kann er immer noch einen oben drauf legen (siehe Grund 86: »Weil in Island Geländewagen zum Alltag gehören).

Der Isländer ist gerne mit seinem Auto oder Geländewagen unterwegs. Und gerne ist er dabei in Gesellschaft. Wer in Reykjavík abends auf dem Laugavegur unterwegs ist und ein wenig genauer hinsieht, wird bemerken, dass manche Fahrzeuge immer und immer wieder vorbeikommen. Manchmal bleiben die Fahrzeuge auch stehen, und man quatscht mit einem Bekannten, den man auf der Straße gesehen hat. In Deutschland undenkbar – es hätte keine 20 Sekunden gedauert, und der erste Hintermann hätte gehupt. In Reykjavík nicht. Mit Gelassenheit nehmen die Fahrer dahinter das hin (solange es kein ortsunkundiger Tourist ist).

Eien weitere Besonderheit ist vor allem in den kleineren Orten Islands zu beobachten, wird aber auch in Reykjavík von den Jugendlichen vollzogen: Die »Rúntur« (auf Deutsch: Rundfahrt) ist eine beliebte Beschäftigung. Dabei setzen sich die jungen Leute in ihre Autos und fahren die Straßen ihres Ortes ab, machen also eine Rundfahrt durch den Ort.

Zwischendurch trifft man sich auf Parkplätzen und quatscht miteinander, um dann wieder auf die Rúntur zu gehen. Eine motorisierte Art des Sehens und Gesehenwerdens. Und natürlich spielt dabei auch das Auto eine Rolle. Nicht selten sind es aufgemotzte Geländewagen oder getunte Sportwagen, die da ihre Runden durch die Orte drehen.

In der Hauptstadt geht dies auch zu Fuß. Da wird das Kneipenhopping am Abend als Rúntur bezeichnet. Man verweilt nicht den ganzen Abend in einem Lokal. Nein, man klappert mehrere ab, denn schließlich will man auch hier sehen und gesehen werden.

Neben diesen Spazierfahrten, die eher von Jugendlichen vollzogen werden, treffen sich die Männer mit ihren maximal ausgebauten Super-Jeeps, um im Rudel ins Hochland zu fahren. Gerne auch im Winter auf die schneebedeckten Hochlandebenen oder rauf auf die Gletscher. Hier machen sich die Isländer eine ulkige Regelung zunutze: In Island darf man mit dem Auto überall hinfahren, wo eine geschlossene Schneedecke ist. Dann wird auf einer Hütte gegrillt und übernachtet, bevor man am nächsten Tag die Rückfahrt antritt.

84. GRUND

Weil ein Isländer vor Kolumbus Amerika entdeckt hat

Christoph Kolumbus war ein italienischer Seefahrer und entdeckte 1492 unter spanisch-kastilischer Flagge Amerika. So lehren es die

Geschichtsbücher. Doch war er wirklich der Erste, der als Europäer seinen Fuß auf amerikanischen Bodens setzte?

Wenn man einen Isländer fragt, wird das mit Sicherheit verneint werden. Denn unter ihren Landsleuten war auch ein großer Seefahrer und Entdecker: Leifur Eiríksson, oder wie er oft außerhalb Islands genannt wird: Leif Eriksson.

Leifur lebte lange Zeit vor Christoph Kolumbus. Sein Geburtsort kann nicht genau bestimmt werden, jedoch wird davon ausgegangen, dass er als Sohn von Erik dem Roten um 970 in Island geboren wurde. Und genau von Erik dem Roten handelt die »Eiríks saga rauða«, oder auf Deutsch: die Saga von Erik dem Roten. In dieser Erzählung wird berichtet, dass Leifur um das Jahr 1000 von Grönland nach Norwegen segelte und auf der Rückkehr von Norwegen unbekanntes Land entdeckte.

In dieses neu entdeckte Land machte er sich dann später auf, um es näher zu erkunden. Und dieses Fleckchen Erde war nichts anderes als der amerikanische Kontinent. Wo genau Leifur mit seinen Männern an Land ging, kann nicht gesagt werden. Archäologische Funde deuten darauf hin, dass die Wikinger sich bis nach Devon Island in Kanada bewegt haben.

Die Wikinger nannten das neue Land Vinland, was Weinland oder Weideland heißen kann. Man vermutet, dass der Ursprung in Weideland liegt, weil die Wikinger wohl beeindruckt von den grünen Weiden waren, kannten sie doch nur die kargen Gebiete Grönlands.

Es scheint bewiesen, dass die Isländer recht haben und Leifur Eiríksson, ein Isländer, Entdecker des amerikanischen Kontinentes ist. Und so sind die Isländer stolz auf diesen Vorfahren und setzten ihm ein Denkmal in Form einer Statue auf dem Platz vor der Hallgrímskirkja in Reykjavík. Na ja, eigentlich ist die Statue ein Geschenk des US-Kongresses zum 1000. Jahrestag des isländischen Parlaments. Aufgestellt wurde sie am 3. Mai 1932. Die Statue wurde so ausgerichtet, dass sie nach Westen in Richtung des Atlantischen

Ozeans und Grönland schaut. Sie zeigt Leifur Eiríksson auf einem geschwungenen Steinsockel in kämpferischer Haltung mit einem großen Beil in der Hand.

Eine identische Kopie dieser Statue steht in Amerika vor dem Mariners Museum in Newport, Virginia. Sie wurde vom Eiríksson Memorial Committee der Vereinigten Staaten in Auftrag gegeben und zuerst im isländischen Pavillon der 1939 stattgefundenen Weltausstellung in New York gezeigt. Später zog sie dann nach Virginia um.

Auch der Flughafen von Keflavík ist nach dem großen Entdecker benannt und trägt den Namen Leifur Eiríksson.

85. GRUND

Weil es überall in Island heiße Töpfe gibt

Über die ausgeprägte Badekultur der Isländer berichtete ich bereits im Grund 80: »Weil in Island Hygiene beim Schwimmbadbesuch besonders wichtig ist«. Die Isländer lieben ihre Schwimmbäder, nicht zuletzt wegen der Hot Pots, die ein Ort der Begegnung und des Kontakts sind.

Hot Pots, oder auf Isländisch: »heitur pottur«, blicken in Island auf eine lange Tradition zurück. Wer käme nicht in einem Land, welches vorwiegend kühlere Temperaturen zu bieten hat, auf die Idee, sich in eine natürliche heiße Quelle zu setzen und die Wärme in freier Natur zu genießen?

Und genau das haben die Isländer für sich entdeckt. Nicht jede heiße Quelle ist dafür geeignet, da manche auch einfach zu heiß sind und man nicht gebadet, sondern gekocht würde. Aber Island bietet eine Vielzahl natürlicher Hot Pots, die sich in Teilen fernab jeder Ansiedlung mitten in der Natur finden. Diese verfügen in der

Regel über eine Badetemperatur von 37 bis 42 Grad. Einen sehr bekannten Hot Pot findet man im Landmannalaugar, einem Ort mitten im Hochland des im Süden gelegenen Fjallabak. Landmannalaugar bedeutet auf Deutsch übersetzt so viel wie »die warmen Quellen der Männer vom Land«. Und der Name beruht auf dem Umstand, dass sich hier inmitten einer rauen lebensfeindlichen Umgebung das Wasser einer heißen Quelle mit dem einer kalten vermischt und eine natürliche große Badewanne erschaffen hat, in der sich bereits seit Jahrhunderten Menschen auf ihrer Reise durch das Hochland aufgewärmt haben.

Eine heiße Quelle der besonderen Art ist im östlichen Hochland zu finden. Wenn man der Straße 910 bis zum Kárahnjúkar-Staudamm folgt, endet nach Überfahrt über den Damm der asphaltierte Teil der Straße und geht über in eine Schotterpiste. Dieser folgt man bis ins Laugavellir, kleine hölzerne Hinweisschilder weisen den Weg. Im Gebiet des Laugavellir findet man diesen Hot Pot, dessen Wassernachschub über einen warmen Wasserfall gebildet wird. Aber wer dort hinfahren möchte, muss über ein allradgetriebenes Geländefahrzeug verfügen.

Leichter erreichbar, da auf der Halbinsel Seltjarnarnes gelegen, ist der Hot Pot Kvika. Die Halbinsel gehört mit zum Stadtgebiet von Reykjavík und wird erreicht, wenn man der Straße 49 oder der Straße 41 folgt. Einfach am alten Hafen orientieren und weiterfahren, bis man auf der Straße Norðurströnd ist. Wenn man diese bis fast zum Ende fährt und in Sichtweite des Leuchtturms ist, befindet sich rechts zwischen Straße und Meer ein kleines Holzhäuschen. Dort findet man dann am Strand zwischen den Steinen den Hot Pot.

Gut, man muss ein wenig suchen, denn Kvika ist mit einem Durchmesser von 90 Zentimetern und einer Tiefe von 30 Zentimetern der kleinste Hot Pot Islands, aber es ist sehr entspannend, darin ein Fußbad zu nehmen und dabei auf das Meer zu schauen. Gebaut wurde der Hot Pot 2005 von Ólöf Nordal und steht der Öffentlichkeit frei zur Verfügung.

Nachdem man nun weiß, welcher der kleinste Hot Pot ist, stellt sich die Frage, wo der größte ist. Wenn man einen warmen See mit zu den Hot Pots zählt, dann ist es der See Víti, der direkt neben dem wesentlich größeren See Öskjuvatn und Vulkankrater der Askja liegt. Wer hierhin möchte, benötigt ebenfalls einen allradgetriebenen Geländewagen. Die beste Strecke ist die über die Piste F88, die zwischen Reykjahlíð und Egilsstaðir von der Ringstraße abzweigt. Von der Ringstraße sind es circa 100 Kilometer bis zur Askja. Der Víti ist ein kleiner kreisrunder See in einem Krater, und sein Wasser ist von milchig-grüner Farbe und steht im krassen Gegensatz zu dem direkt danebenliegenden Öskjuvatn, dessen Wasser dunkel und tief daneben ruht.

Der Víti hat einen Durchmesser von 300 Metern und ist acht Meter tief, also sollte man auf jeden Fall schwimmen können. Er von einem hohen Schwefelgehalt geprägt und mindestens 20 Grad warm, meistens aber wärmer.

Neben den natürlichen Hot Pots gibt es auch eine große Menge künstlich angelegter. So verfügt so ziemlich jedes Schwimmbad über Hot Pots, meistens in verschiedenen Temperaturstufen. Aber auch privat stellt sich der Isländer gerne seinen eigenen »heißen Topf« in den Garten oder auf die Terrasse, meist versorgt mit heißem Wasser aus einer nahe liegenden Quelle oder einfach aus der Leitung.

Für den Isländer ist der Hot Pot nicht nur die Möglichkeit, sich aufzuwärmen. Für ihn ist es der Ort für Kommunikation. Ob es dabei schneit, regnet, stürmt oder die Sonne scheint, ist für ihn unerheblich. Es ist Teil der isländischen Kultur, sich mit anderen in einem Hot Pot zu treffen und über die Geschehnisse des Tages aus Island oder der Welt zu philosophieren.

Eine interaktive Karte mit allen Schwimmbädern und Hot Pots findet man im Internet unter www.hotpoticeland.com.

Weil in Island Geländewagen zum Alltag gehören

Kaum hat man den Flughafen verlassen und tritt auf den Parkplatz vor dem Gebäude, werden einem mit Sicherheit die ersten begegnen. Und wenn nicht dort, dann auf den Straßen Reykjavíks. Uns bekannte Geländewagen wie Toyota Landcruiser, Land Rover Defender, Nissan Patrol, aber auch amerikanische Marken wie die F-Modelle von Ford oder Modelle von Jeep und Dogde fahren in hoher Anzahl auf Islands Straßen.

Man wird zweimal hinsehen müssen, um diese Fahrzeuge zu erkennen, denn mit dem Serienzustand, wie sie vom Hersteller geliefert werden, haben diese Fahrzeuge nichts mehr gemeinsam.

Verstärkte Achsen und dicke Reifen mit Durchmessern bis 54 Zoll, das entspricht über 137 Zentimetern, lassen die Karosserien dieser Fahrzeuge optisch schrumpfen, trotz der wuchtigen Kotflügelverbreiterungen und diverser Anbauten wie Staukisten auf dem Dach oder am Heck. Die Fahrzeuge werden dabei so stark erhöht, dass nicht selten eine kleine Trittleiter zum Einsteigen benötigt wird.

Die Geländewagen Islands sind Fahrzeuge der Kategorie Superjeeps. Fahrzeuge, die nichts im Gelände aufhalten kann, vor allem keine Flüsse, aber auch kein Schnee. Die Reifen sind so konzipiert, dass diese mit einem minimalen Druck gefahren werden können, um das Gewicht des Fahrzeugs auf eine optimierte Auflagefläche zu verteilen. Die Fahrzeuge können auf Schneefeldern fahren, in denen der Fahrer versinken würde, wenn er aussteigen würde.

Und sind es keine Superjeeps, dann handelt es sich eben um normale Geländewagen. Die besonderen Bedingungen Islands erfordern andere Fahrzeuge als gewöhnliche Autos, und so gehören Geländefahrzeuge zum Alltag in Island.

In den Zeiten vor der Finanzkrise gab es noch wesentlich mehr Superjeeps auf Islands Straßen, doch dieser Beinahe-Kollaps hat dem Leben auf Pump ein jähes Ende bereitet, und heute kann sich nicht mehr jeder solch ein Fahrzeug leisten.

Die Isländer haben den Ausbau von Superjeeps perfektioniert, und eine Firma mit dem aussagekräftigen Namen »Arctic Trucks« ist weltweit die Nummer 1, wenn es um den Ausbau von Fahrzeugen für den Einsatz unter härtesten Bedingungen auf Schnee und Eis geht. Die bekannte britische Automobilsendung *Top Gear* von der BBC schickte ihre Moderatoren mit einem von Arctic Trucks umgebauten Toyota Hilux bis an den Nordpol.

Aber in Island gibt es bei Fahrzeugen noch mehr Superlative. Busverbindungen ins Hochland, zum Beispiel nach Landmannalaugar oder in die Þórsmörk, werden über speziell umgerüstete Busse realisiert, die ebenfalls höher gelegt sind, um mit einem minimierten Risiko Flüsse auf ihren Strecken zu durchqueren.

Jeder Autobegeisterte wird den Wunsch verspüren, diese Fahrzeuge mal selbst zu fahren. Und diesen Wunsch kann man sich sogar erfüllen. Diverse Anbieter bieten Touren mit Superjeeps an, zum Beispiel das Mountain Taxi (www.mountaintaxi.is). Und wer selber fahren will, dem sei der Autoverleiher Isak empfohlen, der über eine große Flotte zum Superjeep ausgebauter Land Rover Defender verfügt (www.isak.is).

Aber über eines muss man sich im Klaren sein. Tanken mit diesen Fahrzeugen wird zu einem sehr teuren Spaß, da der Durst dieser speziell umgebauten Geländewagen riesig ist. Wobei das wahrscheinlich nebensächlich ist, wenn man sich die Miete für einen Superjeep leisten kann.

Weil Islands Schafe im Sommer sich selbst überlassen sind

Auf jeden Isländer kommen etwa 1,5 Schafe, denn rund eine halbe Millionen dieser Tiere lebt in Island. Und das ist bei einer Fahrt durch das Land unverkennbar. Immer wieder werden einem diese Tiere begegnen. Meist zu dritt oder zu zweit, seltener in größeren Ansammlungen. Und eines wird einem dabei ebenfalls auffallen. Die Tiere laufen nicht eingezäunt auf Weiden, sondern frei im Land herum. Ganz so frei auch wieder nicht, denn die Areale, auf denen sich die Schafe aufhalten können, sind sehr weitläufig mit einfachen Zäunen abgesteckt, um zu verhindern, dass die Schafe allzu weit ins Hochland, auf bewirtschaftete landwirtschaftliche Flächen oder in die Randgebiete der Städte wandern. Und man wird auf den Straßen regelmäßig über Gitter fahren, die verhindern, dass die Schafe die Straßen nutzen, um aus ihren riesigen Weidegebieten auszubrechen.

Dass man die Weidegebiete der Schafe eingrenzt, hat auch einen anderen Grund. Sind die Schafe doch im Laufe der Jahrhunderte mit verantwortlich für erhebliche Schäden, die der Vegetation zugefügt wurden. Und diese Schäden führten wiederum zu einer verstärkten Erosion und vernichteten die Chance auf neue Vegetation für immer. Vor allem die abgeholzten Waldflächen konnten sich nie richtig erholen, da die jungen Triebe von den Schafen gefressen wurden (siehe auch Grund 69).

Bei dem Islandschaf handelt es sich um eine eigene Rasse, die zu den nordischen Kurzschwanzschafen gehört. Sie sind kräftig gebaut und von einem dichten Fell geprägt, welches sie vor der Kälte, dem Wind und Regen schützt. Das Gesicht und die Beine sind frei von Fell.

Die heute auf Island lebenden Schafe sind alle Nachfahren der durch die Wikinger eingeführten Schafe. Die Schafe haben sich rasch an die rauen klimatischen Bedingungen angepasst und waren für viele Jahrhunderte ein wichtiger Fleisch- und Milchlieferant. Letzteres sogar bis Anfang des 20. Jahrhunderts. Durch die zunehmende Produktivität in der Landwirtschaft und durch bessere Möglichkeiten in der Düngung wurde das Wachstum von Grassorten erheblich gesteigert, was die Haltung von Milchkühen erlaubte. Diese verdrängten dann die Schafe als Milchlieferanten.

Neben Fleisch und Milch hat auch die Wolle eine große Bedeutung. Eine Mischung aus dem gröberen Deckhaar und der Unterwolle wird Lopi genannt und ist zum Beispiel die Grundlage für den Islandpullover (siehe Grund 92: »Weil die Isländer ihren eigenen Pullover haben«).

Die Islandschafe neigen genetisch bedingt zu Mehrlingsgeburten. Dass Zwillinge geboren werden, gehört zum Normalzustand, aber auch Drillinge oder Vierlinge sind keine Seltenheit. Geboren werden die Lämmer im Mai. Eine Zeit, in der die Bauern viel Arbeit haben. Einige Wochen nach der Geburt der Lämmer werden die Schafe dann in die Freiheit und in die Weidegebiete entlassen. Im September ziehen die Bauern mit vielen Hilfskräften los, um die Schafe aus den Weidegebieten zusammenzutreiben und dann wieder zur Überwinterung auf die Höfe zu verteilen.

Dieses Ereignis wird »réttir« genannt und ist eines der großen Ereignisse in Island. Neben der harten Arbeit, die damit verbunden ist, gleicht es einem Volksfest und wird von traditionellem Gesang und Tanz begleitet. In der Zeit von September bis in den Oktober hinein findet der réttir an vielen Orten statt.

Die Schafe werden mit Pferden und Hunden zusammengetrieben und in spezielle kreisförmige Bauten geleitet. Diese bestehen aus einer zentralen Fläche, von der aus die Schafe dann sortiert nach Höfen in einzelne Parzellen getrieben werden. Ein turbulentes Ereignis, welches sich auch bei Touristen immer größerer Beliebtheit erfreut.

Besonders für Islandreisende heißt es im Sommer also aufpassen, denn es könnte immer ein Schaf auf die Straße rennen. Besondere Vorsicht ist immer geboten, wenn sich die Schafe an beiden Seiten der Straße aufhalten. Dann ist die Gefahr groß, dass diese zu ihren Weggefährten auf der anderen Seite laufen. Aber oft muss man sich über die Coolness wundern, mit der die Schafe unbeeindruckt am Straßenrand liegen bleiben, auch wenn Autos dicht an ihnen vorbeifahren.

Sollte der schlimmste Fall eingetreten sein und man trotz aller Vorsicht ein Schaf überfahren haben, dann darf man nicht einfach wegfahren. Es ist der Notruf unter 112 zu verständigen, damit der Halter des Schafes ermittelt werden kann. Man hat keine Strafe oder Geldbuße zu befürchten. Die oft in Reiseführern erwähnte Aussage, dass man für das tot gefahrene Schaf aufkommen muss, ist falsch.

88. GRUND

Weil die stärksten Männer der Welt aus Island kommen

Mitte der 1970er-Jahre, beziehungsweise genauer gesagt 1977, wurde beim amerikanischen Fernsehsender CBS ein neues Sendeformat geboren. Unter dem Titel *The World's Strongest Men* begeben sich starke Männer aus verschiedenen Nationen in den Wettbewerb.

Sie müssen diverse Aufgaben bewältigen, zum Beispiel ein Auto von der Seite zu einem Überschlag bringen oder schwere Gewichte, die an einem Stahlrahmen hängen, über eine bestimmte Strecke tragen. Es gibt noch eine Vielzahl anderer Aufgaben, die alle das gleiche Ziel haben: seine Kraft mit der anderer zu vergleichen, indem man größere Gewichte heben kann oder Gewichte schneller über bestimmte Strecken bewegt als seine Konkurrenten.

Seit 1977 wurde dieser Wettbewerb bereits 38-mal durchgeführt, und davon hat achtmal ein Isländer den Wettbewerb gewonnen und den Titel als stärkster Mann der Welt erworben. Gut, wenn man genauer hinsieht, waren es zwei Isländer, die jeweils viermal den Titel verliehen bekommen haben. Jón Páll Sigmarsson und Magnús Ver Magnússon haben diesen Wettbewerb gewonnen, zuletzt Magnús im Jahre 1998.

In 2015 steht wieder ein Isländer auf der Favoritenliste: Hafþór Björnsson war bereits zweimal stärkster Mann Islands und wird sich 2015 dem Wettbewerb im US-Fernsehen stellen. Er ist eine gewaltige Erscheinung: Bei einer Körpergröße von 2,05 Metern und einem Gewicht von 180 kg zieht er sofort die Blicke auf sich.

Das blieb auch den Produzenten der erfolgreichen und in Teilen in Island gedrehten Serie *Game of Thrones* nicht verborgen, und so engagierten sie ihn in der Rolle des Gregor Clegane, der in der Serie den Spitznamen »Der Berg« trägt.

Seine Kräfte zu messen hat in Island eine lange Tradition (siehe auch Grund 4), und so verwundert es nicht, dass hier auch die stärksten Männer der Welt geboren werden.

89. GRUND

Weil die Isländer wissen, wie man Party macht

Man liest es hin und wieder in Publikationen über Island: Die Isländer sind ein Partyvolk. Aber was ist dran an dieser Aussage?

Wer das austesten möchte, muss im Sommer eine Nacht in Reykjavík verbringen. Ob es daran liegt, dass es im Sommer nachts nicht dunkel wird, oder an der teilweise schon bedrohlichen Menge Alkohol, die konsumiert wird – wer weiß?

Ja, die Isländer wissen tatsächlich, wie man feiert. Zahlreiche Clubs und Bars haben bis in den frühen Morgen geöffnet. Ausgelassene und alkoholisierte Inselbewohner ziehen mit Gelächter und lauten Gesprächen von einer Lokation zur nächsten. Immer wenn sich die Türen der Bars und Clubs öffnen, schallt die Musik bis auf die Straße. Und wenn die Temperaturen auch unterhalb des zweistelligen Bereiches liegen: Das scheut die Isländerinnen nicht, in knapper Bekleidung durch die Straßen zu ziehen.

Und Gründe zum Feiern findet der Isländer immer. Davon zeugen die zahlreichen Veranstaltungsformate wie diverse Musikfestivals, welche auch schon internationale Aufmerksamkeit erlangt haben (siehe Grund 101: »Weil eines der besten Musikfestivals in Island stattfindet«) oder der »Reykjavík Gay Pride« oder die »Culture Night« oder oder oder …

Es gibt immer was zu feiern. An einem Wochenende im Jahr ist »die Party« angesagt. Am Wochenende vor dem ersten Montag im August findet auf Heimaey, der Hauptinsel der Westmännerinseln, eine der größten Partys Islands statt.

Der erste Montag im August ist der »Verslunarmanna«, auf Deutsch der Kaufmannstag, und das Wochenende davor ist das »Verslunarmannahelgi«, das Kaufmannstagwochenende, denn »helgi« heißt auf Deutsch Wochenende. An diesem Montag haben alle Kaufleute frei (und inzwischen auch ziemlich alle anderen). Traditionell wird an diesem Wochenende von den Isländern Camping betrieben. Mit Mann und Maus, mit Frau und Kind und vor allem mit Grill und viel Alkohol geht es auf die Campingplätze Islands. Touristen müssen sich darauf einstellen, dass an diesem Wochenende sowie dem darauf folgenden Montag viele Geschäfte geschlossen bleiben und man seine Grundversorgung über eine der Tankstellen sicherstellen muss.

Im Rahmen dieses Kaufmannstagwochenende findet auf Heimaey ein großes Festival mit Livebands statt, das sogenannte »Þjóðhátíð«, oder auf Deutsch: Festival der Nation. Das Festival wird in einem alten Vulkankrater veranstaltet, der auf einer Seite zum Meer hin offen ist und eine Art Tal bildet, das Herjólfsdalur.

Seit 1874 wurde das Festival bis jetzt jährlich durchgeführt, nur zweimal musste es ausgesetzt werden, einmal 1914 und wieder 1915. Grund war der Erste Weltkrieg.

Während des Festivals vervierfacht sich die Zahl der Menschen auf Heimaey von rund 4.000 auf 16.000. Es beginnt am Donnerstag mit einem Ball. Dieser dient dazu, dass man einen Partner findet, mit dem man das Festival verbringt. Am Freitag gibt es ein riesiges Lagerfeuer und samstags dann ein Feuerwerk. Der Isländer liebt Feuerwerk (was auch wieder ein Ausdruck seiner Partylaune ist). Daher sollte man auch unbedingt mal Silvester in Reykjavík verbringen. Für das Þjóðhátíð wird jedes Jahr ein eigenes Lied komponiert, welches dann am Sonntagabend, neben vielen anderen isländischen Liedern, zum Abschluss der Veranstaltung bei dem Licht von Fackeln gesungen wird.

Wie geschrieben, treten einige Bands auf, aber es handelt sich trotzdem offiziell nicht um ein Musikfestival, sondern um das Festival der Nation. In den letzten Jahren hat der Ruf dieser Veranstaltung gelitten, führte der teilweise exzessive Genuss von Alkohol zu Schlägereien und Vergewaltigungen. Daher hat sich die Präsenz von Polizei und Ordnungspersonal stark erhöht. Insgesamt ist es aber ein friedliches und ausgelassenes Fest, und wenn man die Möglichkeit hat, daran teilzunehmen, sollte man sich das nicht entgehen lassen. Es gibt auch eine eigene Webseite, die unter www.dalurinn.is erreichbar ist. Dort kann man Tickets bestellen, wenn man teilnehmen möchte. Die Isländer lassen keinen Trend aus. So gibt es neben den genannten Veranstaltungen noch viele andere, wie zum Beispiel einen Marathon durch Reykjavík mit dem Titel »Reykjavík Runs Us« oder ganz neu der »Color Run Iceland«, eine Mischung aus einem Holi-Festival und einem Kurz-Marathon über fünf Kilometer.

Dabei bewerfen sich die Läufer und Zuschauer mit bunten Farbpulvern und haben eine Menge Spaß dabei. Informationen zum Color Run Festival gibt es auf der Webseite www.thecolorrun.is und zum Reykjavík Marathon unter der Adresse www.reykjavikruns.us.

Weil man in Island mit Steinen Musik machen kann

In der Nähe des in Grund 3 genannten Wasserfalls Hraunfossar lebt ein Isländer, dessen besondere Passion ihren Weg in viele Dokumentationen über Island gefunden hat. Ich spreche von Páll Guðmundsson, einem isländischen Bildhauer und Musiker, der in der Nähe von Húsafell lebt. Dort wurde er 1959 als Sohn von Guðmundur Pálsson und Ástríð Þorsteinsdóttir geboren.

In seiner Kindheit entdeckte er bereits eine besondere Beziehung zu Steinen. Wo wir nur blanken Stein sehen, sieht er mehr: Er erkennt in den Steinen Gesichter und Tiere oder Formen von Skulpturen, die aus den Steinen herausgearbeitet werden können.

Und so hat er im Laufe der Jahre eine beachtliche Anzahl an Kunstwerken erschaffen. Es gibt viele Steine, auf denen er die Gesichter, die er darin gesehen hat, herausgearbeitet hat, zum Beispiel Johann Sebastian Bach oder die Sängerin Björk. Er hat auch zahlreiche Skulpturen geschaffen, die trotzend gegen Wind und Wetter überall in Island zu finden sind. Viele sind im unmittelbaren Umfeld seines Wohnhauses zu finden, welches direkt an die Kirche und den Friedhof von Húsafell angrenzt.

Aber Pálls Kreativität mit Steinen bezieht sich nicht nur auf das, was er in den Steinen sieht. Er kann die Steine auch hören und entdeckte, dass man mit diesen musizieren kann. Und so baute er eine Art Xylophon, bei dem die Töne durch einzelne Steinplatten generiert werden. Dieses Instrument wurde unter dem isländischen Namen »Steinabragur« erstmals im Jahr 2001 im Rahmen einer Ausstellung im Museum Asmundarsafn in Reykjavík der Öffentlichkeit vorgestellt.

Die Musiker der isländischen Band Sigur Rós wurden auf Páll und sein Steinxylophon aufmerksam und nahmen ihn mit auf ihre Konzerte. Auch in dem schon angesprochenen Film *Heima* ist Páll mit den Musikern von Sigur Rós zu sehen, die gemeinsam auf dem Xylophon spielen.

2002 produzierte Páll zusammen mit Sigur Rós, dem isländischen Komponisten Hilmar Örn Hilmarsson und dem isländischen Musiker Steindór Andersen eine orchestrale Aufführung im Rahmen des Reykjavíker Kunst-Festivals, wo sein Steinxylophon ebenfalls zum Einsatz kam. Ausschnitte dieser Aufführung, die den Titel *Odins Raven Magic* trägt, sind in der Musikdokumentation *Screaming Masterpiece* von Ari Alexander Ergis Magnússon zu sehen. Leider wurde die für diese Aufführung komponierte Musik nie auf CD veröffentlicht.

Páll ist in Island zu einer sehr bekannten Persönlichkeit geworden. Er lebt in sehr bescheidenen Verhältnissen, ist nicht verheiratet, hat kein eigenes Auto und hat seinen eigenen Angaben nach nie einen Tropfen Alkohol getrunken. Er zeigt mit Stolz seine unermesslichen Kunstwerke, die neben den Dingen aus Stein auch Gemälde oder Drucke sind, die er von vereisten Lavasteinen auf angefeuchtetem Papier abzieht.

Seine Kreativität kennt keine Grenzen, so baut er zum Beispiel auch Flöten aus getrockneten Rhabarberstangen und spielt darauf Melodien. Wer ihn persönlich kennenlernt, kann sich seiner Magie nicht entziehen.

Der Hof, auf dem er lebt, ist leicht zu finden. Auf dem Gelände steht ein ausgebautes Silo, welches aussieht wie ein Haus, welches auf eine Säule gebaut wurde.

Übrigens kann Páll einige Wort Deutsch, denn er hat ein Jahr in Köln studiert.

Weil in Island Getränkeautomaten im Nirgendwo stehen

Wer in Island als Tourist unterwegs ist, wird immer auf der Suche nach interessanten Fotomotiven sein. Hier ist man durch die Vielzahl der Möglichkeiten an spektakulären Motiven schon mit der einzigartigen Landschaft und der bunten Tierwelt hinreichend beschäftigt.

Aber auch die kleinen skurrilen Dinge am Rande, die einem auf der Fahrt durch Island begegnen, eröffnen unerwartet die Gelegenheit für wunderbare Motive. Man sieht am Wegesrand alte Sportwagen, die auf einer Wiese stehen und vor sich hin rosten, verfallene Gebäude, die trotzdem einen eigenartigen Charme aufweisen, und alte Eggen und andere Gebrauchsgegenstände von Bauernhöfen, die die Besitzer dekorativ auf ihren Grundstücken platziert haben.

Dem aufmerksamen Reisenden bietet sich hinter jeder Kurve wieder ein neues Fotomotiv und im Gegensatz zu manchen anderen Ländern auch fast immer die Gelegenheit, kurz anzuhalten und dies mit der Kamera festzuhalten.

Überrascht wird der Reisende zum Beispiel, wenn er auf dem Weg zum Leirhnjúkur an der Straße 863 kurz nach dem Abzweig von der Ringstraße auf der rechten Seite mitten auf einem kleinen Platz eine Toilette mit Dusche findet. Beides steht einfach da, ohne dass es in der eigentlichen Funktion benutzt werden soll. Aber der Spaßfaktor ist riesig, wenn sich dort begeisterte Menschen in allen möglichen Positionen fotografieren lassen.

Ein anderer skurriler Ort, der immer gut für ein Foto ist, befindet sich an der Straße 94 von Egilsstaðir nach Borgarfjörður eystri. Nach circa 35 Kilometern sieht man ein kleines Häuschen, pfefferminzgrün gestrichen. Hier haben Hunger und Durst ein Ende, denn man befindet sich an einem kleinen Snackautomaten im Nirgendwo.

Es empfiehlt sich, einige Hundert Kronen dabeizuhaben, denn man kann sich nun mit Kaltgetränken und diversen Süßigkeiten eindecken. Vor dem unbeständigen Wetter ist der Automat durch das Häuschen mit Holzverkleidung geschützt, der notwendige Strom für die Kühlung wird durch eine Solaranlage gewährleistet. Der Automat wird regelmäßig von seinem Eigentümer Kristinn G. Kristmundsson, genannt »Kiddi« aufgefüllt, sodass niemand diesen Ort eines einzigartigen Fotomotivs hungrig und durstig verlassen muss.

92. GRUND

Weil die Isländer ihren eigenen Pullover haben

Das in Island rund 500.000 Schafe leben, konnte man bereits in Grund 87: »Weil Islands Schafe im Sommer sich selbst überlassen sind« lesen. Neben dem Fleisch und noch mit geringerer Bedeutung der Milch, welche die Schafe einbringen, spielt die Wolle eine große Rolle. Dabei wird bei dem Fell eines Islandschafes zwischen zwei Arten unterschieden.

Es gibt das Oberfell. Dieses ist dicker, länger und vor allem wasserabweisend. Die zweite Fellart ist das Unterfell, welches feiner, kürzer und weich ist. Aus beiden Fellarten wird in einer Mischung die für die Islandpullover verwendete Wolle gesponnen, die Lopi genannt wird. Da die Islandschafe von Natur aus in verschiedenen Fellfärbungen auftreten, ist auch die Wolle in verschiedenen natürlichen Farben erhältlich. Daneben gibt es noch diverse künstliche Farbtöne.

In Island werden die Islandpullover Lopapeysa genannt. Sie zeichnen sich durch eine mehrfarbige und symmetrisch gestrickte

Rundpasse um Hals und Schultern aus. In ihrer heutigen Form gibt es sie seit Anfang des 20. Jahrhunderts. Der Lopapeysa wird oft mit einem Norwegerpullover verwechselt, der ähnlich aussieht, sich aber durch andere Wolle und Muster vom Islandpullover unterscheidet. Zudem wird er aus mehreren gestrickten Teilen zusammengesetzt, während der Islandpullover an einem Stück gestrickt wird.

Eine Zeit lang galt der Islandpullover als Markenzeichen von Bewürwortern alternativer oder ökologischer Ideologien, wurde er doch gerne als Naturprodukt von dieser Bevölkerungsgruppe getragen. Aber diese Zeiten sind vorbei. Mittlerweile ist er modefähig geworden und wird in abgewandelter Form vor allem auch von isländischen Modedesignern auf den Markt gebracht.

Ein klassischer Islandpullover zeichnet sich durch seine wasserabweisenden Eigenschaften, seine gute Wärmeisolation auch bei Wind und durch einen gewissen Grad der Selbstreinigung aus, da er Fremdgerüche nur schwer annimmt und sich durch das Lüften an der frischen Luft von diesen leicht befreien lässt.

In Island wird man als Tourist an diesen Pullovern nicht vorbeikommen. Es gibt keinen Souvenirshop, der nicht ein kleines Sortiment an Islandpullovern führt. Die meisten werden aus Alafoss-Lopi gestrickt. Den Namen hat die Wolle von der Firma, die diese Wolle ursprünglich produziert hat, der Firma Alafoss, die seit Ende des 19. Jahrhunderts existierte und Anfang der 1990er-Jahre von der Firma Istex übernommen wurde.

Fertig gestrickte Islandpullover kann man aber auch direkt von den Herstellern kaufen. Nennenswert ist da die »Handknitting Association of Iceland«. Dabei handelt es sich um eine 1977 gegründete Organisation, welche die handgestrickten Pullover von Hunderten Isländern, meist Frauen, in Island und über einen Webshop vertreibt (www.handknit.is).

In Reykjavík hat die Handknitting Association of Iceland eine Verkaufsstelle in der Skólavörðustígur 19. Das ist die Straße, die geradewegs zur Hallgrímskirkja führt.

Neben dieser dezentralen Fertigung von Islandpullovern gibt es noch zentrale Fabriken, zum Beispiel die der isländischen Strickwarenfirma Víkurprjón, welche in Vík í Mýrdal einen Lagerverkauf hat. Dieser ist direkt zu finden in dem großen Gebäude neben der N1-Tankstelle.

93. GRUND

Weil in Island pro Kopf die meisten Rekorde aufgestellt werden

Island ist mit seinen 325.000 Einwohnern in Europa fast das Schlusslicht, wenn es um die Anzahl Einwohner geht. Aber die Isländer haben gelernt, mit ihrer Größe umzugehen. Und wenden dabei einen ganz einfachen Trick an. Sie rechnen die Dinge auf ihre Einwohneranzahl um. Trotz der geringen Einwohnerzahl ist Island ein modernes Land, welches sich technologischem Fortschritt nicht entzieht und eine sehr liberale Haltung entwickelt hat. Mobilfunktelefone sind in Island eingeschlagen wie eine Bombe. Rechnet man die Anzahl der in Island gemeldeten Mobilfunktelefone auf die Anzahl seiner Einwohner um, liegt Island an erster Stelle in Europa.

Das kann man nun so weiterführen: Vergleicht man den Fischkonsum pro Kopf, liegt Island mit knapp 90 Kilogramm pro Person in Europa auf dem ersten Platz. Weltweit sind die Isländer auf Platz 2 und werden nur von den Malediven übertroffen, die bei rund 140 Kilogramm pro Person liegen.

Island hat einen Nobelpreisträger hervorgebracht: Halldór Laxness. Rechnet man das aber wieder auf die Einwohnerzahl um, gibt es kein anderes Land auf der Welt, das pro Kopf so viele Nobelpreisträger wie Island hervorgebracht hat.

Und so geht es munter weiter. Island stellte am häufigsten eine Miss World oder den stärksten Mann der Welt. Auf der Insel werden pro Kopf die meisten Bücher geschrieben, publiziert und verkauft. Hier gibt es die meisten Zeitungen. Island ist das am meisten web-versierte Land der Welt und hat mit fast 27 Prozent die derzeit höchste Quote an Nutzern mit einem Breitband-Anschluss ans Internet.

Aber es gibt Rekorde, die sich nicht aus der Umrechnung mit der Einwohnerzahl ergeben haben. Beispielsweise werden in Island die meisten unehelichen Kinder geboren. Rund zwei Drittel der isländischen Kinder wachsen in formloser Partnerschaft auf.

Island ist nach der Schweiz das glücklichste Land der Welt im World Happiness Report 2015. Zum Vergleich: Deutschland liegt in diesem Report auf Platz 26. Island hat weltweit eine der geringsten Kriminalitätsraten und ist mehrfach im Global Peace Index als das friedlichste Land der Welt bewertet worden. So friedlich, dass die Polizei in Island keine Waffen trägt.

Und über ein paar andere Rekorde konnte man hier im Buch bereits lesen. Zum Beispiel liegt der im Volumen größte Gletscher Europas in Island (siehe Grund 24: »Weil in Island die Gletscher im Meer enden«). Oder die höchsten Steilklippen Europas sind in den Westfjorden zu finden (siehe Grund 20: »Weil in Island Menschen mit Höhenangst besonders gefordert sind«).

94. GRUND

Weil in Reykjavík Hunde wieder erlaubt sind

Dass Alkohol lange Zeit verboten war und mit einigen Ausnahmeregelungen die Prohibition in Island bis in die 1980er-Jahre ihre

Wirkung zeigte, war schon in Grund 60: »Weil in Island Alkohol nur in speziellen Geschäften erhältlich ist« zu lesen.

Aber trotz der liberalen Einstellung gab es in Island noch andere Verbote, die eher unter der Rubrik »Skurriles« einzuordnen sind. So wurde zum Beispiel das Boxen erst im Jahre 2002 erlaubt. Allerdings nur mit Einschränkungen, denn auch wenn man nun frei das Boxen trainieren darf, ist ein öffentlicher Kampf nur mit vorheriger behördlicher Genehmigung erlaubt.

Darüber hinaus ist in Island Prostitution verboten, oder genauer gesagt, es ist verboten, für Sex zu bezahlen. Damit steht der Freier mit dem Gesetz in Konflikt, nicht die Prostituierte.

Ein anderes Verbot wurde im Jahr 1924 erlassen. Grund dafür war die Ausbreitung einer Wurmkrankheit, die vom Hund auf den Menschen übertragen werden konnte. Echinokokkose, oder auch bekannt als Fuchs- oder Hundebandwurm, war zu dieser Zeit ein Problem in Reykjavík, und so entschloss man sich, das Halten von Hunden in der Hauptstadt zu verbieten.

So war Reykjavík lange Zeit eine Stadt in Europa, die mit Hundekot auf den Gehsteigen kein Problem hatte. Mitte der 1980er-Jahre wurde dieses Gesetz aufgehoben, als der damalige Finanzminister Albert Gudmundsson nach Reykjavík umziehen sollte, sich aber wohl mit den Worten »Ich gehe eher ins Exil, als dass ich Lucy weggebe« weigerte, seinen Hund zurückzulassen.

So wurde das Gesetz kurzerhand fallen gelassen, allerdings gibt es in Reykjavík nach wie vor Zonen, in denen es verboten ist, Hunde mitzunehmen, zum Beispiel auf die Haupteinkaufsstraße Laugavegur. Eindeutige Schilder weisen auf dieses Verbot hin.

Wer seinen Hund aus dem Ausland mit nach Island nehmen möchte, dem sei allerdings gesagt, dass dies für einen Urlaub mit ziemlich viel Aufwand verbunden ist, da das Tier erst in Quarantäne muss. Dies lohnt sich nur für längere Aufenthalte.

Weil die Erdwärme in Island Bananen wachsen lässt

Geothermale Energie steht in Island im Überfluss zur Verfügung. Fast überall auf der Insel quillt irgendwo eine heiße Quelle aus dem Boden, oder man muss nur wenige Meter bohren, um auf Grundwasser zu stoßen, welches durch geothermale Energie erwärmt wurde.

Schon früh haben die Isländer gelernt, damit umzugehen und sich diese Energie für ihre eigenen Zwecke nutzbar zu machen. So auch in der Landwirtschaft. Was liegt näher, als die Energie zur Beheizung und Beleuchtung von Gewächshäusern zu nutzen.

Ein Ort bildet dabei in Island den Schwerpunkt des landwirtschaftlichen Anbaus von Obst, Gemüse, aber auch exotischen Pflanzen und Blumen. Der Ort heißt Hveragerði und liegt an der Ringstraße 1 zwischen Reykjavík und Selfoss. Mit etwas über 2.300 Einwohnern ein Ort, der auch als solcher erkennbar ist.

Hveragerði war lange Zeit bei einigen Anbietern Teil der beliebten Touristenroute Golden Circle. Im Ort gab es ein Schaugewächshaus mit groß angelegtem Souvenirshop und Café, welches von den Touristen in Scharen angefahren wurde. Dieser »Café Eden« genannte Betrieb ist leider vor einigen Jahren einem Feuer zum Opfer gefallen, und bisher fehlten die Mittel, das Café wieder aufzubauen (siehe auch Grund 21). Wer in Hveragerði essen gehen will, der sollte das Restaurant »Kjöt&Kúnst« besuchen (www.kjotogkunst.is). In diesem Restaurant werden alle Gerichte mit geothermalem Dampf gegart.

Im Ort selbst gibt es eine große eingezäunte Freifläche, die ein geothermal aktives Gebiet beinhaltet. Dort wird aus einer Tiefe von rund 300 Metern circa 180 Grad heißes Wasser gefördert. Auf dem Gelände gibt es unter vielen anderen zwei heiße Quellen mit besonderer Geschichte.

Zum einen gibt es die »Manndrápshver«, umgangssprachlich Killerquelle genannt. 1906 kam in dieser Quelle ein Mann ums Leben, als er diese nachts im Dunkeln übersehen hatte. Er fiel hinein und zog sich so starke Verbrühungen zu, dass er an den Folgen starb. Aufgrund dieses Ereignisses wurden in Hveragerði Straßenlaternen montiert.

Die andere Quelle mit besonderer Geschichte ist die sogenannte Abfallquelle, im isländischen »Ruslahver« genannt. Sie war trocken gefallen und wurde von den Einwohnern Hveragerðis als Müllhalde genutzt. Doch nach einem Erdbeben wurde diese Quelle wieder aktiv und spuckte den ganzen Müll mit einer großen Explosion wieder zurück in die Umgebung.

Im Grunde ist der ganze Ort ein geothermales Gebiet, und so kann man überall in der Stadt Stellen finden, aus denen Dampf aus der Erde tritt. Nach einem Erdbeben 2008 wurde ein erkaltetes Geothermalgebiet nördlich vom Schwimmbad wieder aktiv. Man kann vom Ort, entlang des Flusses Varmá, zu diesem Geothermalgebiet in Richtung Norden spazieren. Zu übersehen ist es nicht, da die Dampfsäulen schon von Weitem zu erkennen sind.

Jedenfalls hat es sich durch die örtlichen Gegebenheiten ergeben, dass hier in Hveragerði im Laufe der Zeit eine Vielzahl Gewächshäuser entstanden sind, in denen Gemüse, Tomaten, Blumen, aber auch Südfrüchte wie Bananen angebaut werden. Die erste Bananenstaude wurde bereits 1942 gepflanzt.

Allerdings werden die angebauten Bananen nicht verkauft. In den Supermärkten Islands erhält man wie in Deutschland importierte Ware. Die Bananenstauden in den Gewächshäusern Hveragerðis gehören der landwirtschaftlichen Campusuniversität Reykir und werden für wissenschaftliche Zwecke genutzt.

Weil die Bürgersteige in Reykjavík beheizt sind

Fernwärme spielt in Island eine große Rolle. Erzeugt wird diese aber nicht mit heißem Wasser, welches durch Kohlekraftwerke oder die Verbrennung von Müll erhitzt wurde, sondern mittels geothermal erhitztem Wasser, welches direkt aus der Erde gefördert wird.

Insbesondere die großen Stadtgebiete werden so mit fließend warmem Wasser sowie warmem Wasser für die Heizungssysteme versorgt. In Reykjavík hat man bereits in den 1920er-Jahren begonnen, dieses Wasser durch Bohrungen aus tieferen Erdschichten zu gewinnen.

Damals wurde das natürlich zutage tretende heiße Wasser der Quellen von Laugardalur von den Frauen zum Wäschewaschen genutzt. Ingenieure hatten dann die Idee, dort durch Bohrungen mehr Wasser aus der Tiefe zu holen und damit Gebäude zu versorgen. Was damals mit einer Schule in Reykjavík begann, wurde im Laufe der Jahrzehnte immer weiter ausgebaut, sodass heute weitestgehend alle Haushalte im Reykjavíker Stadtgebiet versorgt sind.

Der Energiehunger Reykjavíks wird von den Geothermalkraftwerken in und um Reykjavík gestillt. Und sollten die Wassermengen nicht reichen, kann kaltes Wasser durch Strom erhitzt werden.

Das heiße Wasser wird in riesigen Speichertanks vorgehalten, um eine gleichmäßige Versorgung sicherzustellen. Die bekanntesten und weithin sichtbarsten Tanks dieser Art befinden sich direkt in Reykjavík. Auf der Anhöhe Öskjuhlið befinden sich sechs Tanks, die in einem Kreis angeordnet sind. Auf diesen sechs Tanks ist mittig eine gläserne Halbkugel aufgesetzt, die im Licht der Sonne wie eine Perle glänzt und dem 1991 fertig gestellten Bauwerk auch den Namen Perlan gegeben haben.

Der Hügel um das Gebäude wurde mit fast 200.000 Bäumen bepflanzt und ist mit Spazierwegen durchzogen. Auf dem Gelände ist ein künstlicher Geysir angelegt, der die Funktionsweise eines natürlichen Geysirs erklären soll und sowohl außerhalb als auch im Inneren des Gebäudes regelmäßig sein Wasser in die Höhe schießen lässt.

Ebenerdig ist dort ein Saga-Museum untergebracht, welches in einer kleinen Ausstellung Szenen des Wikingerlebens mit Wachsfiguren nachstellt. In der Glaskuppel gibt es zwei Ebenen. Auf der unteren befindet sich ein Selbstbedienungsrestaurant und um die Glaskuppel herum eine Aussichtsplattform, die einem einen weiten Blick über den Reykjavíker Flughafen und die Stadt ermöglicht.

Auf der oberen Ebene befindet sich für Gourmets ein besonderes Restaurant des Chefkochs Stefán Elí Stefánsson, der hervorragende Gerichte mit Produkten aus Island anbietet. Das Besondere am Restaurant ist, dass sich dieses in zwei Stunden einmal um sich selbst dreht und damit einen stetig wechselnden Blick aus der Kuppel ermöglicht. Wenn es draußen dunkel ist, wird die Kuppel von vielen Hundert Lampen illuminiert, was sowohl von drinnen als auch von außen beeindruckend anzusehen ist.

Aber zurück zum heißen Wasser. Von den Speichertanks läuft das circa 80 Grad heiße Wasser in das mehrere Hundert Kilometer lange Rohrnetz, welches die Haushalte Reykjavíks mit Wärme versorgt. Wenn es nach dem Aufheizen der Wohnungen diese abgekühlt verlässt, hat das Wasser immer noch eine Temperatur zwischen 20 und 40 Grad und wird zum Beheizen der Gehsteige und teilweise auch Straßen genutzt.

Damit gehört Schneeschieben in Reykjavík zu einer selteneren Pflicht eines Isländers. Aber nicht nur in Reykjavík werden die Gehsteige beheizt. Auch in der Stadt Akureyri im Norden Islands findet diese Methode Anwendung.

Weil die Isländer beim Campen ihr Zelt im Anhänger dabeihaben

Die Isländer verbringen ihre Freizeit gerne im Freien. Der isländische Bewohner aus dem Stadtgebiet Reykjavík hat, wenn er es sich leisten kann, irgendwo im Grünen ein kleines Blockhaus, in dem er seine Wochenenden verbringt. Oder er campt auf einem der zahlreichen Campingplätze in Island. Diese sind überall auf der Insel zu finden, sogar mitten im Hochland, wo sie meist direkt neben den Hütten anzutreffen sind.

Wohnwagen kommen aufgrund der eher schlechteren Straßenverhältnisse nicht infrage, insofern hat man entweder ein Wohnmobil oder einen zum Wohnmobil umgebauten Geländewagen. Oder man campt im klassischen Sinne in einem Zelt.

Aber auch hier ist man bequem und verwendet keine Zelte, die man umständlich mit Stangen zusammenstecken und aufbauen muss. Der Isländer hat sein Zelt fein säuberlich gefaltet in einem Anhänger dabei. Diese Gespanne begegnen einem im Sommer immer wieder auf Islands Straßen.

Und es ist wirklich praktisch. Am Zielort angekommen, wird der Anhänger positioniert, der Deckel hochgeklappt und das fein säuberlich gefaltete Zelt entfaltet, hier und da ein paar Stangen gesteckt und zum Schluss das fertig entfaltete und aufgebaute Zelt mit ein paar Heringen im Boden fixiert.

So wird die wertvolle Zeit nicht mit dem Auf- und Abbau verschwendet, und man kann mehr Zeit für das aufwenden, wofür man ins Wochenende gefahren ist. Mit Familie und Freunden grillen, dabei Bier und andere alkoholische Getränke konsumieren und bis tief in die Nacht (lange genug hell ist es ja in den Sommermonaten) quatschen und lachen. Bei der Gelegenheit: Isländische Campingplätze sind nicht wie in Deutschland in fest zugewiesene Parzellen unterteilt. Man lässt sich dort nieder, wo es einem gefällt. Meist sind die Plätze sowieso nur an die natürlichen Gegebenheiten angepasste Flächen, die mit Campingplätzen in Deutschland nicht viel gemeinsam haben. Wer auf Island campen möchte, dem ist die Campingkarte empfohlen, mit der man gegen eine einmalige Gebühr auf den meisten Campingplätzen Islands umsonst campen darf (www.campingkarte.is).

Ansonsten entrichtet man seine Gebühr selbstständig nach Ankunft beim Platzwart oder wenn dieser in der Regel abends seine Runde über den Platz dreht. Dabei muss man sich nicht wundern, wenn dieser auch mitten im entlegensten Hochland mit einem mobilen Kartenlesegerät die Standgebühr per Kreditkarte einzieht.

98. GRUND

Weil jeder Isländer musikalisch begabt ist

Wie schon öfter erwähnt, war es eine isländische Band, die in mir den Wunsch aufstiegen ließ, Island zu besuchen. Sigur Rós sind zwar nicht so bekannt wie Björk, aber dennoch so populär, dass sie drei Titel für den Film *Vanilla Sky* mit Tom Cruise beisteuern durften.

Es gibt unzählige Musiker und Bands, die über die Grenzen Islands hinaus an Bekanntheit gewonnen haben. Wie gesagt, vorneweg sicher die Musikerin und Künstlerin Björk, die in den 1980er-Jahren mit der Band Sugarcubes eine feste Größe in der Independent-Musikszene war. Aber auch ihre Solokarriere, beginnend in den 1990er-Jahren, hält bis heute an.

Weitere internationale Musiker und Komponisten sind Ólafur Arnalds, Hilmar Örn Hilmarson und Jóhann Jóhannsson. Letzterer hat erst 2015 für die Musik zum Film *Die Entdeckung der Unendlichkeit* den Golden Globe Award in der Kategorie »Beste Filmmusik« erhalten.

Die Liste kann immer weiter fortgeführt werden: GusGus, Of Monsters And Men, Múm, For a Minor Reflection, Borko, Emilíana Torrini, Ólöf Arnalds, Sóley, Rökkurró, Amiina, Seabear, Samaris, Pascal Pinon, FM Belfast, Árstíðir und viele, viele andere.

Bei einer Population von 325.000 Isländern scheint es, dass fast jeder musiziert und damit auch noch erfolgreich ist. Und in der Tat ist Musik ein fester Bestandteil im Leben der Isländer. Jeder Inselbewohner, den ich bisher getroffen habe, spielt mindestens ein Instrument, kann Noten lesen und ist schon mal vor der Familie oder in der Schule aufgetreten.

Oft wird die einzigartige Natur und Landschaft Islands in den Kontext der musikalischen Kreativität der Isländer gesetzt. Ob da was dran ist? Ich kann es nicht wirklich beurteilen, aber auffällig sind schon die eher tragenden und düsteren Nuancen in der isländischen Musik. Sei es in modernen Liedern oder in alten Folksongs.

Aber zum Glück beweisen viele Musiker auch das Gegenteil. Emilíana Torrini zum Beispiel. Die Tochter eines Italieners und einer Isländerin hat mit ihrem Hit *Jungle Drum* durchweg gute Partylaune verbreitet und wurde mit diesem Lied sogar Werbeträger für Island in einem von der isländischen Marketingkampagne »Inspired by Iceland« produzierten Video.

Wie auch immer, die Isländer sind ein Volk der Musiker und Komponisten. Das isländische Symphonieorchester ist eines der besten der nordischen Länder und hat einen guten Ruf, der weltweit anerkannt ist.

Und wenn man ganz übermütig wird, kann man die Urform des Rap im Isländischen finden. Die Rímur sind Reimgedichte, die in einer bestimmten Sprechgesangsform vorgetragen werden. Der bekannteste Rímur-Interpret ist Steindór Andersen, der auch schon mit Sigur Rós mehrere Auftritte hatte, unter anderem in dem Film *Heima*, der meine Liebe zu Island weckte.

99. GRUND

Weil in Island Straßen um Elfenburgen gebaut werden

Wer in Island unterwegs ist, lernt das Land von vielen Seiten kennen. Oft ist das Wetter dafür ausschlaggebend, dass in dem Besucher und auch Einheimischen verschiedene Stimmungen entstehen, je nachdem, ob es sonnig und klar, regnerisch und windig, verschneit und idyllisch oder nebelig und mystisch ist.

Der Mystik stehen die Isländer grundsätzlich sehr offen gegenüber. Dies führt dazu, dass mehr als die Hälfte der Einwohner davon überzeugt ist, dass es auf ihrer Insel Elfen gibt. Nur zehn Prozent der Einwohner schließen die Existenz von Elfen kategorisch aus.

Was sind Elfen? Sie haben lange, dünne Beine und große Ohren und leben in großen Felsbrocken oder auf Hügeln. Die Isländer erzählen sich, dass Gott Eva, die Mutter aller Menschen, besuchen wollte. Eva wollte daraufhin schnell noch alle ihre Kinder waschen, damit sie diese vor Gott von ihrer besten Seite präsentieren konnte. Leider war sie ein wenig zu schnell und vergaß die Hälfte der Kinder. Also musste sie diese schnell vor Gott verstecken. Die Elfen waren entstanden.

Die Isländer nennen sie auch »Huldufólk«, das kleine Volk, das sich vor den Blicken der Menschen verbirgt. Diejenigen, die sich mit Elfen beschäftigen, unterscheiden 13 verschiedene Elfenarten, darunter Unsichtbare, Trolle und Feen. Interessierte können in Island die Elfenschule besuchen, die Álfaskólinn. Sie befindet sich in

Reykjavík, und man kann dort eine Elfenschulung absolvieren. Man lernt alles Wissenswerte über Elfen und bekommt am Schluss nach erfolgreicher Teilnahme eine Urkunde ausgehändigt.

Meistens leben Menschen und Elfen harmonisch nebeneinander. So kommt es vor, dass neben einem Wohnhaus in Kópavogur ein Stein eine eigene Hausnummer erhält, da dort angeblich das Zuhause von Elfen ist.

Manchmal gibt es aber auch Konflikte. Es wird gern eine Geschichte in Island erzählt, wo ein Bauer Sprengungen auf seinem Grundstück durchführen wollte, wobei wohl auch ein Fels der Elfen betroffen war. Daraufhin legten die Hühner keine Eier mehr. Erst als die Pläne aufgegeben wurden, waren die Hühner wieder produktiv, und es gab wieder Eier.

Bei Straßenbauarbeiten müssen manchmal riesige Steine versetzt werden, weil dort Elfen wohnen und diese sehr ungehalten werden, wenn sie gestört oder vertrieben werden. Dann gibt es vermehrt Unfälle auf Baustellen, und Maschinen sind auf einmal unerklärlicherweise defekt.

Im Jahr 2013 sorgten die Elfen für große Aufregung, als eine Straße durch eine »Elfenkirche« gebaut werden sollte und einige Aktivisten dies verhindern wollten. Sie nahmen sogar einen Gefängnisaufenthalt in Kauf und wandten sich in Briefen an Politiker, um den Bau zu verhindern. Schließlich konnte man sich einigen, und der riesige Stein wurde an eine geschützte Stelle gebracht. Die »Elfenkirche« war gerettet worden.

Viele Isländer haben von ähnlichen Gegebenheiten gehört und können Geschichten aus ihrem Freundes- und Bekanntenkreis dazu beitragen.

Damit es möglichst nicht zu Problemen mit den Elfen kommt, gibt es in Island eine sogenannte Elfenbeauftragte. Den Begriff hat sich der Künstler Wolfgang Müller für einen Artikel in der *Frankfurter Rundschau* ausgedacht. Daraus hat sich komischwerweise ein modernes Märchen entwickelt, und so geistert seitdem die Mär um, dass es in Island wirklich eine behördliche Stelle eines Elfenbeauftragten gibt.

Um so was Ähnliches wie eine »Elfenbeauftragte« handelt es sich bei Erla Stefánsdóttir. Sie erstellt Gutachten, ob an bestimmten Stellen gebaut werden darf oder ob die Möglichkeit der Schädigung von Kulturgut besteht, sprich: mögliche Wohnorte von Elfen. Denn wie man aus den Erzählungen der Isländer weiß, sollte dieses Kulturgut besser nicht beeinträchtigt werden, um die Elfen nicht zu verärgern.

100. GRUND

Weil der Christopher Street Day in Island ein Familienfest ist

Der Isländer ist ein sehr liberaler und weltoffener Mensch. In Island gab es mit der Regierungschefin Jóhanna Sigurðardóttir die erste Regierungschefin der Welt, die sich öffentlich zu ihrer Homosexualität bekannte und in einer gleichgeschlechtlichen Partnerschaft lebt. Dies ist in Island seit 1996 möglich, und seit 2010 können gleichgeschlechtliche Paare sogar die Ehe schließen, mit allen Rechten und Pflichten wie in einer heterosexuellen Beziehung.

Auch die Adoption von Stiefkindern oder nicht-leiblichen Kindern ist in Island seit 1996 beziehungsweise 2006 möglich. Seit diesem Jahr können lesbische Paare auch Gebrauch von der Insemination, der künstlichen Befruchtung, machen.

Die Möglichkeit der Eheschließung nahm auch Jóhanna Sigurðardóttir direkt nach Inkrafttreten des Gesetzes in Anspruch. Bei so viel Offenheit zu Homosexualität wundert es nicht, dass der Christopher Street Day auch in Reykjavík gefeiert wird. Dort wird er als Gay Pride bezeichnet, denn die Bezeichnung Christopher

Street Day ist eher in Deutschland, Österreich und der Schweiz geläufig. Während der Christopher Street Day in Deutschland eher von homosexuellem Publikum besucht wird, ist der Gay Pride in Reykjavík ein Fest für alle, ob schwul, ob lesbisch oder nicht. Mehrere Tage lang wird gefeiert, und es werden diverse Veranstaltungen angeboten, vom Beachvolleyball-Turnier über Diskussionsrunden, Führungen rund um das Thema Homosexualität bis hin zur Parade am Samstag und einem Familienfest am Sonntag.

Der Gay Pride in Reykjavík ist ein Volksfest, und es ist üblich, dass der Bürgermeister, sei er schwul oder nicht, sich auf der Parade als Drag Queen verkleidet. Wer bei seinem Urlaub in Island den Gay Pride besuchen möchte, kann sich auf der offiziellen Webseite informieren und Tickets kaufen (www.reykjavikpride.com).

101. GRUND

Weil eines der besten Musikfestivals in Island stattfindet

Dass die Isländer ein sehr musikalisches Volk sind, wurde bereits erwähnt. Auch dass die Isländer ein Partyvolk sind. Was liegt da näher, beides zu vereinen und ein Musikfestival daraus zu machen?

1999 wurde dies in einem Hangar des Lokalflughafens von Reykjavík Wirklichkeit. Als eine einmalige Veranstaltung geplant, war die Resonanz so positiv, dass sich daraus ein festes, jährlich stattfindendes Musikfestival entwickelt hat. Unter dem Namen »Iceland Airwaves« treten jedes Jahr im Oktober beziehungsweise November in einem mittlerweile fünftägigen Spektakel zahlreiche Bands in den Clubs, Bars und Konzerthallen Reykjavíks auf.

Und die Herkunft der Musiker ist dabei nicht nur mehr auf Island beschränkt. 2013 trat zum Beispiel die deutsche Musiklegende

Kraftwerk in der Harpa, der Konzerthalle von Reykjavík, auf. Aber auch andere internationale Künstler wie Fatboy Slim haben schon auf den Iceland Airwaves ihre Zuschauer begeistert. Der Schwerpunkt liegt jedoch auf den diversen isländischen Bands und Musikern, die in Vielfalt und Qualität überzeugen und oft internationale Fans finden. Feste Größen der Iceland Airwaves sind GusGus, For a Minor Reflection, Múm und viele andere.

Neben den klassischen Konzerten in den Clubs und Bars zeichnen sich die Iceland Airwaves schon immer durch die zahlreichen Gigs von Bands in Cafés, Bibliotheken oder anderen öffentlichen Orten aus. Diese sind meist kostenlos und bieten die Chance, ganz nah an den Künstlern zu sein oder diese nur mit wenigen anderen Zuschauern teilen zu müssen.

Die Iceland Airwaves haben sich zu einem weltweit bekannten Musikfestival entwickelt und locken jedes Jahr immer mehr Musiktouristen nach Island. Im Jahr 2013 waren es circa 8.000 Besucher, von denen wiederum 4.500 aus dem Ausland angereist sind. Wer diese Veranstaltung ebenfalls besuchen möchte, kann seine Tickets direkt über die Webseite www.icelandairwaves.is buchen. Aber man muss früh sein, denn die Tickets sind jedes Jahr immer schneller ausverkauft.

In Island hat sich noch ein weiteres Musikfestival in den letzten Jahren zu einer festen Größe entwickelt. Der Name liest sich jedoch nicht ganz so leicht wie Iceland Airwaves, es trägt den Titel »Aldrei Fór Ég Suður«, was auf Deutsch so viel bedeutet wie »Ich ging nie in den Süden«.

Dieses Musikfestival findet jährlich im April in der Stadt Ísafjörður in den Westfjorden statt und lockt aufgrund seiner familiären Atmosphäre viele isländische Musiker und Besucher an. Aber auch internationale Besucher haben dieses Kleinod entdeckt, und so steigen die Besucherzahlen von Jahr zu Jahr an.

Die Idee zu diesem Musikfestival kam dem isländischen Musiker Mugison 2003 während einer London-Reise mit seinem Vater. Sie waren selbst auf einem Musikfestival in London und überlegten, wie es wohl wäre, wenn solch eine Veranstaltung in ihrem Ort in den Westfjorden stattfinden würde. Gesagt, getan, und so organisierten sie 2004 in einer alten Halle im Hafen von Ísafjörður ihr erstes Festival. Bis heute nehmen die Künstler, die dort auftreten, keine Gage und kommen aus Spaß und eigenem Antrieb zum Aldrei Fór Ég Suður, welches für die Besucher kostenlos ist.

Ein drittes Festival, das ich nicht unerwähnt lassen möchte, findet ebenfalls in den Westfjorden statt und trägt den Namen »Rauðasandur Festival«, da es an dem gleichnamigen Strand veranstaltet wird.

Zu finden ist dieser Strand im Südwesten der Westfjorde. Auf dem Weg zu den höchsten Steilklippen Europas geht von der Straße 612 der Rauðasandsvegur ab, die Straße 614. Diese Straße führt auf die andere, dem Breiðafjörður zugewandte Seite und endet nach einigen Serpentinen nach circa fünf Kilometern längs des Meeres.

Dort angekommen, geht es zu Fuß weiter und man muss ein flaches Gewässer durchwaten. Belohnt wird man mit einem der schönsten Strände der Welt. Feinster rotgoldener Sand erstreckt sich auf einer Länge von mehreren Hundert Metern und lädt zu ausgiebigen Spaziergängen ein. Die von den Wellen in den Sand gemalten Muster wirken fast wie von Menschenhand geformt. Der Sand wird unter anderem aus den feingemahlenen Muschelschalen der Jakobsmuschel gebildet, welche ihm den rotgoldenen Farbton verleihen.

Direkt an den Strand grenzen die für die Westfjorde typischen Steilhänge an, die von einer Vielzahl Seevögel bewohnt sind. Längs der Straße ist eine kleine schwarze Kirche und nicht unweit davon ein Café, welches auf einer Außenterrasse den Blick über den Strand eröffnet.

Das Rauðasandur Festival findet jedes Jahr Anfang Juli statt und geht über drei Tage, in denen diverse Bands auftreten. Unterkünfte gibt es dort so gut wie keine, sodass Campen angesagt ist. 2015 haben sich die Veranstalter dazu entschlossen, das Festival ausfallen zu lassen, wollen aber definitiv 2016 wieder fortfahren. Mehr Informationen können auf der Webseite des Festivals unter www. raudasandurfestival.is abgerufen werden.

102. GRUND

Weil in Island jeder mit jedem verwandt ist

Eine Zahl habe ich in diesem Buch schon öfter erwähnt: 325.000, so viele Einwohner hat Island. Was zwangsläufig zu einem kleinen Problem führt: Jeder ist irgendwie mit jedem verwandt. Aber bei 325.000 Einwohnern ist nicht zwingend jeder mit jedem bekannt, und so ist schon eine gewisse Sorge vorhanden, ob ein Partner nicht näher mit einem verwandt ist, als man das gerne möchte.

Ein Isländer hatte sich ebenfalls diese Gedanken gemacht und eine Lösung geschaffen. Friðrik Skúlason, ein Softwareentwickler, entwickelte als Hobby ein Programm zur Ahnenforschung, die in Island weit verbreitet ist. Denn hier ist die Chance, seinen Stammbaum bis zur Landnahme durch die Wikinger zurückzuverfolgen, groß, da die Population der Isländer hingegen immer klein war.

Friðrik sammelte über Jahre hinweg aus diversen Quellen wie zum Beispiel Kirchenbüchern eine riesige Menge an Daten. 1997 interessierte sich ein isländisches Unternehmen mit dem Namen »DeCode Genetics« für seine genealogische Datenbank. Mit bis zu 40 Mitarbeitern wurden Daten von mehreren Hunderttausend Isländern zusammengetragen. DeCode Genetics wollte diese dann allerdings mit Daten aus Krankenakten verknüpfen, um Erbkrankheiten zu verfolgen. Dies fanden die Isländer nicht mehr so lustig, und aufgrund starker Proteste wurde dieses Vorhaben nicht umgesetzt.

Geblieben ist aber eine der größten genealogischen Datenbanken, die als Íslendingabók, auf Deutsch »Das Buch der Isländer«, bezeichnet wurde. Diese Datenbank steht jedem Inselbewohner auch online zur Verfügung. Zugriff erhält man durch einen passwortgeschützten Zugang mittels seiner kennitala, einer persönlichen Identifikationsnummer.

Nach Aufruf dieser Datenbank kann man sich auf die Ahnensuche begeben und schauen, inwieweit man mit einem anderen Isländer verwandt ist. Im Zeitalter der Smartphones und Apps gibt es seit geraumer Zeit auch eine App, die einem von unterwegs den Zugriff auf die Datenbank ermöglicht. Mit wenigen Klicks kann überprüft werden, ob das Gegenüber ein naher Verwandter ist. Sollte dies der Fall sein, löst die App einen Inzest-Alarm aus.

In Deutschland wäre so eine App sicherlich aufgrund von Datenschutzbestimmungen undenkbar, aber auch hier zeigt sich die gelassene und liberale Haltung der Isländer.

103. GRUND

Weil der European Song Contest
ein inoffizieller Feiertag ist

Dass die Isländer und Musik zusammengehören, ist bekannt. Die Begeisterung für Musik drückt sich jedoch auch darin aus, dass Island regelmäßig einen Kandidaten beim European Song Contest ins Rennen schickt. Gut, zugegebenermaßen mit mäßigem Erfolg.

Aber dennoch lieben die Isländer den European Song Contest. Einer Umfrage zufolge sollen 99 Prozent der isländischen Bevölkerung den Contest live im Fernsehen verfolgen. Ob dieser Umfrage Glauben geschenkt werden kann, sei dahingestellt. Fakt ist, dass die Einschaltquoten in Island sehr hoch sind.

Seit 1956 wird dieser Contest durchgeführt, und 2015 war das 60. Jubiläum. Für Island war es das 30. Jubiläum, denn Island nahm 1986 erstmals an diesem Wettbewerb teil. Wobei man aber, genauer gesagt, vom 28. Jubiläum sprechen muss, denn zweimal hat Island keinen Interpreten zu der Veranstaltung geschickt.

Von den 28 Teilnahmen schafften die Isländer es immerhin zweimal auf Platz 2, einmal auf Platz 8 und sonst nur auf Plätze mit zweistelligen Nummern, wobei sich die Nummer 16 als eine häufige Platzierung herausstellte. In der Geschichte des Song Contests hat Island schon öfter Aufsehen erregt. Fast skandalös war der Auftritt des Sängers Páll Óskar, der 1997 in engem Latex gekleidet mit den Tänzerinnen auf der Bühne sexuelle Gesten durchführte. Im Laufe der Jahre haben auch schon einige Musiker auf der Bühne des Song Contest gestanden, von denen man das heute nicht mehr denken würde. Zum Beispiel Daniel Ágúst, heute Sänger bei der sehr populären Band GusGus, der 1989 mit null Punkten auf dem letzten Platz der Gesamtwertung landete.

Schilderungen zufolge sind die Straßen Reykjavíks am Abend des European Song Contest wie leergefegt. Alle sitzen gebannt vor ihren Fernsehern und begleiten das Geschehen, um per Telefonvoting ihre Stimmen abzugeben. Jedenfalls freuen sich die Isländer so sehr auf diesen Tag, dass man ihn fast als Feiertag bezeichnen kann.

9. KAPITEL

ESSEN UND TRINKEN

Weil es in Island den besten Hotdog gibt

Die Geschichte der isländischen Küche hat einige Varianten. Zum einen hat sich seit der Zeit der Landnahme und der Einwanderung der Wikinger eine starke heimische Küche entwickelt. In früheren Zeiten gab es nur wenige Nahrungsquellen, hauptsächlich Schafe, später wurde der Fischfang entdeckt und wenige Pflanzen und Kartoffeln, die man anbaute. Demzufolge begründete sich eine starke Tradition, Gerichte, die auf diesen Grundstoffen beruhen, bis heute zu bewahren, zum Beispiel Plokkfiskur, Sviö, Hákarl etc.

Zum anderen lernten die Isländer in den Zeiten des Zweiten Weltkrieges durch die Stationierung der US-Streitkräfte die amerikanische Küche kennen. Neben Hamburgern haben die Isländer vor allem den unkomplizierten Hotdog schätzen gelernt. Letzteren bekommt man an fast jeder Tankstelle. Hotdogs (isländisch: pylsur) sind in Island aber in der Regel nicht aus Schweinefleisch, sondern aus Lammfleisch hergestellt. Neben gerösteten Zwiebeln kommen in Island auch frische Zwiebeln mit auf den Hotdog, dazu Senf, Ketchup und eine spezielle Remouladensauce. Wer alles auf seinem Hotdog haben will, der bestellt »eina meö öllu« (»eine mit allem«).

Eine bestimmte Hotdog-Bude in Reykjavík hat es zu einer über Island hinausgehenden Bekanntheit gebracht. Bereits Bill Clinton und die Mitglieder der Heavy-Metal-Band Metallica haben es sich nicht nehmen lassen, dort einen Hotdog zu essen. Diese Bude mit dem Namen »Baejarins beztu pylsur« (deutsch »Die besten Hotdogs der Stadt«) existiert bereits seit über 70 Jahren. Warum die Hotdogs dort so besonders gut schmecken, ist Spekulation in vielen Theorien. Fakt ist, dass sich dort in der Regel Schlangen zu jeder

Tageszeit bilden und die Isländer, aber auch Touristen diese Hotdogs lieben.

Die Bude befindet sich am Hafen von Reykjavík an der Ecke der Posthusstraeti und Tryggvagata und hat in der Woche täglich von 10:00 Uhr bis 1:00 Uhr in der Nacht geöffnet. An Wochenenden sogar bis 4:30 Uhr am nächsten Morgen. Und man wird es nicht glauben. Es gibt kaum eine Zeit, wo sich dort keine Schlange bildet.

Der Erfolg hat dazu geführt, dass es mittlerweile noch vier weitere Verkaufsstellen in Reykjavík gibt, unter anderem in den großen Einkaufspassagen Kringlan und Smáralind. Mehr Informationen findet man auf der Webseite der Hotdog-Bude unter www.bbp.is/en.

105. GRUND

Weil in Island der schwarze Tod getrunken wird

Wer Island besucht, wird spätestens bei der Abreise in den Duty-free-Shops des Flughafens Keflavík auf grüne Flaschen stoßen, auf deren schwarzem Etikett die Umrisse Islands abgedruckt sind. Darunter der Schriftzug »The original icelandic Schnapps«. Die Rede ist von Brennivín, einem hochprozentigen (37,5 %–40 %) alkoholischen Getränk mit besonderer Rolle in Island.

Brennivín bedeutet deutsch übersetzt nichts anderes als »Branntwein« und wird, ähnlich wie Wodka oder Aquavit, aus fermentierter Kartoffelpulpe gebrannt. Er ist ungesüßt und mit Kümmel gewürzt. Er wird von nur einer Brennerei am Rande des Ortes Borgarnes hergestellt, der Egill Skallagrímsson Brewery. Brennivín ist mittlerweile Islands bekanntestes alkoholisches Getränk und hat den Status eines Nationalgetränks.

Auffallend ist das schwarze Etikett. Dieses diente ursprünglich der Abschreckung und sollte die Menschen vom Kauf abhalten, da es auf Island ein zwiespältiges Verhältnis zu Alkohol gibt (siehe Grund 60). Doch das Etikett entwickelte sich zum Markenzeichen, und Brennivín bekam den Beinamen »Der schwarze Tod« (isländisch: svarti dauði). Noch heute wird angeblich das schwarze Etikett von Hand auf jede Flasche geklebt.

Hergestellt wird Brennivín seit 1935 und hat in den letzten Jahren seinen festen Platz zu bestimmten Speisen gefunden, insbesondere zu den für uns Deutschen geschmacklich eher schwierigen (siehe Grund 110: »Weil in Island die Geschmackssinne besonders gefordert sind«). So ist der Verzehr von Hákarl, dem fermentierten Hai, ohne das Nachspülen mit Brennivín fast undenkbar.

Brennivín hat mittlerweile weltweit Kultstatus, und so verwundert es nicht, dass dieses Getränk in der Literatur und Filmwelt Erwähnung gefunden hat. So hat der Schriftsteller Halldór Laxness in seiner Novelle *Die Islandglocke* das Getränk erwähnt. Im Film *Kill Bill 2* von Quentin Tarantino trinkt die Figur Budd Brennivín. Und im Song *Skin and Bones* der Band Foo Fighters findet Brennivín ebenfalls Erwähnung.

106. GRUND

Weil es die besten Pfannkuchen mitten im Hochland gibt

Auf dem Weg von Akureyri nach Egilsstaðir lohnt ein Abstecher über die Straße 901, welche unter anderem an der Kirche und dem Bauernhof Möðrudalur vorbeiführt. Von der Straße 901 geht wiederum ausgeschildert die Straße 907 ab, welche nach ungefähr neun Kilometern zum Hof Sænautasel (deutsch: Seekuhhütte) führt, einem idyllischen Ort mit netter Bewirtung, der einem gut in Erinnerung bleiben wird.

Sænautasel wurde im Jahr 1843 auf einem sehr abgelegenen Gebiet im Hochland der Jökuldalsheiði im nordöstlichen Teil von Island gebaut. Es handelt sich um einen Grassodenhof, also ein Gebäude in der traditionellen Bauweise, in der das Dach des Hauses komplett mit Gras bedeckt ist. Damit wird eine gute Isolierung gewährleistet, um der Kälte dieser Region in den Wintermonaten standhalten zu können.

Die Landwirtschaft war in dieser einsamen und kargen Gegend schwierig, denn die Winter waren hart. Im Jahre 1875 wurde die Farm verlassen, weil sie bei einem Vulkanausbruch der Askja mit vulkanischen Sediment bedeckt wurde. 1880 gab es einen neuen Versuch, und der Hof wurde wieder aufgebaut, aber im Jahre 1943 wieder aufgegeben. Im Jahre 1992 wurde der Hof umgebaut und ist seitdem für die Öffentlichkeit zugänglich. Auf Führungen kann man sich über die Bedingungen und das Leben der früheren isländischen Generationen vor der Zeit fließenden Wassers und Stroms informieren. Unweit des Gebäudes befindet sich ein See, der Sænautavatn, in dem Besucher Forellen angeln können.

Der Hof diente Halldór Laxness als Vorlage für den Roman *Sjálfstætt Folk* (»Unabhängiges Volk«), der in Deutschland unter dem Titel *Sein eigener Herr* veröffentlicht wurde. Es wurde eines seiner populärsten Werke, von dem weltweit fast zwei Millionen Exemplare verkauft wurden. Der Roman handelt von einem Schafzüchter mit dem Namen Bjartur und seiner Familie. Der Titel verweist auf Bjaturs obsessiven Wunsch nach Unabhängigkeit. Halldór Laxness lebte von 1902 bis 1998 und erhielt den Nobelpreis für Literatur (siehe Grund 93: »Weil in Island pro Kopf die meisten Rekorde aufgestellt werden).

Heute können Besucher des Hofes dort traditionelles isländisches Essen bekommen und gestrickte Pullover und andere Handarbeiten käuflich erwerben. Sehr empfehlenswert sind »Lummur«, kleine isländische Pfannkuchen mit Rosinen. Dazu gibt es Rhabarbermarmelade und Zucker, neben heißer Schokolade und Kaffee.

Wer die »Lummur« zu Hause machen möchte, für den sei dieses Rezept verraten, welches für acht bis zehn Lummur reicht. Dazu benötigt man:

- 250 Gramm Mehl
- 1 Esslöffel Zucker
- 1 Teelöffel Backpulver
- 1 Ei
- 30 Gramm Butter
- 150 Milliliter Milch
- 100 Gramm Rosinen

Zuerst vermischen Sie Mehl, Backpulver und Zucker mit dem Ei. Anschließend geben Sie die Milch unter stetigem Rühren dazu, bis ein dickflüssiger Teig entsteht. Schmelzen Sie die Butter in der Pfanne und geben die geschmolzene Butter zum Teig und rühren diese ebenfalls gut unter. Nun können sie die Pfannkuchen in der gleichen Pfanne bei mittlerer Hitze ausbacken. Die Pfannkuchen sollten dabei ungefähr die Größe eines Bierdeckels haben. Die Rosinen geben sie immer dazu, wenn die Lummur auf der ersten Seite backen.

Wenn diese auf beiden Seiten ausgebacken sind, servieren Sie die Lummur mit Rhabarbermarmelade und Zucker. Dazu schmeckt Kaffee, Tee oder heiße Schokolade.

Weil es in Island
ein besonderes Milchprodukt gibt

Ein traditionelles Lebensmittel, an welchem man in Island nicht vorbeikommt, ist Skyr. Vergleichbar mit Dickmilch oder Quark, ist Skyr ein aus entrahmter Milch hergestelltes Produkt, welches überall in Supermärkten, Tankstellen oder auch den zahlreichen Cafés in Island erhältlich ist.

Skyr ist relativ einfach herzustellen, jedoch wird dieser mittlerweile auch industriell gefertigt, und so kaufen viele Isländer ihren Skyr in Natur oder mit Früchten in den Supermärkten. Die bekannteste und auch verbreitetste Marke ist Skyr.is, die ihre Produktionsstätte in Selfoss hat. Auch wenn dieser Skyr gut schmeckt, geht – wie so oft – nichts über selbst gemachten Skyr.

Dieses Milchprodukt wird von den Isländern bereits seit dem 9. Jahrhundert hergestellt, als die ersten Norweger Island besiedelten. Skyr stellte ein wichtiges Lebensmittel dar und wurde auf fast allen Höfen selbst produziert. Eigentlich handelt es sich um das Ergebnis eines Prozesses, um Milch für die langen Winter haltbarer zu machen. Bis zum 19. Jahrhundert war Schafs- und Kuhmilch die Grundlage für Skyr, heute ist dies in der Regel nur noch Kuhmilch.

Skyr ist ein gesundes, da fettarmes (0,1 % – 0,5 %) und proteinreiches Lebensmittel (circa 11 %) mit wenig Kohlenhydraten und viel Kalzium und erfreut sich großer Beliebtheit bei Jung und Alt. Um ihn selbst herzustellen, ist es sehr gut, wenn man »echten Skyr« zum Impfen der Milch verwenden kann. In der Regel ist dies aber nicht möglich, da es Skyr in Deutschland nicht oder nur selten zu kaufen gibt. Daher bietet sich folgende Rezeptur an, aus der man circa 1,5 Liter fertiger Skyr-Masse herstellen kann (entspricht circa acht Portionen):

Man benötigt dazu 4 Liter fettarme Milch (bitte keine H-Milch, sprich ultrahocherhitzte Milch verwenden), 1 Liter saure Sahne und 1 Labtablette (erhältlich in der Apotheke). Es ist Sorge dafür zu tragen, dass alle verwendeten Gegenstände sauber und möglichst keimfrei sind, am besten im Geschirrspüler bei höchster Temperatur reinigen und direkt verwenden.

Im ersten Schritt ist die Milch aufzukochen (dabei ist darauf zu achten, dass diese nicht am Boden anbrennt). Anschließend kann man die Milch auf circa 40 Grad abkühlen lassen. Die saure Sahne ist cremig zu rühren, mit etwas Milch zu versetzen und in die Milch unterzurühren. Die Labtablette wird in etwas Wasser aufgelöst und ebenfalls gut in die Milch eingerührt. Anschließend deckt man den Topf zu und lässt die Masse circa 24 Stunden bei Raumtemperatur ruhen.

Nach 24 Stunden wird die gestockte Milch in ein mit einem Käseleinen (erhältlich in gut sortierten Haushaltswarengeschäften) ausgelegtes Sieb gegeben, um die Molke abtropfen zu lassen. Wenn die Konsistenz der Masse dicklich-cremig geworden ist, kann der Skyr in ein abgekochtes, verschließbares Behältnis umgefüllt werden.

Serviert wird der Skyr mit etwas untergerührter Milch oder Sahne und etwas Zucker. Früchte wie Erdbeeren, Heidelbeeren oder Himbeeren passen hervorragend dazu, aber auch andere Früchte lassen sich mit Skyr kombinieren. Haltbar ist die selbst hergestellte Milchspeise im Kühlschrank circa vier bis fünf Tage.

Im Dezember müssen die Isländer aber besonders auf ihren Skyr aufpassen, da sich sonst einer der Weihnachtsgesellen, der Skyrgierschlund, darüber hermacht (siehe Grund 74: »Weil es in Island 13 Weihnachtsmänner gibt«).

Seit Kurzem ist Skyr nach isländischer Art auch in Deutschland erhältlich. Der Genossenschaftsbetrieb Arla fertigt diesen in Upahl in Mecklenburg-Vorpommern (mehr dazu unter: www.arlafoods.de).

Weil in Island die Kartoffeln karamellisiert werden

Islands traditionelle Küche ist von einfachen Produkten geprägt. Unter anderem war und ist die Kartoffel ein wichtiges Nahrungsmittel. Ihre Lagerfähigkeit über den Winter hat die Kartoffel in viele Rezepte isländischer Gerichte eingebracht.

Eine Variante ist für unsere Küche eher untypisch. Beim ersten Lesen fragt man sich auch: »Kann das schmecken?« Die Rede ist von karamellisierten Kartoffeln, die von Isländern gerne in Kombination zu Lammfleisch gegessen werden.

Aber genau dieser Gegensatz der durch die Karamellisierung leicht süßlichen Kartoffeln mit dem herben Geschmack von Lammfleisch lässt im Gaumen das Gefühl aufkommen, dass man das gerne wieder probieren möchte.

Die karamellisierten Kartoffeln haben ihren Weg im 19. Jahrhundert aus Dänemark nach Island gefunden und heißen in Island brúnaðar kartöflur. Über die Zubereitung, wenngleich auch sehr simpel erscheinend, wurde lange Zeit immer wieder diskutiert. Wird zuerst der Zucker oder dann die Butter in die Pfanne gegeben? Sollen die Kartoffeln trocken oder nass sein? Oder sollen sie heiß oder kalt sein?

2012 wurde in Dänemark, der Heimat der karamellisierten Kartoffel, von der Tageszeitung *Politiken* der Streit ein für alle Mal beigelegt. Alle Möglichkeiten der Zubereitung wurden intensiv untersucht und die beste Variante der Zubereitung herausgefunden.

Grundregel ist, die Kartoffeln selbst zu kochen und keine gekochten Kartoffeln im Glas zu kaufen. Diese haben zu viel Flüssigkeit in sich. Die Kartoffeln sind mit Schale ganz zu kochen und anschließend direkt unter kaltem Wasser abzuschrecken. Dann werden sie noch warm geschält und zum Abkühlen auf Zimmertemperatur beiseite gestellt.

Zum Karamellisieren werden für 1 kg Kartoffeln benötigt:

- 100 Gramm Zucker
- 50 Milliliter Wasser
- 30 Gramm Butter

Zunächst wird der Zucker in Wasser aufgelöst. Dazu ist eine Pfanne aus Stahl oder Gusseisen zu verwenden, keine Pfanne mit Teflon-Beschichtung. Den Zucker in die Pfanne geben und mit dem Wasser aufgießen. Dann bei mittlerer Hitze unter Rühren auflösen und das Wasser zum Kochen bringen. Sobald das Wasser kocht, die Temperatur auf mittlere Hitze stellen und das Wasser einkochen lassen, damit sich langsam ein Zuckersirup bildet.

Sobald der Sirup eine dunkle bräunliche Farbe angenommen hat, kann die Butter dazugegeben werden. Diese fängt sofort an zu schäumen. Sobald der Schaum sich ein wenig gelegt hat, können die Kartoffeln dazugegeben werden. Die Kartoffeln sind nun für zehn bis zwölf Minuten in der Pfanne zu rollen und dann sofort zu servieren.

109. GRUND

Weil man in Island vergeblich nach einem McDonald's sucht

Islands Esskultur ist in der modernen Zeit sehr von amerikanischen Einflüssen geprägt. An Hotdogs (siehe Grund 104) und Hamburgern kommt man in Island an keiner Tankstelle oder kleinem Snackrestaurant vorbei.

Diese Relikte der Fastfood-Kultur werden in Island aber auf eine eigene Art interpretiert. So sind Hotdogs oft aus Lammfleisch, und auch die Hamburger (in Island Hamborgari genannt) unterscheiden sich ein wenig von den uns bekannten Hamburgern der großen Fastfood-Ketten.

In der Regel werden diese immer aus frischen Zutaten zubereitet, und frische Tomaten, Zwiebeln und Salat sowie ziemlich mächtige Saucen begleiten ein Stück frisch gegrilltes oder gebratenes Hackfleisch zwischen zwei Brötchenscheiben.

Auch in Restaurants sind Hamburger oft auf der Speisekarte zu finden und in diversen Varianten erhältlich. Sie sind häufig so hoch, dass ein Holzspieß den Turm aus Brötchen, Fleisch und Gemüse zusammenhalten muss. Dazu isst auch der Isländer gerne Pommes frites, die in Island ebenso frisch zubereitet werden.

Bei dieser kultivierten Manufaktur von Hamburgern ist es dann nicht verwunderlich, dass der Versuch der Fastfood-Kette McDonald's, auch in Island Fuß zu fassen, wieder aufgegeben werden musste. Ganze drei Filialen hatte McDonald's seit 1993 in Island eröffnet. Alle Zutaten mussten importiert werden, da sich die eigene Produktion nach den weltweit sehr einheitlich gestalteten Vorgaben von McDonald's in Island selbst nicht lohnte. Selbst das Verpackungsmaterial musste nach Island eingeführt werden, und so hat sich mancher deutsche Tourist bei seinem McDonald's-Besuch gewundert, woher die Bedienung wohl wusste, aus welchem Land er kommt, und ihm eine Verpackung mitgegeben hat, die deutsch beschriftet war.

Dieser kleine Markt, der Verfall der isländischen Krone nach der Finanzkrise und die starke Konkurrenz durch einheimische Unternehmen führten 2009 dann zum endgültigen Aus, und am 30. Oktober 2009 wurde die letzte Filiale geschlossen.

Aber wir sind in Island, und die Isländer lieben Kurioses. So machte sich am 30. Oktober 2009 Hjörtur Smárason auf den Weg in die McDonald's-Filiale und kaufte einen Hamburger und eine

Portion Fritten und bewahrte diese bei sich zu Hause in der Garage auf. Als er nach drei Jahren bemerkte, dass sich der Hamburger und die Fritten kaum verändert hatten, übergab er sie dem National-museum, welches diese erst mal einlagerte. Nach wiederum einem Jahr gab das Nationalmuseum Hjörtur den Hamburger und Fritten zurück, weiterhin unversehrt und gut erhalten.

Ausgestellt wurde dieses letzte Mahl dann doch noch und ist heute im Bus Hostel Reykjavík unter einer Glasglocke zu bewun-dern. Alle, die nicht vor Ort sein können, haben die Möglichkeit, den Hamburger und die dazugehörigen Fritten via einer Webcam unter www.bushostelreykjavik.com/last-mcdonalds-in-iceland zu beobachten. Wobei man sich fragen muss, was kurioser ist: dass dieses letzte Mahl ausgestellt wird oder dass Hamburger und Fritten keine Anzeichen des Verfalls zeigen?

Übrigens wird man in Island auch einen Starbucks vergeblich suchen. Diese haben es erst gar nicht versucht, sich gegen die harte lokale Konkurrenz zu stellen, denn Islands Kaffeekultur ist ebenso ausgeprägt wie die lokale Fastfood-Kultur.

110. GRUND

Weil in Island die Geschmackssinne besonders gefordert sind

Dass die Küche Islands von einfachen Zutaten geprägt ist, aber den-noch nicht langweilig sein muss, war bereits in den Gründen zuvor zu lesen. Es gibt aber auch eine Seite an der Küche Islands, die für uns eher gewöhnungsbedürftig, wenn nicht sogar abstoßend ist. Gerne werden diese Lebensmittel in Artikeln über Island heraus-gestellt und manches klingt so skurril, dass man es nicht glauben mag. Aber die Geschichten sind wahr. Es gibt da ein paar Gerichte, die zu essen uns Überwindung kosten. Gerade das macht dies auch wieder so interessant und lesenswert.

Ich beginne mit einem Lebensmittel, welches im allgemeinen Sprachgebrauch als Gammelhai bezeichnet wird. Auf Isländisch heißt das Lebensmittel Hákarl, was auf Deutsch übersetzt einfach »Hai« bedeutet. Zugegeben, ich konnte mich bisher nicht überwinden, davon zu kosten, zumal dieser immer mit einem Gläschen Brennivín verzehrt wird und ich keinen Alkohol trinke. Die Stückchen, die man zum Probieren angeboten bekommt, sind zwar sehr klein, aber auch diese Häppchen haben schon einen sehr intensiven Geruch.

Hergestellt wird Hákarl aus dem, wie man so schön sagt, fermentierten Fleisch des Grönlandhais. Also schlichtweg aus dem kontrolliert verwesten Fleisch dieser Haiart. Der Grönlandhai ist ein Plattenkiemer, der in seinem Fleisch Harnstoff ablagert und somit ungenießbar ist. Nur über die kontrollierte Verwesung kann der Harnstoff abgebaut werden.

Dabei wird aber Ammoniak freigesetzt, und so riecht Hákarl wie ein seit Tagen voll gepinkeltes Dixie-Häuschen im Hochsommer. Dennoch sollen, abgesehen von Geruch, Geschmack und Konsistenz des Fleisches etwas Besonderes sein. Hákarl zu verspeisen, gilt unter Touristen oft als Mutprobe. Aber für die, die es nicht probieren mögen, gibt es einen Trost: Auch nicht jeder Isländer isst gerne Hákarl.

Ein weiteres für uns auch vom Aussehen eher schwieriges Lebensmittel ist Svið. Dabei handelt es sich um eine Schafskopfhälfte, die nach der Schlachtung durch das Abbrennen des Fells schwarzgesengt ist. Diese sind in jedem Supermarkt frisch oder als Tiefkühlkost verfügbar und werden zur Zubereitung einfach gekocht. Die äußere Schicht wird dabei vorher abgeschabt. Gegessen wird dann von diesem Schafskopf alles, inklusive dem Auge, welches man mit einem Löffel aus dem Kopf puhlen kann. Ja, das hört sich komisch an, aber bis auf das Auge ist das Fleisch am Kopf mit einer leichten geräucherten Note sehr schmackhaft.

Aber es geht noch besser. Unter dem Namen Hrútspungar verbirgt sich eine weitere traditionelle Spezialität Islands. Dabei handelt es sich um sauer eingelegte Hoden eines Widders. Oft werden diese auch in eine Pastete eingebettet.

Das nächste Lebensmittel ist sogar etwas für unsere Gaumen. Unter dem Namen Hängefleisch, auf Isländisch Hangikjöt, versteht man geräuchertes Lammfleisch. Dieses bekommt man auch oft in Cafés auf einem flachen Brot serviert, dem Flatbrauð. Es ist sehr herzhaft und würzig.

Und zu guter Letzt möchte ich auf einen Snack eingehen, den die Isländer essen wie wir Chips. Die Rede ist von Harðfiskur. Dabei handelt es sich um getrockneten Fisch, den man eben mal zwischendurch kauen kann. Gerne auch mit ein wenig Butter. Aber man muss sich danach nicht wundern, wenn einen der Partner nicht mehr küssen will. Fischiger geht es nicht mehr.

111. GRUND

Weil Island einfach zum Verlieben ist

In vielen Gründen habe ich nun ausgeführt, warum meiner Meinung nach Island zum Verlieben ist. Die Gründe beruhen auf der einzigartigen Landschaft, der Tierwelt, den interessanten Menschen, dem unkalkulierbaren Wetter, das jedes für sich seine Reize hat, und den vielen seltsamen, skurrilen, sonderbaren und wunderbaren Gegebenheiten, die man nebenbei erlebt.

Meine Begeisterung für dieses Land ist hoffentlich nachvollziehbar zum Ausdruck gekommen. Jeder, der das Buch gelesen hat, fühlt sich entweder in seiner eigenen Liebe zu Island bestätigt, oder derjenige, der das Land noch nicht bereist hat, macht sich selbst auf den Weg, um einige im Buch beschriebene Orte zu besuchen oder angesprochene Erfahrungen zu machen.

Bei allen Begeisterten, wo das persönliche Kennenlernen von Island noch etwas dauert, hoffe ich, dass sich die Zeit bis dahin mit den aufgeführten Kochrezepten gut überbrücken lässt.

Vielen Dank – Takk fyrir.

QUELLENVERZEICHNIS

- Statistics Iceland
  www.statice.is
- Orkustofnun – National Energy Authority
- Geothermal Development and Research in Iceland
  www.nea.is
- Icelandic Forest Service
  www.skogur.is
- Hotel Djúpavík
  www.djupavik.com
- The Reykjavík Grapevine
  www.grapevine.is
- Vegagerðin
  www.vegagerdin.is
- Katla Geopark
  www.katlageopark.is
- Visit Westman Islands
  www.visitwestmanislands.com
- Inspired by Iceland
  www.inspired.visiticeland.com
- Office of Science and Technology
  www.st.nmfs.noaa.gov
- World Happiness Report
  www.worldhappiness.report
- Iceland Review
  www.icelandreview.com

- Íslendingabók
  www.islendingabok.is
- Bundesamt für magische Wesen
  www.bundesamt-magische-wesen.de
- Wikipedia
  www.wikipedia.org
- Online Reiseführer Iceland.de
  www.iceland.de
- Organisation for Economic Co-operation and Development
  www.oecd360.org/iceland
- Institute for Economics and Peace
  www.visionofhumanity.org

MARCO ASBACH, geboren 1966, war schon in seiner Kindheit von fernen Ländern fasziniert. Für Island entwickelte er dabei eine besondere Leidenschaft. Der passionierte Hobbyfotograf drang bei seinen zahlreichen Reisen auf die größte Vulkaninsel der Erde in die entlegensten Ecken vor und teilt seine Erfahrungen, Bilder und Videos unter anderem in seinem multimedialen Blog »Zauber des Nordens«.

Marco Asbach
111 GRÜNDE, ISLAND ZU LIEBEN
Eine Liebeserklärung an das schönste Land der Welt

ISBN 978-3-86265-516-8
© Schwarzkopf & Schwarzkopf Verlag GmbH, Berlin 2015

KATALOG
Wir senden Ihnen gern kostenlos unseren Katalog.
Schwarzkopf & Schwarzkopf Verlag GmbH
Kastanienallee 32, 10435 Berlin
Telefon: 030 – 44 33 63 00 | Fax: 030 – 44 33 63 044

INTERNET | E-MAIL
www.schwarzkopf-schwarzkopf.de
info@schwarzkopf-schwarzkopf.de